衰退する米国覇権システム

U.S. Hegemonic System in Decline

松村昌廣

芦書房

衰退する米国覇権システム

松村昌廣

目　次

序論　7

- **1** 基本的な国際情勢認識──地政学から地経学へ　8
- **2** 著者の先行研究と本書の位置付け　13
- **3** 本書の構成　15

第一部　経済覇権サブシステムの動揺　23

第1章　金融分野　米国の国内金融制度の脆弱性
──連邦準備銀行の金融機関救済権限問題について　25

- **1** 米国の政治思想におけるリバタリアニズム　27
- **2** リバタリアニズムからみた連邦準備制度　30
- **3** ドッド・フランク法の問題点と同法改正の必要性　40
- **4** 結語　46

第2章　貿易分野　日本はTPPを批准すべきか　47

- **1** 冷戦期における米国の経済覇権と国際貿易・経済体制　50
- **2** 冷戦後の米国の経済覇権と国際貿易・経済体制　53
- **3** 東アジア・太平洋地域におけるFTA発展
  ダイナミズムの変容　56
- **4** 米国経済覇権の再活性化──戦略と政策　59
- **5** 米国経済覇権の維持・強化──中国との競争　61
- **6** 政策提言　64

目次

第3章　開発分野　綻びを見せる米英の「特別な関係」
──対中経済外交における暗闘　67

1　従来の英国の対中政策における特徴　69
2　「シティー」の対中接近　73
3　米英の暗闘　79
4　結語　84

第二部　軍事覇権サブシステムの動揺　87

第4章　核戦力　日本による核武装の是非　89

1　日本の核軍縮外交の危機　92
2　NPTは不平等条約である　94
3　米国の驚きと稚拙な経済制裁　96
4　「仮想核大国」としての日本　100
5　印パ核実験後の日本の核軍縮外交──攻勢の選択肢　105
6　2016年現在における日本の核武装に関する含意　110

第5章　通常戦力　中国の過大評価された軍事能力とそのイメージ操作
──南シナ海情勢に関する一考察　113

1　軍事力（military capability）の再評価が必要　113
2　中国人民解放軍航空機と軍事化された島嶼の脆弱性　119
3　中国人民解放軍海軍艦艇の脆弱性　124
4　結論　130

3

第6章　軍事同盟　日豪同盟の幻影
　　　──失敗した日本の対豪潜水艦輸出　135

1　二国間準同盟の限界──若干の概念的、理論的考察　137

2　近年の日豪軍事協力関係の拡大と深化── 一連の宣言・声明と協定　139

3　準同盟を巡る豪州側の政策論争　146

4　結語　154

第三部　政治文化覇権サブシステムの動揺　157

第7章　根本的原因　イラク戦争と日中戦争の類似性
　　　──米国にとっての戦略的失敗　159

1　本題の所在　160

2　「一撃論」の落とし穴　161

3　戦線拡大の悪循環　164

4　交戦法規違反者に対する大量処刑　165

5　挑発と過剰反応　167

6　帝国秩序崩壊後の歴史過程　169

7　中国の反日意識の世界史的淵源　170

8　ブッシュ政権は発想の転換が必要であった　172

9　イランとの妥協は愚の骨頂であった　173

第8章　先入観　先進文明による介入
　　　──米連続テレビＳＦドラマ番組『スター・トレック』に
　　　おける「最優先指令」から考える　177

1　『スター・トレック』と比較政治分析　178

2　「プライム・ディレクティブ」とは何か　179

目　次

3　先進性と後進性　182

4　介入が引き起こす問題　184

5　分割統治　188

6　結語　190

第9章　対処法　リベラル民主制と文化相対主義の弱点
——不倶戴天の敵としてのイスラム・テロリズム　193

1　2005年時点での問題の所存　197

2　リベラル民主制国家と政教分離　199

3　政教分離と政治文化　202

4　イスラム教の政治文化　203

5　イスラム・テロリストの危険性　207

結語　211

補論1　トランプ政権の誕生と日本の安全保障
——覇権の縮小再編成かそれ以上か　215

1　トランプ政権誕生の意味　215

2　国内問題優先と対外政策への含意　217

3　人事と個別政策間の整合性　221

4　中東・テロ、ロシア、中国へのアプローチ　223

5　日本の安保政策への含意　225

補論2 トランプ大統領と既存体制勢力との 深まる対立　227

1 覇権システムの縮小再編成ないしは放棄
　　——政権の最優先課題　230

2 権力闘争の構図　233

3 権力闘争の実相　237

4 結語　253

序　論

　2012年末、米国連邦政府の国家情報会議（NIC：National Intelligence Council）は『2030年、世界はこう変わる（*Global World in 2030：Alternative Worlds*)』を出版し、「米国であれ、中国であれ、他のいかなる大国であれ、2030年までには覇権国ではないであろう」との中長期的な分析・予測を提示した。この報告書は、NICが米国政府の6省15機関からなる諜報機関共同体（Intelligence Community）からの情報に基づき作成したものである。つまり、米国政府自身が報告書の公表後、20年後には自国の覇権は終わってしまっていると公式に予測したことになる。

　もちろん、この予測は的中するとは限らない。この予測を踏まえて、米国自身は当然自国の覇権とそれを支える覇権システムをできるだけ維持しようと様々な対策を打つことは可能であろうし、その結果、少なくとも覇権システムの衰退が先延ばしになることは十分あり得る話である。また、「衰退」のイメージ・定義次第で、現象的に顕在化しないと認識される可能性もある。例えば、経済力や軍事力などの物質的なリソースに基づいたパワー（power）が多少弱体化しても、国連その他国際機関や公式・非公式の国際的な政治・経済・文化制度に基づいたパワーや影響力（influence）が維持・強化されれば、米国覇権システムは大きな慣性を保ち、相も変わ

---

(1)　米国国家情報会議、谷町真珠（訳）『2030年　世界はこう変わる』講談社、2013年。U.S. National Intelligence Council, *Global World in 2030: Alternative Worlds*, December 2012, p. iii (NIC2012-001), http://publicintelligence.net/global-trends-2030/, accessed on September 9, 2012.

らず機能し続けているとの観を呈することはあるだろう。その場合、覇権凋落は相対的な現象であるから、他の列強が台頭したのであると強調すれば、取り敢えず米国覇権の凋落は否定できる[2]。

　本書を執筆している2016年秋現在、米国の覇権システムは一応何とか機能しているように思えるが、注意深く分析すれば、その経済力と軍事力の低下に伴い、様々な衰退の現象を呈している。本書はこうした衰退の諸相をその内的諸矛盾の拡大とその連動を焦点に分析することが目的であり、決してこのシステムがいつ、いかに破綻・崩壊するかを予測することを目的としていない。ただし、こうした分析が近い将来、破綻が顕在化した場合には、そのメカニズムやタイミングについて考察する際に大いに参考になるであろう。

　本書は単に9章立てであることから、各章が衰退する米国覇権システムの重要な側面を捉える意図をもって設定されているとはいえ、どうしても全体像が曖昧であり、スナップショット的な印象を与えざるを得ない。そこで、以下の部分で本書の分析の前提となる著者の基本的な国際情勢認識を簡単に提示しておくこととする。

1 基本的な国際情勢認識——地政学から地経学へ

　現在の国際政治状況は冷戦終結の結果もたらされたものであるが、未だその秩序を特徴付ける妥当な表現はない。確かに、「ポスト冷戦」や「ポスト・ポスト冷戦（または、ポスト冷戦後）」は頻繁に用いられてきたが、これは時系列的な意味しかない。G・W・ブッシュ政権時、米国は金融資産バブルで経済的に謳歌する一方、中東政策で単独主義的な武力介入策を積極的に採ったことから、一見米国覇権による単極構造の体を呈したが、今

---

(2)　ファリード・ザカリア（著）、楡井浩一（訳）『アメリカ後の世界』徳間書店、2008年。

となれば、それは米国の国際行動における特徴であって、決して国際構造・秩序を大きく変容させるものではなかったことは明らかである[3]。とすれば、現状は冷戦期の国際秩序が緩やかに崩壊しながら、NICの報告書が予測するように、中長期的には多極化が出現する過程にある。多極化への移行が完了すれば、当然もはや米国覇権は存在しない（ただし、米国の単独主義的な国際行動はそのパワーを低下させ、こうした過程を加速させたとは言える余地は多分にあろう）。

そこで、冷戦期の国際秩序の崩壊が何故緩やかなのかに注目すべきであろう。それは端的に言えば、敵味方の双方を壊滅させうる大量の核兵器の存在によって、誤算や事故のケースを除いて、列強間で覇権交代の大規模戦争が起きる可能性がほぼなくなったためである。冷戦終結後の状況に鑑みれば、この制約条件は大規模な核戦争に至らない（つまり、戦略核兵器を使用しない）小規模な局地戦や限定的な地域紛争を排除せず、むしろそれらをしばしば惹起してきたと言えるだろう。理屈の上では、局地戦や地域紛争での戦術核兵器の使用は十分考えられたが、戦略核兵器の使用にエスカレートする可能性が排除できないことから、その実例はなかった。

こうした状況は大戦争による人的、物的破壊・損失を回避するという面では福音であるが、それはまた復興・成長のための大規模な有効需要が発生しないという点で凶報である。20世紀の経験はこのことを如実に物語っている。第一次世界大戦による戦禍により大きな有効需要が発生し、その後約20年間、世界経済は好況を経験した。しかし、その戦争特需がなくなると世界恐慌（1929年）が勃発し、その後長らく世界経済の景気は回復しなかった。米国は公共事業等による有効需要を創出しようとニューディール政策を採ったが、画期的な効果はなかった。他方、十分な国内・海外市場や資源供給先（植民地など）を持つ国々がブロック経済化を進めた一方、

---

(3)　拙著『動揺する米国覇権』現代図書、2005年、第1章。

9

それらを持たないドイツ、イタリア、日本などの国々は国内的には総動員体制、対外的には積極的な武力行使の政策を採って国際秩序の変更を求めた。その結果、結局、第二次世界大戦が勃発し、ようやくその戦争特需によって世界経済は回復軌道に戻った。第二次世界大戦後はしばらく、世界経済は西欧諸国や日本を中心とした復興特需によって高度成長を続けた一方、冷戦が本格的に始まると、核兵器や先進兵器など科学技術主導型の兵器開発・生産による冷戦特需が継続的に創出され、緩やかなインフレを基調とした成長を維持できたのであった。

　ところが、冷戦終結によって冷戦特需はなくなった。しかも、湾岸戦争や反テロ戦争など、発展途上世界における断続的な局地戦や限定的地域紛争では、十分な戦争特需を創出できなかった結果、世界経済は必然的にデフレ状態に陥ることとなった。世界的なデフレの状況下では、価格競争が国際経済の動向を左右する最大の要因となり、冷戦期には安全保障上の理由から事実上排除されていた旧ソ連圏諸国、中国、その他発展途上諸国が米欧日を中核とした先進諸国の経済商業活動に資源供給元、直接投資先そして海外市場として本格的に統合されるようになった。冷戦終結後、国際秩序の安定性を確保する上で安全保障は依然重要な要因であるとはいえ、もはや第三次世界大戦を勃発させる要因ではない。

　冷戦終結後、米国や西欧諸国の実体経済が20年間以上深刻なデフレ圧力にさらされていたにもかかわらず、久しく好況を呈していたのは金融資産バブルの効果によるものであった。このバブルは2008年秋のリーマン・ブラザーズの倒産に端を発するグローバルな金融経済危機のなかで破裂し、米欧の経済は巨額の不良債権を抱え、未だ非常に高い構造的な脆弱性を払拭できないままの状態にある。したがって、米国覇権の凋落は、深刻なデフレ状況下での金融資産バブル崩壊に対応する調整と並行して進むこととなった（注目すべきは、日本経済は1990年代前半に平成バブルが破裂して以来、「失われた20年」と呼ばれる長期のデフレに陥って未だそこか

序論

ら抜け出せていない。とはいえ、この間、日本は巨額の不良債権の処理に成功してデフレに適応した経済構造を達成した一方、今や唯一最大の純債権国となって有利な立場にある）。

この経緯を理解するためには、米国の経済覇権が実体経済（特に、製造業）を中核とした伝統的な資本主義の段階から金融・サービスを中核とする金融資本主義の段階に完全に移行した点を把握せねばならない。自由で開かれた（open and liberal）覇権の形成、強化、維持、衰退の過程を巡るメカニズムに関しては国際政治学・国際政治経済論の「覇権安定理論（theory of hegemonic stability）」によって説明されて久しい[4]（本書の性格上、理論的説明は述べない）。ただ、第二次世界大戦で英仏など西欧諸国が酷い戦禍を被った一方、米国は連合国の唯一最大の兵器廠として生産力を拡大し、戦争終結時には巨大な貿易黒字と金準備を蓄えるとともに、単独で世界の国民総生産の合計の半分弱近くを占めた点には注目すべきである。しかし、西欧諸国や日本が復興し成長すると、米国は巨大な貿易赤字と急激な金準備の縮小を経験し、次第にその圧倒的な経済力を失っていた。1971年、ニクソン大統領は米ドル紙幣と金との交換を一時停止する宣言をし、それによって本来のブレトン・ウッズ体制は終結した。

この時点で、製造業を中核とした産業力に基盤をおいた米国覇権は終焉を迎えるはずであった。というのも、米ドルが世界で唯一の基軸通貨でなければ、その経済覇権は維持できず、経済覇権がなければ軍事覇権も中長期的には維持できないからである。米ドルが基軸通貨となれたのは、米国の圧倒的な金準備に依拠したからであった。つまり、1971年の金・ドル交換停止宣言までは、ドル基軸通貨制はある種の金本位制であったからである。ところが、この金本位制が持続不可能となっても、当時の経済大国

(4) Robert Gilpin, *War and Change in World Politics*, Cambridge University Press; Reprint, 1983. Robert Gilpin, *The Political Economy of International Relations*, Princeton University Press, 1987, pp.72-80 and pp. 85-92.

（英仏独日などの先進諸国）の全てがドル基軸通貨制そして米国の経済覇権の継続を望んだため、米国を含め先進諸国は変動相場制に移行した。この制度の下では、各国の通貨の価値は相対的な信用の水準によって決まり、基軸通貨である米ドルの価値も覇権国である米国の信用によって決まる。その結果、米国は金準備の制約なくドルを刷る一方、プラザ合意（1985年）以降、変動相場制の安定性が低下した場合には、先進諸国の金融当局による国際金融市場への協調介入によって安定させてきた。注目すべきは、一旦ドルの信用が金準備と切り離されると、その制約を受けず膨大なドル建ての信用が創出できるようになり、米国債が世界的に最良の信用備蓄手段となった点であろう。

　さらに、この動きと概ね並行して米英の証券市場が大幅に自由化され[5]、民間の債権も企業の信用や物件の価値を担保に発行できるようになった。つまり、従来は主として銀行からの借入しかなかった資金調達が、社債とその派生金融商品そして企業間の貸付や住宅ローンなどの債権を債券化して売ることでも可能となった。その結果、米国は米国債に加えて様々な公債や民間の債権を含め重層的な債権金融システムを構築することができ、米国の経済覇権は金融主導へと変貌した。この新たな仕組みでは、米国は恒常的に貿易・経常赤字を出しても、世界中から資金が流入し、それを運用して利益を出す資金循環の輪の中で「世界の投資銀行」の役割を果たすこととなった[6]。

　ところが、米国その他先進諸国の経済が深刻なデフレに陥っているなか、米国は収益性の高い投資対象が容易に見つけられなくなると、サブプライム・ローンやその他の金融派生証券等、高リスクの投機が膨大になされ、結局それらが焦げ付いて、2008年秋リーマン・ブラザーズ倒産に端を

(5)　樋口修「米国における金融・資本市場改革の展開」『レファレンス』2003年12月号。
　　清田邦弘「イギリス証券制度の大改革」『（神奈川大学）商経論叢』第22巻第3・4号。
(6)　吉川元忠『マネー敗戦の政治経済学』2003年、新書館、15頁、35頁

発する国際金融危機となった。その結果、米国の債権金融システムは今日まで機能不全に陥ったままで十分蘇生していない。先ず米国が量的緩和（quantitative easing）によって不良債権リスクを顕在化させなかったが、その限界が来て量的緩和を止めると、次に日本が量的緩和を行ってその役割を補完した。欧州も今次の国際金融危機で青息吐息の状態にある欧州系の銀行金融部門を救うために大規模な量的緩和を追加的に実施せざるを得なくなっている。つまり、米国の経済覇権の中核である債権金融システムは極めて深刻な構造的脆弱性を抱えたまま単に延命されているにすぎない。

　したがって、米国そして日米同盟に依存している日本にとって、安全保障における最大の脅威は米国の債券金融システムの破綻リスクであるといえる。このシステムが瓦解ないし機能停止となれば、米国経済の機能も著しく低下し、米国家財政が危機に陥るのは不可避である。そうなれば、強制歳出削減（sequestration）が行われ、国防費も大幅に削減されることとなる。現在、圧倒的な優勢を有する米軍も縮小再編成を余儀なくされ、米国は軍事覇権を維持できなくなる。

　こうした悲観的な見通しは米国の覇権システムに様々な動揺を惹起している。本書では、経済、軍事、政治文化の覇権サブシステムでの動揺をその連動性に留意しながら分析する。その際、根本的な原因が債権金融システムの機能不全にあることに鑑み、先ず経済面での分析を行い、次にその制約・影響の下での軍事面の分析、さらにこれら二面の制約・影響の下での政治文化面での分析を行う。

② 著者の先行研究と本書の位置付け

　本書の位置付けはこれまで本書著者自身による先行研究の変遷のなかで捉えるとより明確になる。著者はこれまで日米同盟の文脈で日本の軍事技術政策、軍事産業政策そして軍備政策などの安全保障・防衛分野における

政策研究に従事する一方、その前提や背景となる国際情勢分析も並行して行ってきた。前者の成果としては『日米同盟と軍事技術』（勁草書房、1999年）、『軍事情報戦略と日米同盟——C4ISR による米国支配』（芦書房、2004年）そして『軍事技術覇権と日本の防衛——標準化による米国の攻勢』（芦書房、2008年）があり、後者の成果としては『米国覇権と日本の選択——戦略論に見る米国パワー・エリートの路線対立』（勁草書房、2000年）と『動揺する米国覇権』（現代図書、2005年）がある。また、これら両者の要素を持ちながら、安全保障戦略や防衛・軍事戦略を論じたものとして『東アジア秩序と日本の安全保障戦略』（芦書房、2010年）があり、さらにより具体的な国防政策を分析・提言したものとして『米国覇権の凋落と日本の国防』（芦書房、2015年）がある。

　これらの中で、本書は専ら米国覇権を巡る情勢分析となっているという意味で『動揺する米国覇権』と似通っているが、分析の着眼点、対象そしてアプローチが多分に異なる。前者では米国覇権が動揺する様子を当時の中東政策と東アジア政策の連動に注目して明らかにしようとした。その際、G・W・ブッシュ政権内での外交・安全保障政策上の路線対立に着目した上で、その政策の有効性を分析し、そうすることで、覇権を維持するために必要な政策立案・遂行能力を十分持っているかという点から、米国覇権の安定性と持続性に関する見通しを付けようとした。さらに、できるだけ実証的に分析するために、米国（ワシントンDC）、韓国（ソウル）、イスラエルに赴き政策実務家や研究者にインタビューした。

　他方、本書は米国の覇権システムの安定性や持続性の低下する様子を、従来そのサブシステムとして構築されてきた制度や組織の次元で分析することに重点を置くため、個別の政策の有効性そのものにはさほど大きな関心を寄せていない。また、制度や組織の分析を進める上で必要な範囲で思想的、哲学的な考察や政治社会史的な分析を組み入れた。さらに、実証性を高めるために、必要な範囲でできるだけ政府公式文書等を脚註に示した。

序　論

3 本書の構成

　本書は各部3章、計3部9章から成る。

　先ず第一部では、米国の軍事覇権サブシステムを支える経済覇権サブシステムの動揺を分析する。特に、金融、貿易そして開発の三つの機能的分野に各々1章を当てて、できるだけ立体的な理解に繋げる。

　第1章では、先ず、2008年秋の金融危機以降、金融機関に膨大な資金を貸し付ける米国の連邦準備銀行の金融機関救済権限について、その制度的、歴史的、社会的背景を分析し、米国の経済覇権サブシステムである国内金融制度の脆弱性を捉える。先の金融危機では、連邦準備銀行はこの権限を大胆に行使して金融機関に膨大な資金を貸し付けた。その結果、米国の債権金融システムは安定し、米国経済の破綻と大幅な国防費削減を回避できた。しかし、この権限が金融機関を利する形で恣意的かつ一方的に行使されたため、既得権益を守ろうとするエリートに対する国民大衆の疑念・憤りが相当に高まっている。そのため、次の金融危機の際に、制度上、同様の権限行使を採りうると言っても、政治的には容易ではないことを明らかにする。さらに、米国の経済覇権を支える金融主導の既存国内政治社会体制がいかに収奪的であるかを考察する。

　第2章は、米国覇権が凋落するなかで、米国がどのように国際貿易・経済秩序を変容させ、自国の国益とパワーを増進させようとしているか、米国が主導した環太平洋戦略的経済連携協定（TPP）に焦点をあてて考察する。覇権凋落の速度を低下させ、あわよくば凋落を止め、さらに巻き返しを図るには、米国は高い国際競争力を有するサービス産業や軍事産業などを一層強化する一方、低い競争力しか持たない製造業部門を強化せねばならない。本章ではそうした視点から見た米国のTPP政策の本質が多分に他国の国益を犠牲にしたもの（つまり、近隣窮乏化政策）であったと分析する。他方、米国のグローバルな経済覇権に対抗して、地域覇権の構築を

15

目論む中国は東アジア地域包括的経済連携（RCEP）を提唱して、TPPを主導する米国と競合した（2017年1月、トランプ政権は発足直後、TPPから離脱した）。日本としてはみすみす米国の近隣窮乏化政策の犠牲になることもできない一方、中国の地域覇権にひざまずくわけにもいかなかった。そうした段階において、日本がTPPを批准すべきかであったかどうか総合的に考察する。

　第3章では、中国の主導するアジア・インフラ投資銀行（AIIB）がどのような経緯で設立に至ったかを、同行への原加盟国を急増させる契機となった英国経済外交の豹変に焦点を絞って分析する。この政策転換はどのような動機によって何時頃、構想、準備、着手され、それはどのような経緯を辿って唐突に公表されたのであろうか。また、この転換には大きな外交安全保障政策上の障害、とりわけ従来から英国の外交政策の中で最も重要と看做されてきた対米政策との軋轢や矛盾はなかったのであろうか。2008年秋の国際金融危機の後、英国がチベット政策、金融政策そして香港政策において静かにしかし大胆に政策転換を行い、慎重かつ用意周到に対中接近に舵を切った背景と経緯は何か。分析の要諦が米国覇権の凋落にともなう英米の暗闘にあり、AIIB問題は単に英米暗闘の付帯現象（epiphenomenon）に過ぎないことを明らかにする。

　第二部では、米国の軍事覇権サブシステムの動揺を分析する。米国は経済覇権サブシステムの動揺のために、巨額の国防費を負担する財政能力をますます失しないつつある、あるいは近い将来失う虞が強くなっており、米国は軍事力に関して何らかの縮小再編成を余儀なくされている。実際、先進7ヵ国首脳会議（G7）は従来米国が担ってきた「世界の警察官」の役割を部分的、限定的に肩代わりすること模索し始めた[7]。とはいえ、米国が国防費の大胆な削減をすれば、圧倒的な軍事的優位、つまり軍事覇権を失うこととなるから、限定的な量的削減と質的強化を組み合わせて優位性を保つよう模索せねばならない。こうした点から、ここでは米国の軍事覇権

サブシステムの三本柱である核戦力、通常戦力そして軍事同盟を切り口に
その展望を分析する。

　第4章は、米国の日本に対する拡大核抑止力の有効性と日本の核武装の
是非を論じる。従来、日本は核武装に必要な経済力、技術力そして核物質
を十分に保有しているにもかかわらず、核武装せず戦略的に自律しない方
針を堅持してきた。この方針は核不拡散条約（NPT）体制を維持し、米国
の軍事覇権を維持するために必須であると考えられてきた。また、日本が
この方針を受け入れてきたのは、米国が日本に提供する拡大核抑止が有効
であったからである。ところが、米国は今後30年間で実行する核兵器の近
代化計画には1兆ドル（約110兆円）を必要としているが、現在の米国経済
の構造的脆弱性を考えれば、少なくとも大幅に減額せざるを得ない。他
方、日本は中国、ロシア、北朝鮮と周囲を核保有国に囲まれ、特に北朝鮮
の核兵器開発が急速に進展していることから、米国の対日拡大核抑止の有

---

(7)　実際、2016年、先進7ヵ国首脳会議（G7）の伊勢志摩サミットでは、議長を務めた安
　　倍首相のよる改革で、行政分野を10分野に分けて、各分野の担当大臣が事前に担当大
　　臣会議を開いた。特に、外交・安全保障分野の外相会合（広島）では、G7が従来米国
　　の担ってきた役割を負担することとなった。「（仮訳）G7広島外相会合共同コミュニ
　　ケ」2016年4月11日、http://www.mofa.go.jp/mofaj/files/000147450.pdf、2016年
　　9月15日アクセス。「（仮訳）海洋安全保障に関するG7外相声明」2016年4月11日、
　　http://www.mofa.go.jp/mofaj/files/000147443.pdf、2016年9月15日アクセス。「（仮
　　訳）不拡散及び軍縮に関するG7」2016年4月11日、http://www.mofa.go.jp/mofaj/
　　files/000147445.pdf、2016年9月15日アクセス。
　　　また、2016年9月、G7外相会合がニューヨークで開かれ、核実験を強行した北朝鮮
　　を非難し、同国に対する新たな制裁措置を求める声明を出した。さらに、東シナ海で
　　緊張を高め、南シナ海で軍事拠点化を進める中国に警告、反対する声明を出した。「G7
　　北核『強く非難』外報会合　中国の海洋進出牽制」『産経新聞』2016年9月21日（夕
　　刊）。"G7 Foreign Ministers' Statement on Recent Developments in Asia", September
　　20, 2016, http://www.mofa.go.jp/files/000189791.pdf, accessed on September 22,
　　2016.
　　　また、欧州連合（EU）は自主防衛力を強化するため、独自の「欧州司令部」を設け
　　ることとなった。「防衛強力『欧州司令部』を」『日本経済新聞』2016年9月15日。

効性にかなりの疑念が湧いてきた。そこで、NPT体制、米国の拡大核抑止、地域核戦略環境を総合的に勘案して、日本の核武装問題を考察する。

第5章は、米軍が急速に軍拡する中国軍との小規模な局地戦あるいは限定的な地域紛争に勝利する通常戦力を有しているかを分析する。既に以前本書著者が分析したように、台湾有事や尖閣有事のケースでは、米軍の介入の可能性が高く、米中間の大規模な戦争にエスカレートする可能性が低くないことから、中国は東シナ海における軍事行動に慎重になっている。他方、2016年秋現在、南シナ海では中国はあからさまに武力をちらつかせて人工島の建設と軍事要塞化を推進していることから、本章では同海における軍事バランスに注目する。その際、プラットフォームや兵器保有の量的側面を重視するのではなく、作戦ドクトリンを含めた総合的な戦闘能力（warfighting capability）を着眼点とする。そうすることによって、中国の急速な軍備拡大が必ずしも総合的な戦闘能力の向上に繋がっていないことを分析する。さらに、中国の戦略思考が戦闘能力と軍事的勝利の可能性を最大化する軍事的合理性ではなく、心理的威圧を最大化するある種の政治的合理性に根差していることを考察する

第6章では、米国がその覇権凋落を同盟国のパワーを利用することで補完できるかどうかを考察する。2016年4月、豪州政府は同海軍通常型潜水艦後継艦として、日本の「そうりゅう」型潜水艦ではなく、フランスの「バラクーダ（Barracuda）」型潜水艦を選定した。前者が選択されていた場合、覇権国である米国との同盟を介しての緊密な軍事行政上の協力関係に過ぎなかった日豪軍事関係が主要装備の輸出入を通じた軍事作戦上の協力・連携を含む関係に転化する契機となる可能性が極めて高かった。そこで先ず、同盟との差異を踏まえながら、どのような条件の下で準同盟（quasi-alliance）が機能するのか、概念的、理論的考察を行う。次に、それに基づ

---

(8)　拙著『米国覇権の凋落と日本の国防』芦書房、2015年、第3章。

いて、近年の日豪安全保障・軍事協力関係の拡大と深化の特徴を一連の日豪二国間協定・文書等から分析する。この分析によって、日豪軍事関係における限界の主要因と特徴を把握する。さらに、こうした限界を念頭に、豪州のローウィー研究所における政策論争を分析することによって、豪政府が日豪準同盟を拒否した戦略思考の背景と論理を考察し、近未来の日豪安全保障・軍事協力関係を展望する。

　第三部では、米国覇権システムが経済面と軍事面のサブシステム・レベルで動揺し、その凋落の兆しを顕著に呈したことがいかに政治文化面のサブシステムに悪影響を与えたかを分析する。覇権は帝国支配と異なり、直接の武力行使や占領によらず、その支配を受け入れさせること、つまり十分な正当性を有していることを求める。正当性が高ければ、覇権国はある種のモデルとなり、被支配国はそれを進んで受け入れ、模倣さえすることとなる。そこで、分析の焦点を米国の政治文化覇権の核心といえるリベラル民主制（liberal democracy）[9]の正当性の低下に置く。特に、アフガン反テロ戦争やイラク戦争に代表される米国の積極的な武力介入を特徴とする中東政策の挫折がイスラム過激派による国際テロを生み、中東だけでなく米本土、主要西欧同盟国その他友好国において、軍部隊・施設だけでなく一般市民をも標的にした深刻なテロ攻撃が散発している点に注目する。というのは、イスラム・テロリストはリベラル民主制の正当性を否定しており、圧倒的な軍事力を有する米軍や主要同盟国に対して有効な対抗手段として非対称的なテロ攻撃を用いているからである。したがって、具体的な分析の対象を、米国の中東政策が挫折した政治文化次元での根本的原因、そうした誤った政策を採った背景にある先入観（bias）、そしてリベラル民主制内部に起こるテロ攻撃の本質と対処法とする。

　第7章は、米国の中東に対する武力介入がなぜ圧倒的な軍事力をもって

---

(9)　もっとも、主要な西欧諸国や日本など、「西側世界」にはこの点で多様性がある。

しても挫折したかを分析する。後智恵となってしまうが、その根本的な理由が、多分に民族・宗教紛争によって変動する中東の政治秩序について、米国がよく理解できていなかった点にあったことは明らかである。そこで、かつての大日本帝国のシナ大陸（China proper）に対する武力介入の苦境とサダム・フセイン政権打倒後のイラクにおける米国の苦境を比較対照し、両者に何故一連の驚くべき類似点が存在するかを理論的に考察する。さらに、米国覇権の将来に焦点を絞って、そうした見方が国際政治に対してどのような含意を有するかを検討する。その際、発展途上世界における様々な地域（area）が、人類の社会秩序としてかつて支配的であった帝国社会が崩壊して以来の巨視的な歴史過程から抜け出せずにいることを基本認識とし、発展途上世界における近代化と開発、または自由と民主制には安定的な国民意識（national identity）が最も重要であることを示す。

　第8章では、なぜ米国が人類社会の歴史的なダイナミズムを無視して、帝国崩壊後の国民意識が確立していない発展途上世界に対して、人為的に民主制を短期間で実現できるとの前提で、中東に武力介入したか、その先入観（bias）を分析する。具体的には、地域研究・比較政治学の観点から米国で人気の連続テレビSFドラマ番組『スター・トレック』に出てくる「最優先指令」を採り上げ、多民族帝国崩壊後の発展途上世界に対して先進国たる西洋近代国家が介入する場合に当てはめると、そこに具現されている先入観がいかに問題の本質を突いているかを考察する。また、分析を進めるために、便宜上「先進性」や「後進性」を定義した上で、そうした武力介入がなぜそしていかに予期せず、かつ望みもしない結果を生み、後日さらに手に負えない複雑な状況を生み出してしまうのかを分析する。さらに、積極的な介入よりも「分割支配」の方がうまくいくことが多分にあり、近代化推進者たらんとする道徳的傾倒や民主化推進者たらんとする宣教師的熱情に突き動かされてはならないと論ずる。

　第9章は、イスラム・テロリストが米国の政治文化覇権サブシステムの

核心たるリベラル民主制に挑戦している意味を考察する。9・11同時多発テロに端を発するテロ攻撃はその後米国内だけでなく主要な西欧同盟諸国（特に、マドリッド、ロンドン、パリなど）において散発するテロも含めて捉えねばならない。近年烈度を増すテロ攻撃を経験して、当初米国政府だけに限られていたが、漸くその他の主要国の政府もテロリストに対して武力行使や強権的な法執行措置を用いる強硬策に転じた。従来、人権は犯してはならず、またその延長線上にある社会的多様性も重要視せねばならないとする自由民主的な言説が建前として正しいとされてきた。そのため、リベラル民主制国家の政府は国内に居住する穏健なイスラム教徒の宗教の自由を尊重しようとするあまり、臨機応変に強硬な措置を採ることができなかった。そこで本章では、今やイスラム・テロリストの挑戦に対処するためには、リベラル民主制における文化相対主義の政治的意義が限定的であることに関して知的混乱を一掃する必要があることを論じる。また、イスラム・テロリストはリベラル民主制にとっても米国の政治文化覇権にとっても不倶戴天の敵であり、容赦のない抑圧と鎮圧が必須であることを論じる。

　最後に、結語は本書の論点を簡単に要約したものである。結論を急いで知りたい読者はここから読み始めても頂いても構わない。

　なお、補論1では本書の分析に依拠し、2017年2月中旬の状況と情報に基づいて、2017年1月に発足した米トランプ政権の安全保障政策の特徴とその日本に対する含意と影響についての考察する。さらに、補論2では、トランプ政権が発足して7ヵ月余りが経過した2017年8月末現在の状況と情報に基づいて補論1の分析を踏まえて、政権内外の権力闘争を焦点として同政権の評価を試みる。

　本書は桃山学院大学総合研究所共同プロジェクト「21世紀の日本の安全保障（Ⅳ）」の成果の一部であり、2017年度桃山学院大学学術出版助成を受けて刊行されたものである。記して感謝申し上げる。

（初出一覧）

第1章　「連邦準備銀行の金融機関救済権限問題 —— ドッド・フランク法の修正を巡る論争について」『（桃山学院大学）経済経営論集』57巻3号、2016年。

第2章　「日本はTPPを批准すべきか —— 米国覇権の凋落と国際経済・貿易秩序の変容」『（桃山学院大学）経済経営論集』58巻2号、2016年。

第3章　「綻びを見せる米英の『特別な関係』 —— 対中経済外交における暗闘」『問題と研究』45巻2号、2016年4・5・6月号。

第4章　「核軍縮へのリアリズム：日本は『仮想核大国』として交渉せよ！」『（桃山学院大学）社会学論集』33巻2号、2000年、を大幅に修正・加筆。

第5章　"China's Overrated Military Capabilities and its Image Manipulation: A Japanese Perspective on the State of the South China Sea," *Issues & Studies: A Social Science Quarterly on China, Taiwan and East Asian Affairs*, Vol. 52, No. 3, 2016.

第6章　「日豪同盟の幻影 —— 豪州における『そうりゅう』型潜水艦輸入論争」『問題と研究』45巻3号、2017年7・8・9月号。

第7章　「アメリカよ、日中戦争の教訓に学べ」『諸君！』2007年10月号。

第8章　「先進文明による介入に関する一考察　米テレビ連続SFドラマ番組『スター・トレック』における『最優先指令』から考える」『（桃山学院大学）人間文化論集』4号、2016年。

第9章　「文化相対主義を超えて —— リベラル民主制国家の不倶戴天の敵としてのイスラム・テロリズム」『（桃山学院大学）経済経営論集』57巻4号、2016年。

補論1　「トランプ政権の誕生と日本の安全保障 —— 覇権の縮小再編成かそれ以上か」『治安フォーラム』2017年5月号。

補論2　書き下ろし

第一部　経済覇権サブシステムの動揺

第一部では米国の軍事覇権サブシステムを支える経済覇権サブシステムにおける動揺を分析する。特に、金融、貿易そして開発の三つの機能的分野に各々1章を当てて、できるだけ立体的な理解に繋げる。

第1章 金融分野
米国の国内金融制度の脆弱性
——連邦準備銀行の金融機関救済権限問題について

　まず、本章では米国の経済覇権サブシステムを支える金融主導の既存国内政治社会体制について、その構造に焦点を絞って分析し、その深刻な矛盾について考察する。2015年9月16日、米国の首都ワシントンDCにあるケイトー研究所（Cato Institute）において、「連邦準備銀行（FRB：Federal Reserve Banks、以下、連銀）の金融機関救済権限を改革する」と題するパネル・ディスカッションが開催された。その際、専門家による討論が前半になされた後、上院銀行委員会に所属するウォーレン（Elizabeth Warren）議員（民主党・メリーランド州選出）とヴィッター（David Vitter）議員（共和党・ルイジアナ州選出）による討論が行われた[(1)]（同年5月13日、両議員は共同で上院に「2015年救済防止（Bailout Prevention）法」案を提出した[(2)]）。

　注目すべきは、リバタリアン（libertarian）の最大の牙城であるケイトー研究所がFRB改革を支持する討論会を催した点と、共和・民主両党の議員が超党派でFRB改革を支持した点にあろう。現在、米国経済は2008年秋の「リーマン・ショック」に端を発する金融危機のために深刻な構造的

---

(1)　http://www.cato.org/events/reforming-federal-reserves-rescue-authority, 2015年11月15日アクセス。

(2)　https://www.congress.gov/bill/114th-congress/senate-bill/1320. Natalie Johnson, "Warren, Vitter Team Up to Take on Wall Street's 'Too Big to Fail' Megabanks", *Daily Signal*, September 17, 2015, http://dailysignal.com/2015/09/17/warren-vitter-team-up-to-take-on-wall-streets-too-big-to-fail-megabanks/, accessed on December 12, 2015.

脆弱性を抱え続け、長期的な停滞から抜け出せずに苦しんでいる。表面上、株式市場は高値を維持しているが、金融危機を乗り越えるために、連銀が銀行やノンバンクの不良債権までを買い取るなど、巨額の量的緩和（Quantitative Easing：QE）を行ったため、債券市場が行き詰まっているからである。米国は1971年の一方的な金・ドル交換停止宣言（「ニクソン・ショック」）を分水嶺に、金融業を基幹産業とする経済社会体制に変容しつつ、金融力を主軸に覇権を維持してきた。その意味で、経済金融面での脆弱性と政治経済体制のそれは表裏一体と言えるだろう。

　そこで、本章では、まず米国の政治思想におけるリバタリアニズム（libertarianism）を概観することで、その牙城であるケイトー研究所において連邦準備銀行改革に関する討論会が催されたことの意義を考察する（筆者は日本人研究者としてはこれまで唯一の客員研究員として、2010年夏、同研究所に所属した経験を有することから、同研究所の知的雰囲気や主要研究者の思想に直接に触れる機会を得た）。次に、米国特有の中央銀行制度である連邦準備制度（FRS：Federal Reserve System）を概観した上で、リバタリアニズムの観点から米国の政治経済体制とその中での連邦準備制度・連邦準備銀行の位置付けを考える。その上で、そうした視点から、僅か三つの巨大民間金融機関に対して9兆ドル（1ドル＝110円として、990兆円）の緊急貸付を行う根拠となった連邦準備法（Federal Reserve Act）第13節3項の救済権限の問題点を分析する。さらに、この問題点に対処するために制定されたドッド・フランク・ウォール街改革・消費者保護法（Dodd-Frank Wall Street Reform and Consumer Protection Act, 2010年）を分析し、なぜ同法が十分な改革をもたらさなかったと判断されるのか、さらにどのような追加的な改革が必要なのかを考察する。このよ

---

(3)　Maria Santos, "Warren and Vitter on 'Too Big to Fail' (transcript)," *CATO Policy Report*, November/December, 2015, p.2, http://www.cato.org/blog/warren-vitter-too-big-fail, accessed on December 12, 2015.

第 1 章　金融分野　米国の国内金融制度の脆弱性

うな分析と考察を通じて、本章は一見技術的な米国の金融制度改革の議論
が、リバタリアニズムの観点からは、米国の政治社会体制とその世界覇権
の根幹を左右する問題であることを明らかにする意図をもって書かれた。

1 米国の政治思想におけるリバタリアニズム[(4)]

　リバタリアニズムとは一体どのような政治思想なのか、日本語でぴった
りする訳語はないように思える。保守主義（conservatism）、進歩主義
（progressivism）、自由主義（liberalism）などの分類には馴染まない。標
準的な英英辞典（Concise Oxford English Dictionary）によれば、語義的
には、リバティー（liberty）は「抑圧や拘禁から自由である状態（the state
of being free from oppression or imprisonment）」である一方、フリーダ
ム（freedom）は「自由に行動し、話し或いは考える力や権利（the power
or right to act, speak, or think freely）」である。これを政治思想に引き寄
せて解釈すると、前者は巨大な権力（特に、政府）から束縛や制約を受け
ず自由な状態ということになるし、後者は積極的に行動する自由である。
ということは、フリーダムはそうした能力や状態を作り出すために巨大な
権力（特に、政府）を否定する必要はなく、むしろ積極的に利用しても問
題はない。

　したがって、リバタリアニズムは大きな政治権力は危険なものであり、
それゆえ常に「小さな政府」、特に夜警国家的な最小限の政府が望ましいと
捉える。この立場からは、税金はできるだけ安い方が望ましく、政府は何
も税金を財源にして個人のフリーダムを拡大する積極的な政策を行う必要
はない。治安維持や国防、その他政府でないとできない最低限必要な役割

---

(4)　概説書として優れたものとしては、副島隆彦『現代アメリカの政治思想の研究──「世
　　界覇権国」を動かす政治家と知識人たち』筑摩書房、1995年、179頁〜200頁。

27

を果たし、規制を加えればよいということになる。また、国防政策は専守防衛的なものとなり、覇権主義的な政策を認めない一方、「大きな政府」による所得再分配政策や社会平等化政策などは忌避すべきものとなる。

　つまり、リバタリアニズムは個人のリバティーの最大化を重視しているのであって、これを阻害する「大きな政府」やその政策を正当化する進歩主義や自由主義と正面から衝突する。他方、個人のリバティーを抑圧・制約する秩序を維持・強化しようとするなら、保守主義とも正面から対立する。日本人にとってリバタリアンニズムに摑（つか）みどころがないのは、同性婚など性的少数派のリバティーも積極的に支持する立論も十分可能であり、保守主義に対決する急進主義ともなる（実際、米国にはそうした少数の急進的リバタリアンも存在する）。したがって、リバタリアニズムは体系的な政治哲学・思想というよりも、既存の大思想に対する反論・批判という様相を呈し、そうした観点から研究を進めている一大知的拠点がケイトー研究所なのである。

　リバタリアンは本質的に反権力・反（巨大集権的）政府であり、概して組織化されていないが、一旦大衆運動としてのダイナミズムを持つようになると爆発的な政治パワーも持つこととなる。そもそも、米国の独立にしても、抑圧的な英国の対北米植民地政策、とりわけ、ボストン茶会事件（Boston Tea Party、1773年）に象徴される一方的な課税に対する大衆運動に支えられていた。こうした大衆のエネルギーは都市化が進むと政治的に大きくなり、米国の政治を変容させていった。そのことを如実に示すのが、初代から5代目までの大統領が「ヴァージニア王朝」（全て南部の農園主を中心とする名望家層）から選出されたのに対して、西部出身で財産や家柄よりも自分の実力で成功を収めたアンドリュー・ジャクソンが第六代大統領に選ばれたことに見い出される[5]。その後、南部（特にノースカロラ

---

(5)　宇佐美滋『アメリカ大統領を読む事典——世界最高権力者の素顔と野望』講談社、2000年、267頁〜271頁。

第 1 章　金融分野　米国の国内金融制度の脆弱性

イナ州、アラバマ州、テキサス州）の貧しい白人綿花農家や、中西部の平
原にある州（特にカンザス州とネブラスカ州）の追いつめられていた小麦
農家などは、時として労働組合と連衡しながら、銀行や鉄道の基幹産業な
ど、既得権益を維持・拡大しようとする社会勢力や主流政党、とりわけ東
部のエリート（所謂、エスタブリッシュメント、既存体制勢力）に対する
敵意を強烈に表明し、急進的なポピュリスト（populist）運動を行った。典
型的な例としては、米国人民党（People's Party、最盛期は1892年〜1896
年）があり、1896年には民主党が人民党の大統領候補者ウィリアム・ジェ
ニングス・ブライアン（William Jennings Bryan）を公認した。[6]

　注目すべきは、近年急速に勢力を強めた「ティー（TEA：Tax Enough
Already）・パーティー」運動が以上で概観した米国政治史に見られるリバ
タリアン・ポピュリスト運動の再来である点にある（頭文字のTEAがボ
ストン茶会事件に擬えている点を見ても、明らかである）。この運動は
リーマン・ショック後、金融危機が深刻化するなか、2009年から始まった
ものであるが、オバマ政権（当時）による自動車産業や金融機関への救済
措置への反対、さらには景気刺激策や医療保険制度改革（オバマケア）に
おける「大きな政府」路線に対して強烈な抗議をしている。[7] したがって、
本章のテーマである連銀の救済権限は「大きな政府」に反対するリバタリ
アンにとって最大の攻撃目標の一つなのである。

---

(6)　Ronald P. Formisano, *For the People: American Populist Movements from the
　　 Revolution to the 1850s*, University of North Carolina Press, 2012; James M. Beeby,
　　 Revolt of the Tar Heels: The North Carolina Populist Movement, 1890–1901,
　　 University Press of Mississippi, 2008; Gene Clanton, *Populism: The Humane
　　 Preference in America, 1890-1900*, Twayne Publishers, 1991; and, Michael Kazin,
　　 The Populist Persuasion: An American History, Cornell University Press, 1998.
(7)　この運動に関する概括的な説明については、久保文明（編著）『ティーパーティー運動
　　 の研究──アメリカ保守主義の変容』NTT出版、2012年。

29

❷ リバタリアニズムからみた連邦準備制度

（1）法制度

　米国の中央銀行制度は主要先進国の中において極めて特異なものとなっている。この制度は、連邦準備制度理事会（理事長1名、副理事長1名、理事5名は大統領が上院の助言と同意に基づいて任命）とその統括を受け、全米を12の地域に分け、その各々を担当する12の連邦準備銀行（以下、「地区連銀」。所在地はボストン、ニューヨーク、フィラデルフィア、クリーブランド、リッチモンド、アトランタ、シカゴ、セントルイス、ミネアポリス、カンザスシティ、ダラス、サンフランシスコ）からなる。連邦準備法（第2節B）により、同理事会は議会に対してその金融政策や経済情勢の分析・評価に関する報告書を提出せねばならない一方、同理事長は連邦議会の公聴会に出席し、同理事会と連邦公開市場委員会（FOMC：Federal Open Market Committee）が行う金融政策の詳細について説明し質疑応答に応えねばならない。しかし、地区連銀は連邦準備制度理事会の監督・指導に服するものの（同法第10節）、各地方の民間銀行・金融企業体によりその株式が保有される私有企業体である。

　具体的には、地区連銀への出資義務については、各々が管轄する個別金融機関が負っており、個人や非金融機関の法人は地区連銀の株式を所有できない。また、個別金融機関による出資額は金融機関の資本規模に比例するが、連銀理事を選出する際の投票権は出資規模に関わらず一票であり、大手銀行が当該連銀を主導することはできない（同法第2、5及び7節）。また、地区連銀の株主が連邦準備制度に及ぼす影響力は一応限定されている。つまり、地区連銀理事9人（総裁1名を含む）中、6人を選定する（3

---

(8)　連邦公開市場委員会（FOMC）は金融政策の一つである公開市場操作（国債買いオペなどを通じて金融機関の資金需給を調節すること）の方針を決定する委員会である。同委員会は、連邦準備制度理事7名と連邦準備（地区）銀行総裁5名で構成されている。

名は出資金融機関の代表、3名は一般市民）一方、他の3人を指名する連邦準備制度理事会である（同法第4節）。さらに、個別の地区連銀理事の権限は総裁（＝理事長）の選出のみであり（つまり、政策決定は理事会の組織決定である）、地区連銀総裁12名の権限も、常に連邦公開市場委員会委員であるニューヨーク連銀総裁を除く他の地区連銀総裁11人中4人の輪番での同委員会委員への選出と連邦準備制度理事会への提言の二つに限定されている。

　したがって、連邦準備制度理事会が12地区連銀を監督・統括しているが、12地区連銀は国家により提供される公共財（public good）ではなく、銀行・金融業界の集合財（collective good）・クラブ財（club good）であると言える[9]。

（2）利権集団

　現在の連邦準備制度の下では、国民の一般的利害と銀行・金融業界の利害が概ね一致している場合、問題は生じないが、両者が一致しない場合には、大きな大衆的抗議のうねりが生じる危険性がある。とりわけ、多額の税金を使って、倒産に直面した銀行を救済する場合など、大衆が国民の利

---

[9]　この点、例えば、日本銀行と比較対照するだけでも明らかになろう。日本銀行はその出資証券がジャスダック（JASDAQ）証券市場で公開売買されている認可法人であるが、日本銀行法により総株式の55％以上を日本政府が保有すると規定（第8条2項）された国有銀行である。また、中央銀行として、「銀行券を発行するとともに、通貨及び金融の調節」を行う（第1条1項）とともに、「銀行その他の金融機関の間で行われる資金決済の円滑の確保を図り、もって信用秩序の維持」に資する（第1条2項）こととなっており、これら政策の決定において民間出資者は何ら議決権を有していない。逆に、日銀は国会に対して報告義務（第7章）を負うとともに、政策面での自立性は確保されているものの、政府と政策面で連携・調整せねばならず（第4条）、組織運営面では内閣総理大臣や財務大臣による監査要求に応じねばならない（第8章）。さらに、出資証券に対する配当は名目的な額であり（2015年12月現在、100株単位の売買が可能であるが、100株の時価が440万円程度であるのに対して、配当は税込500円）にしかすぎず、キャピタル・ゲインしか望めないのが実態である。

益が犠牲されて銀行・金融業界の利益が増進されたと認識した場合には、そうした危険性は特に大きくなるであろう（実際の今次の「ティー・パーティー」運動がその典型である）。こうした観点から、ケイトー研究所のマーク・カラブリア上級研究員は連邦準備制度の金融機関救済権限に関する論考において、「今日の我々の銀行制度は特定部門の金融的、政治的利権集団によって支配されている（"Today's our banking system is dominated by sectional, financial, and political interests"）」と批判している[10]。

　一般に、金融業は特殊な知識や経験が必要であり、そうした状況は今日ますます顕著となっていることから、金融業界のインサイダーが連邦準備制度理事会と12地区連銀を牛耳っていると広く認識されても不思議はない。とりわけ、巨大で圧倒的な金融センターであるウォール街を擁するニューヨーク市の金融エリートが地縁・血縁で固く結ばれているのではないかとの疑念が生じるのは当然であろう。別途詳細な時系列的な実証的調査が必要であろうが、実際、米国特有の転職システム（「回転ドア（revolving door）」として知られる）の中、ウォール街のインサイダーがその高度な知見や経験を梃に、民間金融機関、行政府経済・金融政策当局、連邦準備制度・地区連銀、学界（シンクタンクを含む）などの高いポストを渡り歩いていることに鑑みると、リバタリアン的批判は容易には否定できない[11]。

　歴史的には、こうした一握りの利権集団が政治・経済を牛耳っている状況は植民地にはよく見られる現象である。リバタリアンではないが、増田悦佐は今日の米国の状況がこの視点からよく捉えることができることを簡

---

(10) Mark Calabria, "An End to Bailouts", *National Review*, January 28, 2013, https://www.nationalreview.com/nrd/articles/337357/end-bailouts, accessed on December 12, 2015.

(11) 例えば、ポール・A・ボルカー（Paul A. Volcker）は、チェース・マンハッタン銀行副社長（1965年〜1968年）、財務省通貨担当次官（1969年）、主席財務次官（1971年）、ニューヨーク連銀総裁（1975年）、連邦準備制度理事会議長（1979年〜1987年）を務めた。

第 1 章　金融分野　米国の国内金融制度の脆弱性

明に説明している。少々長くなるが、よくまとめられているので以下に引
用することとする。

　そもそも始まりからして、宗主国の王侯貴族や、官僚や、軍人や
本国ではうだつの上がらない一旗組や、本国での長い収監生活より
は、年季奉公以後の自由の獲得を夢見た重罪人が、本国ではとうて
い得られないような収入を確保するために設計された統制経済とし
て出発したのが植民地経済なのだ。‥‥つまり、植民地はもともと
利権集団が思う存分荒稼ぎするために設計された社会なのだ。

　ただ、特定の宗主国が植民地を支配していることが明らかな状態
では、植民地にやってきた宗主国の貴族、官僚、一旗組としてもあ
まりでたらめなことはできない。統治責任を負っているからだ。し
かし、たまたま早めに宗主国を追い払ったが、甘い汁を吸いやすい
社会構造を温存してしまった国や、植民地支配の構造そのものが隠
微だった国では、建前としては統治権を国民全体が共有している
が、実態としては小さな利権集団がやりたい放題という最悪の実態
が生じる。

　アメリカは前者の典型だろう。大英帝国という宗主国を早々と撤
退に追い込んだが、南部のプランテーションや、北部産業資本家の
切り取り勝手の企業の合併・吸収による価格支配力奪取を野放しに
した。そのため、宗主国の撤退がつくり出した真空状態に、非常に
早くから形成された大統領府と連邦議会の政治家・官僚、産業資本
家、金融資本家、大農園主の利権集団が居座ってしまった。

　それ以来、南北戦争で農園主が追放されたり、産業資本家より金

33

融資本家のほうが強くなったり、いつのまにか経済学者や弁護士やロビイストが忍び込んだりといった紆余曲折はあった。だが、ひとにぎりの利権集団が統治責任をとらない影の宗主国として君臨する構造は一貫して続いている。[12]

　それでは、こうした金融資本家を中核とした米国の植民地型利権集団は大ニューヨーク市圏を中心に地縁・血縁で固く結ばれているといった実態はあるのだろうか。[13]　いくつかの有力な状況証拠から、この集団がユダヤ系の富裕層であることは確かであろう。ただし、これらの人々の直接目的が植民地型の収奪や世界支配であるといった確証は全くない。また、彼等の多くはもともとユダヤ教徒であったが、その後キリスト教徒に改宗した者もしくは社会的には改宗したと装っている者をかなり含むと考えられることから、いわゆる「ユダヤ陰謀論（Jewish conspiracy）」とは峻別されねばならない。

　米国の歴史では、ニューヨークがもともとはニュー・アムステルダムであったこと、つまり主としてオランダからの移民によって発展した町であることはよく知られた事実であるが、このオランダ移民にユダヤ系の人々が相当数含まれていたことは案外見過ごされている。イベリア半島に後ウマイヤ朝（西暦756年〜1031年）とその後継イスラム王朝が存在したが、

（12）増田悦佐「世界同時株安を大歓迎する」『VOICE』2015年11月号、88頁〜89頁。
（13）米国の金融業界においてニューヨークが特別な地位を有しているのは、連邦市場公開委員会の理事会の構成を見れば明らかである。つまり、同委員会ホームページによれば、12名の構成員の内、連邦準備制度理事会のメンバー7人が常に含まれるのに対して、12地区連銀の総裁、5名が同委員会の構成委員となっている。地区連銀総裁は全て常に出席し議論に参加できるが、このうち投票権を持つのはニューヨーク連銀総裁と、残りの11地区連銀総裁とニューヨーク連銀第一副総裁を四つのグループに分け、各々のグループから1名ずつの輪番にして1年の任期で就いている。また、慣例上、ニューヨーク連銀総裁が同委員会副委員長となっている。

キリスト教側のレコンキスタ（Reconquista：再征服、国土回復運動）によって、1492年、最期のナスル朝グラナダ王国が滅亡した。この結果、イスラム王朝の下で徴税や財政に才能を発揮したユダヤ人宮廷貴族やその他エリート層の一角を占めたユダヤ人たちは異教のユダヤ教に極めて不寛容であった新たな支配者、キリスト教王国の下で信教の自由を奪われ迫害された。こうしたなか、表面上はキリスト教に改宗したと装って、実際にはユダヤ教を信仰し続ける者（「マラーノ［Marrano］」と呼ばれる、「［ユダヤの］豚」の意）としてイベリア半島で生存しようとするが、結局迫害に耐えかねて、その大半が移民していった。その有力な一部は、スペイン・ハプスブルグ朝（1504年〜1700年）が相続関係によりネーデルランド17州（現在のオランダ、ベルギー、ルクセンブルグ）を領有したことから、この地方に移住した。その後、彼らはその経済金融の才能を発揮させ、スペイン・ポルトガルの覇権時代がピークを過ぎると、アムステルダムを一大商業地に発展させ、1652年、オランダ西インド会社（Dutch West Indies Company）がマンハッタン地区を買い取って、ニュー・アムステルダムと名付けるまでに成長させた。1654年には、英国が支配者となりニューヨークとなって今日に至っており、この地のユダヤ系の末裔たちは固い地縁・血縁で結ばれ続けていると考えられる。[15]

（3）支配の実態

さらに具体的には、ウォール街人脈による連邦準備制度に対する直接的な影響力の行使の証左は連邦準備法の言わばゲリラ的な策定・成立過程に

---

(14) 小岸昭『隠れユダヤ教徒と隠れキリシタン』人文書院、2002年、55頁〜87頁。H.H. Ben-Sasson, ed., *A History of the Jewish People*, Harvard University Press, 1976, pp.561-573, pp.628−645.

(15) Stephen Birmingham, *The Grandees: American's Sephardic Elite*, Syracuse University Press, 1971.

求めることができる。まず、1907年の金融恐慌（The Panic of 1907, 1907 Bankers' Panic or Knickerbocker Crisis）の後、オルドリッチ・ヴィーランド法（Aldrich-Vreeland Act of 1908）が制定され、それにより国家金融委員会（National Monetary Commission）と呼ばれる研究グループが結成された。

この委員会は連邦準備制度の設立に備えて30余りの報告書を作成した。同法を提案・成立させたネルソン・オルドリッチ（Nelson Aldrich）上院議員は同委員会委員長や金融分野を所管する上院財政委員会委員長を務めた。また個人的にも、彼の娘アブリゲイル（Abigail Greene "Abby" Aldrich Chapman）が最有力の金融資本家ジョン・ロックフェラー（John D. Rockefeller, Jr.）と結婚していたことに示されるように、ニューヨーク金融人脈と密接に繋がっていた。

そもそも、米国は連邦準備制度が設立されるまで、中央銀行を有していなかった。議会が公認した私的企業である第一合衆国銀行（First Bank of the United States、1791年〜1811年）と第二合衆国銀行（Second Bank of the United States、1817年〜1837年）が連邦政府の財政的需要と要求事項を取り扱ったことはあった。しかし、優勢な州権主義者からこの種の銀行が連邦政府の権限や権力を強化するとの強烈な反対があり、中央銀行の設立は実現しなかった。[16]

そこで、1913年、中央銀行を可能とするために、州権主義者の力を削ぐようアメリカ合衆国憲法修正第17条を加える憲法改正がなされた。これにより、上院議員は各州議会の選出あるいは指名によらず、州民による直接選挙で選ばれることとなった。また、各州の知事あるいはそれと同等の

---

(16) Bank of United States, http://www.history.com/topics/bank-of-the-united-states1, access on December 9, 2015. C・チェスタトン（著）、中山理（訳）、渡部昇一（監修）『アメリカ史の真実　なぜ「情容赦のない国」が生まれたのか』祥伝社、2011年、189頁〜191頁。

第 1 章　金融分野　米国の国内金融制度の脆弱性

地位（代理を含む）にあるものは、上院議員が空席の場合、州議会の承認を得て、選挙が行われるまでの議員を指名できることとなった。

　このような条件が揃ったところで、連邦準備法草案が策定されたが、それは連邦議会が主導した開かれたプロセスでなされたものではなく、金融界のインサイダーたちが1910年11月22日、ジョージア州沿岸にJ・P・モルガンが所有するジキル（Jekyll）島のクラブでの秘密会議において討議・策定された。その後、この法案はクリスマス休暇中、法案賛成者が居残るなか、法案反対者を中心に95名の下院議員と32名の上院議員が不在の中で採決が決行された[17]。

　法案の草案は全国金融員会（National Monetary Commission）委員長を務めるネルソン・オルドリッチ（Nelson Aldrich）上院議員、A・ピアット・アンドリュー（A. Piatt Andrew）財務次官補・全国金融委員会特別補佐官、フランク・ヴァンダーリップ（Frank Vanderlip）ニューヨーク・ナショナル・シティー・バンク頭取、ヘンリー・P・デーヴィソン（Henry P. Davion）J・Pモルガン・カンパニー・シニア・パートナー（モルガン家私的代理）、チャールズ・D・ノートン（Charles D. Norton）ファースト・ナショナル・ニューヨーク銀行頭取（モルガン家に支配されている）、ベンジャミン・ストロング（Benjamin Strong）J・Pモルガン・カンパニー代理人、そしてポール・ウォーバーグ（Paul Warburg）クーン・ロブ商会（Kuhn, Loeb and Company）パートナーによって、つまり「世界の富の六分の一の代理人」によって[18]、「国家の通貨と信用構造をニューヨークに集中させる制度」が秘密裏に策定された[19]。

---

(17) Secrets of the Federal Reserve, http://modernhistoryproject.org/mhp?Article=FedReserve&C=3.0, accessed on December 9, 2015.

(18) ユースタス・マリンズ（著）、林伍平（訳）『民間が所有する中央銀行──主権を奪われたアメリカの悲劇』秀麗社、1995年、34頁～66頁。Eustace Mullins, *The Secrets of the Federal Reserve: The London* Connection, Bridger House Publishers, 1991, pp.1-15.

(19) マリンズ、前掲、45頁。

以上から、連邦準備法がウォール街を中核とした金融界の利害を反映して策定されたことは明らかであるが、この点は制度的なレベルで確認できないであろうか。そのためには、例えば、12地区連銀の中核であり、国家の通貨と信用構造の中心であるニューヨーク連銀の株主構成が明らかになれば、かなり確度の高い推測は可能となる。しかし管見では、現在この点に関して公開情報はない。とはいえ、1983年現在の株主構成は知られている。

　下記の表1の上位五行だけで、ニューヨーク連銀の総株式数の53%（端数を含まない表1の百分率の合計とは一致しない）を所有している。マリンズによれば、1983年現在、「ニューヨーク市にある全商業銀行の大株主

表1　ニューヨーク連銀株主構成（1983年7月26日現在）

金融機関名	株　数	割　合
バンカーズ・トラスト・カンパニー	438,831	6%
バンク・オブ・ニューヨーク	141,482	2%
チェース・マンハッタン・バンク	1,011,862	14%
ケミカル・バンク	544,962	8%
シティバンク	1,090,813	15%
ヨーロピアン・アメリカン・バンク&トラスト*	127,800	2%
J・ヘンリー・シュローダー・バンク&トラスト*	37,493	0.5%
マニュファクチュアラーズ・ハノヴァー	509,852	7%
モルガン・ギャランティ・トラスト	655,443	9%
ナショナル・バンク・オブ・ノース・アメリカ*	105,600	2%

＊外国銀行の子会社
（出典）ユースタス・マリンズ（著）、林伍平（訳）『民間が所有する中央銀行——主権を
　　　　奪われたアメリカの悲劇』秀麗社、1995年、418頁～419頁

第 1 章　金融分野　米国の国内金融制度の脆弱性

を検証してみると、血縁、婚姻あるいは事業に関連する数家族がいぜんと
してこれらの銀行をコントロールし、そのことによってニューヨーク連銀
の支配的株式を所有して（いた）」[20]（この検証が具体的な家系図とその相互
関係を丁寧に調べ上げているだけに、説得力は十分ある）[21]。その後、そう
した傾向が大幅に変化したとは考えにくいから、今日においても継続して
いると結論しても問題なかろう。

（4）小括

　以上の分析から、カラブリアが主張するように、米国の連邦準備制度は
特定部門の金融的、政治的利権集団によって支配されていると考えてよい
だろう[22]。一応、制度設計の点では、連邦準備制度理事会を介して民主的な
コントロールが成立しているように見えるが、地区連銀は金融界のクラブ
財にすぎないし、地縁・血縁や「回転ドア」を介してネットワーク型の少
数者支配が及ぶ仕組みになっている。注意すべきは、こうした実態が一見
強い民主的なコントロールが存在する制度の陰に隠れて、株主構成などの
決定的に重要な情報が私企業情報や個人情報の壁によって容易には入手で
きる形で公開されておらず、実質的に巧妙に隠されている点であり、言う
までもなく、こうした権力主体は、見えない相手を非難したり攻撃したり
することはできないという意味で、絶対権力となりやすい。英国の近代史
家、アクトンが喝破するように「権力は腐敗する傾向にあり、絶対権力は
絶対に腐敗する（Power tends to corrupt, and absolute power corrupts
absolutely.）」。現在、リバタリアンはこうした観点から連邦準備制度の金
融機関救済権限の縮小・制御を唱えていると考えねばなるまい。

---

(20) Mullins, op.cit., p.181.
(21) マリンズ、前掲、第5・6・7・8章。
(22) Calabria, *op.cit.*

③ ドッド・フランク法の問題点と同法改正の必要性

（1）連邦準備制度の金融機関救済権限と問題点

連邦準備法第13節3項は、連邦準備理事会の方針と政策の下、12地区連銀が支払能力を有しているが（solvent）一時的に流動性（liquidity）の不足に陥った金融機関に対して緊急貸付を行い救済する権限を与えている。

リーマン・ショック後の金融危機に際して、連邦準備制度は本章冒頭に紹介したように9兆ドルの貸付を実施した。その平均貸付期間は22カ月、利息は年利1％と極めて借手に有利なものとなっていた。[23]この貸付は緊急経済安定化法（Emergency Economic Stabilization Act of 2008）に基づく不良資産救済プログラム（TARP：Troubled Asset Relief Program）による財政政策とは峻別されねばならない（このプログラムにより、財務長官は7兆ドルまでの緊急支援を行い、銀行から不良資産［distressed assets］、とりわけ不良不動産担保証券［MBS：mortgage-backed securities］を買い取ることで、直接、銀行に巨額の現金を供給することとなった）。

不良資産救済プログラムの信用枠を用いた連銀の緊急貸付は「大きすぎて潰せない（too big to fail）」という意味で金融システムの機能と安定性の維持にとって重要な巨大金融機関を救済したのであるが、それは同時に連銀の裁量によって破綻した巨大金融機関の再編成を回避し、それらを存続させるように使われる結果ともなった。また、そうすることで、有期物資産担保証券貸出制度（TALF：Term Asset Lending Facility）を除いて、信用枠の過半を巨大銀行の救済に使ってしまい、その結果、中小企業への

---

(23) Marcus Stanley's (Policy Director, Americans for Financial Reform) letter to Robert deV. Frierson, Secretary, Board of Governors of the Federal Reserve System, March 10, 2014, http://ourfinancialsecurity.org/wp-content/uploads/2014/03/AFR-Comment-On-Federal-Reserve-Emergency-Lending-Proposal.pdf, accessed on December 12, 2015.

信用供与や持家の維持など、一般国民の利益を犠牲にしたともいえるだろう。確かに、金融システムの機能と安定性は維持されたが、連銀の救済権限を抜け道として、連邦準備法の立法趣旨が骨抜きにされたと見ることもできる。

つまり、連銀の緊急貸出は金融政策の手段ではなく、本質的に不良資産救済プログラムと同様、実質的な財政政策の手段となっている。その負担は当然一般の納税者つまり一般国民が負うこととなる。両者の差異は、前者が議会によって直接、明示的に認められた制度に則っているのに対して、後者は全くそうなっていない点にある。民主制の下では、財政政策の是非は結局選挙を通じて、詰まる所、議員の再選・落選によって判断される。したがって、議会の役割を連銀が果たすのは正当ではなく、「法の支配」、とりわけその中核にある「自由裁量による統治（discretionary governance）」を認めないという米国憲法の原則に反するとの結論になろう。[24]

（2）ドッド・フランク法による連銀権限の制限と問題点

ドッド・フランク法は上記の批判に応えて、「金融システムにおける説明責任および透明性を改善することにより合衆国の金融安定を推進するため、『大き過ぎてつぶせない』を終わらせるため、ベイル・アウトを終わらせることにより米国の納税者を保護するため、金融サービス実務の濫用から消費者を保護するため、ならびにその他の目的のため」に制定された。同法第1101節は単発で個別企業の救済を行うことを禁じ、支援プログラムは幅広い分類（broad based）の金融機関に適用せねばならないとしている。

---

(24) Lawrence H. White, "The Federal Reserve and the Rule of Law", Testimony to the Subcommittee on Monetary Policy and Trade, House Committee on Financial Services, September 13. 2013, http://www.cato.org/publications/testimony/federal-reserve-rule-law, accessed on December 12, 2015.

確かに、リーマン・ショック後の金融危機管理の経験は連邦準備理事会に対して、破綻した巨大金融機関を救済することによるモラル・ハザード（つまり、巨大金融機関は再編成・倒産処理されることがなく、税金により救済されるなら、適切なリスク管理をしないとの見通し）を醸成してしまうとの教訓を学ぶのに良い機会を与えた。

　しかし、連邦準備制度信用供与規則（Regulation A：Extensions of Credit by Federal Reserve Banks）に見られるように、緊急貸付に対する具体的な制限は新たに課されておらず、一般の金融市場よりも遥かに低い貸出利率により、事実上破産している少数の金融機関に対して数年間の金融支援を行いうるようになっている。この点、スタンレーは次の様に問題点を指摘している。[26]

　第一に、連邦準備法による貸付に明確な制限がない。確かに、同規則201.4（d）（4）は定期的な検査や必要がなくなった場合の貸付終了を定めているが、貸付期間や回数に関する制限はない。また、貸付期間・条件が特定されていないことは、長期的な観点からの担保物件の価格査定を困難にしている。

　第二に、「支払能力を有する状態、破産していない状態（solvency）」の明確な定義がない。連邦準備法第13節3の定義では単に「倒産（in bankruptcy）していない」としているだけであり、連邦準備制度信用供与規則でもそれ以上の踏み込んだ具体的なルールを定めていない（例えば、「破産」の定義は負債が保有資産を上回っているとの常識的なものではない）。したがって、事実上破産状態にあり倒産宣言の直前の金融機関であっても連銀の金融支援によって救済しうる。

---

(25) http://www.federalreserve.gov/bankinforeg/reglisting.htm, accessed on December 12, 2015.

(26) Stanley's letter, *op.cit.*

第1章　金融分野　米国の国内金融制度の脆弱性

　第三に、「広い適用範囲を持ち（broad-based）」と「（金融）市場（market）」の定義が法令の適用対象を具体的に示していない。つまり、連銀の金融支援制度の適用資格が広く、特定できる部門や市場を支援できるように規定されていない。逆に言えば、特定の単一金融機関に適用することを容認することとなっている。事実上、数の上で限定された主要な金融業者だけに連銀の金融支援が利用可能となっており、実際の貸出の圧倒的部分がさらに少数の金融機関によって占められる可能性を排除できない。実際、今次の金融危機における連銀の緊急貸付の約40％がシティグループ（Citigroup）、メリルリンチ（Merrill Lynch）、モルガン・スタンレー（Morgan Stanley）巨大金融機関3社によって占められた。[27]

　第四に、金融支援の貸付の利子率に関する議論がない。「最後の貸し手（連銀）」の流動性支援はモラル・ハザード防止のために可及的速やかに終了させねばならず、そのためには罰金の意味を込めて高い貸出利率を課すべきである。[28] しかし、実際の貸出利率は銀行間取引（inter-bank）の利率を若干上回るものの、市場の実勢利率には遥かには及ばないものとなっている。

　つまり、こうした視点に立てば、ドッド・フランク法の不備のために、連銀は依然として「最後の貸手（a lender of the last resort）」というより「最初の救済者（a rescuer of the first resort）」であると言えるだろう。

---

(27) Levy Economics Institute of Bard College, "The Lender of Last Resort: A Critical Analysis of the Federal Reserve's Unprecedented Intervention After 2007," April, 2013, p.1, http://www.levyinstitute.org/pubs/rpr_4_13.pdf, accessed on December 12, 2015.

(28) 例えば、カラブリアは、適当な利率は5％であるというヴィター上院議員に同意している。Santos, *op.cit.*, p.5.

43

（3）ドッド・フランク法の改正論争[(29)]

　ドッド・フランク法第1101節は明らかに連銀の金融機関救済権限（連邦準備法第13節3）によるウォール街のインサイダー大手金融機関に対する資金救済を排除することは当然とするだけでなく、真に幅広い貸付プログラムによる緊急救済貸付にも制限を課すことも意図している。しかし、既に見たように、連銀の裁量を制限する十分詳細で具体的な規則が存在せず、そのため事実上破産状態にある企業または個別企業を援助する裁量が存在する。同法における破産状態の唯一の定義は「当該企業がその時点で破産手続きに入っていてはならない（a firm cannot be currently in a bankruptcy process）」、つまり連銀は当該金融機関の倒産を防ぐために、司法的手続きに従って金融支援を行ってはならないことを意味するに過ぎない。こうした実態は明らかにドッド・フランク法の立法趣旨に反する。

　このような状況を改革するため、カラブリアとマーカス・スタンレー（Marcus Stanley）は次の様に提案している。[(30)]

　1）「破産（insolvency）」を定義する立法プロセスを樹立し、金融支援が破産状態にはなく単に一時的に資金繰りに困っている金融機関のみを対象にして行われるようにせねばならない。破綻した企業は救済の対象から除外されるべきである。[(31)]

---

(29) ドッド・フランク法は、連銀の緊急貸付権限だけではなく、財務省管轄の資金を用いた金融機関の解体権限（同法第2章）や緊急経済安定化権限（同法第1105節）も含んでいるが、ここでは本章のテーマから若干外れるためこれらの権限については取り扱わない。

(30) Mark A. Calabria and Marcus Stanley, "Fed Proposal to End Bailouts Falls Short," *Hill*, July 24, 2015, http://thehill.com/blogs/congress-blog/economy-budget/213175-fed-proposal-to-end-bailouts-falls-short, December 12, 2015.

(31) さらに、具体的で厳しい提案として、連銀の緊急貸出の期間を90日〜120日に限定し、支払期限の延長を認めないとするものもある。こうした期限制限は当該金融機関に対する他の民間の金融機関による資産査定や貸付スキームの検討の機会を生み出すこと

第 1 章　金融分野　米国の国内金融制度の脆弱性

2）　支援対象金融機関の適用資格に関して「幅広い」分類の意味を明確にするため、連邦準備制度はここでの重要な概念 ―「幅広い」― を定義する手順を具体的に示さねばならない。さらに、特別の支援制度を構築する際には、国民に対して申請資格を有すると信じる企業数の概算と予想申請社数を事前に明らかにせねばならない。

3）　連銀の緊急貸付制度による貸付期間に制限を課すべきである。企業は一旦危機が去れば、連銀の有期緊急貸付に依存できないようすべきである。そもそも、立て直しに大規模な長期緊急貸付を要する企業は当初から破産状態にある。万一、危機が長期に渡るようであれば、連邦準備制度は連邦預金保険公社（FDIC）貸付保証制度や同法による破綻金融会社を解散させる新たな権限など、ドッド・フランク法に則って緊急貸付以外の権限を用いるべきである。

　要するに、カラブリアとスタンレーは連銀に対してドッド・フランク法に示された連邦議会の立法趣旨を確認し、2008年秋以降のリーマン危機対応で行われたような、その場限りの恣意的な救済を再び繰り返してはならないと主張しているのである。その論理的な結論は、それができないなら、連邦準備法を改正して、同理事会・連銀から権限を剥奪することが必要だということになろう。その根底には、政府の保証や救済ではなく、市場による規律維持（market discipline）にこそ依拠すべきであるとのリバタリアニズムの信念があることに疑いの余地はない。

　になる。その結果、数か月間の「繋ぎ融資」が実現すれば、破産・解体を計画する一方、国民的議論の中で、議会が必要と考えるなら、立法措置を検討する十分な時間も出てくるだろう。Stanley's letter, *op.cit.*

45

4 結　語

　ここまで本章の後半部分では、リーマン・ショック後の金融危機において
てなされた一連の金融支援について、制度面から連邦準備法の貸付権限に
よる緊急貸付、ドッド・フランク法の制定と問題点、そしてドッド・フラ
ンク法の改正に焦点を置きつつ、法学的にやや技術的な分析を行ってき
た。この分析により、巨大金融機関が膨大なリスクをとり失敗すると、当
該金融機関がその巨額の損失を倒産や解体などの形で自己責任により処理
するのではなく、究極的には一般国民の血税での負担となる連銀の緊急貸
付が用いられたこと、また今後も同様な救済措置がなされる制度が温存さ
れていることを分析した。

　こうした状況は、米国の一般国民の観点、とりわけリバタリアニズムの
観点から許容されるものではなく、極めて枢要な政治問題となっている現
状、とりわけ急激にポピュリスト的な政治パワーを持つに至った「ティー・
パーティー」運動の批判・攻撃対象となっていることに何ら不思議はない。
そうした意味で、本章の前半部分において示した米国の政治思想における
リバタリアニズムの重要性、そしてその観点からの米国の政治経済体制、
とりわけその中での連邦準備制度・連邦準備銀行に関する分析は本章後半
の分析に関してさらに深い理解を可能としている。つまり、本章は一見技
術的な米国の金融制度改革を巡る議論が、金融パワーを基盤に経済覇権サ
ブシステムを維持してきた米国の政治社会体制の矛盾と持続性に対して極
めて重大な意味を有していることを明らかにしたと言えるだろう。また、
リバタリアニズムに関する理解が米国研究や米国の国際政策、延いては国
際関係の分析にとって、今後とも重要な視点であり続けるであろうことを
示したといえるであろう。

第2章　貿易分野
日本はTPPを批准すべきか

　本章では、米国はその経済覇権サブシステムのなかで、どのように国際貿易・経済秩序を変容させ、自国の国益とパワーを維持・増進させようとしていたのか、オバマ政権下の米国が主導した環太平洋戦略的経済連携協定（Trans-Pacific Strategic Economic Partnership Agreement：TPP）に焦点をあてて考察する。

　2015年10月、TPPは米国、日本、オーストラリア、カナダ、シンガポール、チリ、ニュージーランド、ブルネイ、ベトナム、ペルー、マレーシア、メキシコの間で大筋で合意し、2016年2月4日、全交渉国が最終合意し署名に至った。同協定第30条によれば、同協定は全署名国が議会承認など批准の完了を通告して60日後に発効する。全署名国が2年以内に批准できない場合、TPP域内の国内総生産（GDP）の合計が85％以上を占める6ヵ国以上の批准で発効する。国際通貨基金（IMF）の統計によると、2013年時点で米国のGDPが域内の約60％、日本は約18％を占めており、日米のどちらかでも批准しないと85％に達しない。[(1)] つまり、米国だけでなく日本もTPPの発効に対して拒否権を有している。

　論理的には、日本の選択肢は、①米国の批准を待たず、積極的に批准する、②批准を先延ばしし、米国が批准するか否かを見極める（米国が批准しない場合、TPPの未発効は決定するから、日本は国会での批准手続きに

---

(1)　「発効条件と見通し　批准手続き難航も」『産経新聞』（電子版）、2015年10月30日、http://www.sankei.com/economy/news/151030/ecn1510300064-n1.html、2016年7月10日アクセス。

入る必要がない。或いは、米国は条約の内容を変更する再交渉を要求する可能性もある）、③速やかに国会での批准を否決する、の何れかであった。現実には、我が国は積極的に交渉に取り組み、合意協定文書に署名したことに鑑みると、国際的信義とりわけ対米関係の観点から、③は選択肢となりえなかっただろう。他方、安倍政権は、オバマ政権が年内の批准を目指すとしていたことから、一応2016年秋の臨時国会で批准を目指すとしていた。[2]しかし、米大統領予備選では共和党候補者のドナルド・トランプ（Donald Trump）だけでなく民主党候補者のヒラリー・クリントン（Hillary Rodham Clinton）も批准反対の立場を鮮明にし、再交渉に言及したことから、安倍政権は再交渉には絶対に応じないとしながらも、米国の動きを注視せざるをえなかった。[3]

　日本には、賛否両論が激しく対立する国内での長い政策論争を経てTPP交渉に参加した経緯がある。[4]民主党政権時代の2010年10月、菅直人内閣

---

(2)　例えば、「官房長官TPP早期発効は去年の首脳会合で確認」、*NHK NEWS WEB*、2016年7月19日、http://www3.nhk.or.jp/news/html/20160719/k10010601151000.html、2016年7月24日アクセス。

(3)　「米　TPP承認難しく」『日本経済新聞』2016年7月21日。「TPPに漂う暗雲」『日本経済新聞』2016年7月2日。「トランプ氏『TPP撤退』」『読売新聞』2016年6月30日。この状況がどの程度深刻かは、米外交官出身の在日米国商工会議所会頭がTPP批准問題では、先ず日本が速やかに批准することによって、米国に逆圧力を加えるように提言していたことからも窺われる。「TPP発効への道筋を開く」『日本経済新聞』2016年5月28日。

(4)　第二次安倍政権（2012年12月26日～2014年9月3日）はTPPを積極的に推進していたが、当時、与党自民党の中でさえ、推進派と反対派に分かれていた。推進派の議員連盟は「環太平洋経済連携に関する研究会（貿易自由化と農林水産業振興の両立に関する研究会）」を結成した。この点に関しては、同会趣意書、同会第1回研究会配布資料、2013年2月13日、https://nk.jiho.jp/servlet/nk/release/pdf/1226595199651、2016年7月12日アクセス、を参照。反対派は「TPP参加の即時撤回を求める会」を結成しており、その国会議員数は2013年2月の時点で、236人（自民党所属議員の約62％）に達していた。この点に関しては、「改訂版『TPP参加の即時撤回を求める会』の会員と未会員」『農業協同組合新聞』（電子版）、2013年2月19日、http://www.jacom.or.jp/column/2013/02/130219-19828.php、2016年7月12日アクセス、を参照。

総理大臣は初めて衆議院本会議所信表明演説でTPP交渉への参加検討を表明し具体的検討に入ったが、政権交代の後、漸く2013年7月、第二次安倍政権がマレーシアで開かれた第17回TPP交渉会議に公式に参加した。

　こうした状況の中、本書著者は2013年1月、平和・安全保障研究所のホームページ上の政策評論シリーズに拙論「対中牽制としてのTPP——交渉参加と署名、批准は別問題」を発表し、取り敢えず我が国がTPP交渉に参加することを提言した。拙論は、中国の台頭と覇権国・米国の相対的凋落の文脈の下、新たな東アジア・太平洋地域の国際貿易・経済秩序の形成における米国の中国に対する優位を支えるため、我が国のTPP交渉参加を是として書かれた。この提言は2016年2月4日、TPPの最終合意が成立し、それが発効するための署名国の批准を待つばかりの段階に達したことから、有効でなくなった。そこで、本章の目的は、その段階において我が国がTPPを批准すべきであったか、その際の判断基準は何か、さらに、米国の批准との兼ね合いで、どのタイミングで批准すべきであったかを考察し、2017年7月の時点における著者の提言とその理由を示すことにある。

　本章の特徴は、経済学ではなく、国際政治学の一分野である国際政治経済学（international political economy）のアプローチを採っている点にある。つまり、国際貿易における需給、それによる国別の経済成長や国際的な富の配分に焦点を置いた数量的分析とその考察を試みるのではなく、そうした経済的なダイナミズムを念頭に置きながらも、その中でいかに経済

---

(5)　拙論「対中牽制としてのTPP—交渉参加と署名、批准は別問題」、*RIPS'Eye*、2013年1月9日、http://www.rips.or.jp/researches_publications/rips_eye/2013/no_160.html, 2016年7月18日アクセス。なお、この提言は以下の国際研究フォーラムでの発表の要旨を纏めたものである。Masahiro Matsumura, "TPP vs. RCEP: Choosing neither is the best policy for Japan," presented at a conference entitled as "R.O.C. (Taiwan)-US-Japan Trilateral Dialogue, sponsored by the Heritage Foundation and the Chung-Hua Institution for Economic Research and co-sponsored by the ROC Ministry of Foreign Affairs, December 18, 2012.

的利得を最大化するか（逆に、経済的損失を最小化するか）、さらにいかに
それを可能にする国際貿易秩序、延ては国際秩序を変容させていくか（ま
たは、維持していくか）という対外経済政策や地経学（geo-economics）の
視点からアプローチしている点にある。さらに具体的に言えば、TPP署
名国全体のGDP合計の約60％を占める覇権国・米国がTPPを主導してき
たことから、当然、分析の焦点を米国の政策的意図やその背後にある地経
学的戦略に置くこととなる。また、そうした米国の攻勢に対して、日本が
いかに対処すべきかを考察することが本章の目的である。

1 冷戦期における米国の経済覇権と 国際貿易・経済体制

　第二次世界大戦の結果、戦禍により主要欧州諸国の経済が疲弊した一
方、米本土は殆ど戦禍を被らず（日本による真珠湾攻撃を受けたハワイは
当時準州に過ぎなかった）、連合国全体の兵站補給基地と一大工廠の役割
を一手に担った。その結果、米国は圧倒的な経済力と政治力、つまり覇権
を有するに至った。戦後、米国はこの覇権を安定・発展させるため、戦間
期の国際経済秩序が世界恐慌からブロック経済化し、列強が極端な保護主
義的な近隣窮乏化政策に走り、第二次世界大戦の大きな一因となった轍を
踏まないように、自由（liberal）で開放的な（open）国際経済秩序を構築
することを軸にその経済覇権サブシステムを構築した。米国はこの経済秩
序の下で非覇権国にも円滑な経済活動を可能とすることで、その覇権の正
当性を受け入れさせたと言えるだろう。

　具体的には、国際通貨基金（IMF）、世界銀行（World Bank）[6]そして貿

---

(6)　正確には、世界銀行は、国際復興開発銀行（International Bank for Reconstruction and Development, IBRD）、国際開発協会（International Development Association, IDA）、国際金融公社（International Finance Corporation, IFC）、多国間投資保証機関

易及び関税に関する一般協定（GATT）からなる米国主導のブレトンウッズ体制が構築された。もちろん本章の分析が注目すべきはGATTであるが、IMFと世界銀行が国際機関である一方、GATTは協定に過ぎないなど、国際貿易秩序の管理体制は構想された機能と比してかなり限定されたものとなった点に着目すべきである。当初、ブレトンウッズ体制の下では、国際貿易機関（ITO）を設立すべく、貿易だけでなく雇用問題、労働基準、開発、国際投資ルール、国際カルテルや制限的商慣行といった競争法上の幅広い分野について規定していたハバナ憲章（Havana Charter）が採択されたものの、結局発効することはなかった。そのため、同憲章のうち関税譲許率のみを焦点とした貿易関連規定だけを形式的に別個の協定としたGATTが1947年に成立し[7]、1995年に世界貿易機関（WTO）が設立されるまで暫定的に適用された[8]。

　そこで、なぜ50年弱の長きに亘って限定的なGATTが用いられてきたのか、特にそれを主導した米国はどのような利害関係や思惑があったのかに関して分析が必要となる。さらに、WTOの設立後、その存在にも拘わらず、なぜ、近年、自由貿易協定（FTA）が推進されているのか（TPPは超大型のFTAである）。とりわけ。TPPを主導してきた米国の利害や思惑はいかなるものであるか、それはGATTを主導した際と変化したのか。そうだとすれば、いかに変化したのであろうか。これらの点も分析されねばならない。

　　（Multilateral Investment Guarantee Agency, MIGA）、国際投資紛争解決センター（International Center for Settlement of Investment Disputes, ICSID）の五つの国際機関から成る。
(7)　GATTそのものは条約としては正式には発効せず、原加盟国は別個の法的拘束力を有する条約である「暫定適用議定書（Protocol of Provisional Application）」で、その後の加盟国は「加入議定書（Accession Protocol）」に基づいて事実上発効し適用された。
(8)　GATTはWTOに発展的に解消され、事務局も引き継がれたが、GATT（協定）とWTO協定は別個の条約であり、前者を「1947年のGATT」、後者を「1994年のGATT」と区別する場合もある。

広く知られているように、「暫定適用議定書」や「加入議定書」を介した GATT適用における重要な特徴は「祖父条項（grandfather clause）」と 「（GATT第25条5項）義務免除条項（waiver clause）」に求めることがで きる。前者は、加入時点の国内法令と合致するGATT上の義務のみを履 行する旨の規定であり、後者は、加盟国3分の2以上の多数決によって，対 象となる特定の産品について一定期間，GATTで定められている輸入数量 制限廃止の義務が免除され、輸入制限措置を認める条項である。両規定と も加盟各国から国内調整の経済的・政治的負担をかなり軽減し、GATT を広く受け入れやすいようにした一方、GATTの大原則である「自由貿易 （関税の低減、数量制限の原則禁止）」に反することとなる。また、このこ とは、加入時点で国内市場が自由で開放的な先進国（とりわけ、最もその 度合いが高い米国）はそうでない他の先進国や発展途上国に対して一方的 に自国の国内市場をこれらの国々による輸出攻勢に開放する不利な選択を したことを意味する。

　要するに、GATTは工業製品が対象で、総じて農産品を対象外としたこ とから、貿易の自由化を目指したものの、相対的には加盟国の国内の統合 と安定を優先したものであったと言えよう。特に、冷戦期、米国がそうし た選択をしても自由貿易を成功させた理由は、対ソ連「封じ込め戦略」を 効果的に維持するために安全保障・外交政策上での同盟国や友好国の協力

---

(9)　https://www.wto.org/english/res_e/booksp_e/gatt_ai_e/prov_appl_gen_agree_e.pd f#search=%27protocol+of+provisional+application+gatt+grandfather+clause%27; https://www.wto.org/english/docs_e/legal_e/gatt47.pdf#search=%27GATT+text% 27, accessed on July 21, 2016.

(10)　Stephen Healy, Richard Pearce, and Michael Stockbridge, *The Implications of the Uruguay round agreement on agriculture for developing countries - A training manual* (*Training materials for agricultural planning - 41*), Food and Agriculture Organization of the United Nations, 1998, The Aims of Part I, http://www.fao.org/ docrep/w7814e/w7814e04.htm#TopOfPage, accessed on July 21, 2016.

第2章　貿易分野　日本はTPPを批准すべきか

を必要としたからであったのは明らかである。つまり、米国の国際貿易・経済戦略は安全保障戦略に従属していたのである。GATTの下での多角的貿易交渉であるウルグアイ・ラウンドは1986年9月から冷戦終結を挟んで強い慣性を持ちながら1994年4月まで行われ、その翌年1995年にはWTOが発足した。同ラウンドの最終合意文書でありWTOを設立したマラケシュ協定（Marrakesh Agreement）は自由化の例外規定（第14条）、緊急避難的な措置（第10条）を有するなど、多分に加盟国の国内の統合と安定に配慮したもののとなった。

2 冷戦後の米国の経済覇権と国際貿易・経済体制

　しかし、一旦冷戦が終結すると、当然米国は徐々に安全保障上の配慮をしなくなり、専ら国際貿易・経済面での利益を追求するようになった。つまり、軍事・政治面での米ソ二極構造が崩壊してその制約が外れると、日米欧三極の先進地域に限定的だった経済的統合作用が従来対象となっていなかった旧ソ連圏や非同盟の発展途上諸国にも急速に及ぶようになり、結果的にグローバル規模での経済的統合（globalization、グローバル化）が進むようになった。日米欧はそれらの新たな地域を資源供給地や比較的優良で安価な労働力を有する製造業拠点や潜在性を有する消費市場として利用して激しく競争するようになった。

　その結果、米国一極構造が顕著になるに伴い、米国は自国の農産物やサービスの輸出に対する大幅な関税の低減や非関税障壁の撤廃を実現しようとした。また、原材料の調達から生産そして販売まで、米企業による生産拠点の海外移転促進とそれによるグローバル・サプライチェーンの効率化を加速するために、海外直接投資や知的所有権の保護の強化を求めた。つまり、米政府とグローバルに展開する米企業が一体となって各国に残る貿易や投資の障壁を引き下げようとする新重商主義が新たに出現すること

53

となったと言えるだろう。また、日欧その他の政府と企業もこの米国と競争するために同様の政策転換を迫られることになった。

　しかし、こうした貿易障壁の撤廃は、GATT−WTO体制に組み込まれた加盟国の国内の統合と安定に配慮する諸規定と衝突する。実際、多くの加盟国がこうした動きに抵抗した結果、これらの点を多角的に交渉したドーハ・ラウンドは1999年のシアトルにおけるWTO閣僚会議以降、すでに20年近く停滞している。事実上、WTOは頓挫してしまったといえるだろう。

　その後の米国の国際貿易・経済秩序政策を見ると、米国が当面WTOの多角的貿易交渉を通じた各国国内制度・措置（非関税貿易障壁）の低減・除去の実現を棚上げにし、自国がその圧倒的な経済的優位を梃に主導する二国間及び多国間FTAのネットワークを多層的に充実することによって、WTOの多角的交渉を成功させるための前提条件を整える、もしくは事実上それに相等する状況を創出するアプローチに転換したことは明らかである。また、FTA推進は停滞する多角的交渉に対して圧力を加える効果を及ぼす。具体的には、米国はイスラエル（1985年発効）、北米地域（メキシコ及びカナダ、1994年）、ヨルダン（2001年）、オーストラリア（2001年）、チリ（2004年）、シンガポール（2004年）、バーレーン（2006年）、モロッコ（2006年）、オマーン（2006年）、ペルー（2007年）、中米地域（コスタリカ、エルサルバドル、ガテマラ、ホンデュラス、ニカラグア及びドミニカ、2005年）、パナマ（2012年）、コロンビア（2012年）、韓国（2012年）とFTAを締結した。また、欧州連合（EU）とFTAを交渉している。

　世界の新しい国際貿易・経済秩序を形成しようとするこの米国の動きに対抗するために、EUも欧州や中東の中小国に加えて、トルコ（1995年発効）、メキシコ（2000年）、南アフリカ（2004年）、エジプト（2004年）、チリ（2005年）、韓国（2015年）を含め30数ヵ国とFTAを締結した。さらに、一番出遅れた日本もマレーシア（2006年発効）、シンガポール（2007

第2章　貿易分野　日本はTPPを批准すべきか

年）、チリ（2007年）、タイ（2007年）、インドネシア（2008年）、ブルネイ（2008年）、フィリピン（2008年）、スイス（2009年）、ベトナム（2009年）、インド（2011年）、メキシコ（2012年）、ペルー（2012年）、オーストラリア（2015年）、モンゴル（2016年）と経済連携協定（EPA）を、東南アジア諸国連合（ASEAN）と包括括的経済連携協定（2008年）を締結した。[11]

　しかし、二国間FTAの積み上げでは、企業による国際生産ネットワークの拡大とサプライチェーンのグローバル化に効率的に対応できない。「原産地規則」、「原産地証明」、「累積方式」（現地調達比率の域内累積）などのルールが収斂ないし統一されないと、容易には域内産と関税免除の速やかで円滑な認定ができない。そのため、できるだけ広域・多数国をカバーする巨大なFTA（メガFTA）を締結することが必要となる。また、グローバル化したサプライチェーンが有効に機能するには、知的財産権の保護、国有企業に対する優遇撤廃、電子商取引やサービスの規制緩和、投資をめぐる紛争処理、政府調達、環境、労働などの諸分野や、中小企業や規制の整合性など分野横断的事項などを、できるだけ広く深く規制する統一的なルールを構築することが望ましい。論理的には、こうしたメガFTAは規模（加盟国の数や当該地域の地理的広がり）、規制対象とする機能分野の範囲の大小、規制の強弱によって様々なものが考えられる。

　そこで次の分析の焦点を、これまで実現したメガFTA化の中で規模・範囲・機能の何れの点でももっとも包括的で発達したTPPが、既存ないしは交渉中の他のFTAとの対比、競争のなかで、どのような径路を辿って締結されたかに置くこととする。また、そうした径路を左右したのはいかなる国際貿易・経済におけるダイナミズムであったのか、さらにTPPを

(11) FTAが特定の国や地域との間でかかる関税や企業への規制を取り払い、物やサービスの流通を自由に行えるようにする条約であるのに対して、EPAは物流のみならず、人の移動、知的財産権の保護、投資、競争政策など様々な協力や幅広い分野での連携で、両国または地域間での親密な関係強化を目指す条約である。

55

主導した米国の利害と動機は奈辺にあったのかに注目する。これらの問い
に的確に答えることができれば、我が国のTPP批准が米国のそれとの動
静との関係で、いかなるタイミングで批准すべきであったか或いはすべき
でなかったのかを考察することができよう。

3 東アジア・太平洋地域における FTA発展ダイナミズムの変容

　既に日米欧のFTA締結の経緯を見てきたように、米国が国際貿易・経
済秩序の再編成を念頭に先発し、欧州がそれに続き、日本が最も遅れて動
き出したのは明らかである。米国が一連の二国間FTAに加えて、巨大な
北米自由協定（NAFTA）を成立させて、競争面で攻勢に出たのに対して、
欧州は欧州経済共同体（EEC）を欧州共同体（EC）へ、さらに欧州連合
（EU）へ統合を拡大・深化させた一方、既に見たように積極的に一連の
FTAを締結した。この間、日本は長らくFTAへの動きを見せず、中国は
依然として多国間外交や多国間貿易交渉に極めて消極的であったことか
ら、東アジア・太平洋地域には、これといったFTAが存在しなかった。
　とりわけ、日本は1980年代半ばから激化した所謂「日米貿易摩擦」にお
いて、米国からの圧力に対してその攻勢を躱すためにGATT－WTOの紛
争処理メカニズムやその多角的貿易交渉を利用してきたことから、FTA
よりもGATT－WTOを重視していた。このアプローチは、GATT－
WTOが第二次世界大戦後から冷戦期にかけて、米国自身が推進した国際
貿易における自由・無差別の原則を体現していたため、米国がその原則を
無視するわけにはいかず、存外効果的であった。というのは、日米二国間
交渉では、我が国は米国への安全保障面での依存や両国の経済力の格差な

第2章　貿易分野　日本はTPPを批准すべきか

ど、米国との圧倒的な力の差に直面して極めて不利であったが、GATT
－WTOの多角的枠組みの下では、欧州諸国など対米貿易・経済関係にお
いて同様の問題を抱える多くのGATT-WTO加盟国と共闘することがで
きたからであった。[13]

　しかし、一旦東アジア地域でのFTAの動きが出てくると、ASEAN－
FTA（AFTA、共通効果特恵関税、1993年発効；物品分野、2010年）、
ASEAN－中国－FTA（ACFTA、物品分野、2005年；サービス分野、
2007年；投資分野、2010年）、ASEAN－韓国－FTA（AKFTA、物品分
野、2007年；サービス及び投資分野、2009年）、ASEAN－インド－FTA
（AIFTA、物品分野、2010年）、ASEAN－オーストラリア－ニュージーラ
ンド－FTA（AANFTA、2010年）、ASEAN・日本包括的経済連携協定
（AJ－CEP、2008年）など、ASEANが触媒的役割を果たしながら、一連
のFTA等が締結された。さらに、日中韓FTAが提唱・検討されるなか、
中国が「ASEAN＋3」（ASEAN＋日中韓3ヵ国）を構成国とする東アジア
自由貿易圏構想（EAFTA）を提唱した一方、日本が「ASEAN＋6」（ASEAN
＋3＋オーストラリア＋ニュージーランド＋インド）を構成国とする東ア
ジア包括的経済連携構想（Comprehensive Economic Partnership for East

---

(12) 例えば、日米農産物交渉合意（1984年）、日本による自動車自主規制継続（1985年）、
　　市場分野別個別（MOSS）協議に関する日米合同報告（1986年）、日米半導体協定（1986
　　年）、牛肉・オレンジ自由化問題の処理（1988年）、米包括的通商法スーパー301条の
　　対日適用（1989年）、日米構造協議最終報告書（1990年）、自動車問題に関する日米紛
　　争の解決（1995年）。
(13) 日米が拘わった紛争は、WTOのホームページ上の、紛争ケース検索で確認すること
　　ができる。1995年から2004年まで14件に達している。　https://www.wto.org/
　　english/tratop_e/dispu_e/find_dispu_cases_e.htm?year=any&subject=none&agree
　　ment=none&member1=JPN&member2=USA&complainant1=true&complainant2=t
　　rue&respondent1=true&respondent2=true&thirdparty1=false&thirdparty2=false#r
　　esults, 2016年7月23日アクセス。また全体像については、拙論「見えてきたブッシュ
　　政権の対日経済政策」『治安フォーラム』2001年10月号、60頁、を参照。

Asia：CEPEA）を提唱した。つまり、日本と急速に台頭してきた中国は地域貿易・経済秩序の形成を巡って主導権を争うようになった。中国は自国優位のASEAN＋3による経済圏を、そうはさせまいとする日本がこれら諸国に印豪ニュージーランド3ヵ国を加える経済圏を、各々提唱した。

　こうした状況のなか、米国は2010年3月のTPP拡大交渉から参加し、物品とサービスの貿易と投資の自由化だけでなく、それを徹底させるために加盟国の国内制度・措置による非関税障壁の削減・撤廃まで踏み込んだルールの構築を強力に推進するようになった。他方、2011年11月、ASEANは、専ら貿易の自由化目標や自由化ルールを焦点にASEANとの5つのFTAを束ねる広域的な包括的経済連携構想として、ASEAN＋6からインドを除く形で、つまり国内市場規模で中国の比重が高く、相対的に中国の影響力が強くなる形で、東アジア地域包括的経済連携（Regional Comprehensive Economic Partnership：RCEP）を提唱した。当然、中国はRCEPを強力に支持し推進する一方、米国がTPPを推進し始めると、中国は突然構成国の点で日本の構想に歩み寄るRCEPを提唱するようになった。それはRCEPが米国を含まないからだと思われる。とはいえ、RCEPには国有企業に関するルールはなく、TPPに比べると自由化のレベルは低い点に留意すべきである。

　したがって、ここで更に分析を進める上で肝要な点は、既に本章で概観した冷戦期から冷戦終結へ、さらにポスト冷戦期から今日にいたるGATT体制の変容の大きな潮流を捉えながら、中国の台頭とその結果必然的にもたらせられた覇権国・米国の相対的凋落という新たな状況の下で、東アジア・太平洋地域におけるメガFTA構築競争をどのように理解するかにある。しかも、米中関係は冷戦時代の米ソ関係のようなイデオロギー的対立

に根差す軍事安全保障上の対決ではなく⁽¹⁴⁾、グローバルな覇権国である米
国と地域覇権国を目指す中国がその経済力の維持・強化を巡って地経学的
な陣取り合戦を行っているのがその本質であることを見逃してはならな
い。さらに本章の目的に引き寄せて言えば、米国の経済覇権維持戦略の観
点からTPP政策と国内経済政策を表裏一体のものとして分析せねばなら
ない。

④ 米国経済覇権の再活性化——戦略と政策

　冷戦に勝利した米国は1990年代後半から10年余に亘って覇権を強化した
が、軍事的な一極主義はイラク戦争により失敗し、経済的な一極主義も
2008年秋以降の資産バブルの崩壊により頓挫してしまった。2009年1月、
そうした状況の中で誕生したオバマ政権は対外政策の観点から所謂「アジ
ア回帰政策」（「ピボット政策」や「リバランス政策」とも呼ばれる）を打
ち出した。その内容は、①二国間安全保障同盟の強化、②新興諸国との協
力関係の深化、③地域的な多国間機構への関与、④貿易と投資の拡大、⑤
広範な軍事的プレゼンスの強化、⑥民主主義と人権の促進、の六つの柱か
らなる⁽¹⁵⁾。明らかに、TPPは②③④に跨る重要な具体的政策課題であった。
　とはいえ、米国の経済覇権の維持・強化はその国民経済（national
economy）に寄与せねばならず、米国はTPPによって自国中心主義的に国
内の経済基盤の強化を最優先しようとしたと言えるだろう。実際、2013年

---

(14) ただし、TPPとRCEPが「市場経済対国家資本主義」という対立の構図が存在してい
　　る面は否定し難く、米中間の対立構造が軍事的色彩を強めれば、実質的に国家資本主
　　義的な開発独裁と化した中国共産党体制とのイデオロギー的対立、軍事的対決に変容
　　する可能性を孕んでいる。

(15) "The East Asia-Pacific Rebalance: Expanding U.S. Engagement", Fact Sheet, U.S.
　　Department of State Bureau of Public Affairs, December 16, 2013, http://www.state.
　　gov/r/pa/pl/2013/218776.htm, accessed on July 24, 2016.

の「一般教書演説」において、オバマ大統領は「アメリカの輸出を増やし、アメリカの雇用を支援し、アジアの成長市場における競争条件を公平にするために、TPPの交渉を完了させるつもりである」「最優先事項は、新しい仕事と製造業を引き付ける磁石にアメリカをすることである」と明言している。つまり、2008年秋の未曽有の資産バブル崩壊に端を発する深刻な不況の下で、米国は有効需要の急激な減退に直面し、それだけ大きな有効需要を短期間に創出するには、大戦争でも富の収奪でもなければ、集中豪雨的輸出しか方策はないと判断したということ意味する。

　さらに直截に言えば、正面から語られぬTPPの主要な目的の一つは、他国の市場を収奪して、米国の輸出と雇用を作り出す近隣窮乏化政策を実行することにあるのが明らかとなる。本章冒頭で触れたように、2013年の統計ベースで米国のGDPが加盟国全体に占める割合は約60％、日本が約18％、その他10ヵ国で残りを占める。すでに米国はカナダとメキシコとNAFTAを締結しており、TPPによって両国への米国の輸出は大きく増えるとは考えにくいから、米国の輸出の主たる対象は日本であることは容易に分かる。確かに貿易の自由化を通して、日本経済は国際競争力をつけることによって、長期的には大きく成長することが期待できる可能性はあるだろうが、当面、日本は米国の輸出攻勢に晒されることになるのは不可避である。この点は、2013年4月、米通商代表部が日本との事前協議の報告書のなかに以下のように書いていることからも明らかである。

　　日本は現在、米国の第4位の貿易相手国である。2012年に米国は700億ドルの産品を日本に輸出し、サービス分野は2011年に440億ドルに達した。TPPに日本が参加することは、アジア太平洋地域

---

(16) State of Union Address, https://www.whitehouse.gov/the-press-office/2013/02/12/remarks-president-state-union-address, February 13, 2013, accessed on July 24, 2016.

第2章　貿易分野　日本はTPPを批准すべきか

FTA（FTAAP）への道筋を進めると同時に競争力のある米国で生産された製品とサービスに対する日本市場のさらなる開放を意味する。そのことは米国内の雇用を支えるのだ。[17]

したがって、日本市場は米国によって輸出攻勢の対象として使われ、富を収奪されるという観点から見ると、他の条件を一定とすれば、日本はTPPを批准すべきでないという結論になろう。

⑤ 米国経済覇権の維持・強化――中国との競争

中国が台頭する一方、米国は相対的に凋落して、両者はRCEP対TPPで各々自国に有利な地域貿易・経済秩序を形成しようとしてきた。この競争の下、中国はユーラシア大陸を陸海の交通・物流路で結ぶ「一帯一路」構想を提唱するとともに[18]、自らが主導してアジア・インフラ投資銀行を設立して、米主導のブレトンウッズ体制の一角を占める世界銀行と競合させるなど、あからさまに米経済覇権に対抗するようになった。

確かに、米国主導のTPPは対中牽制の役割を果たしていたが、それは地

---

(17) "Fact Sheet: Toward the Trans-Pacific Partnership: U.S. Consultations with Japan", April 12, 2013, U.S. Trade Representatives, https://ustr.gov/about-us/policy-offices/press-office/fact-sheets/2013/april/US-consultations-Japan, accessed on July 24, 2016.

(18) これは「中国西部から中央アジアを経由してヨーロッパにつながる『シルクロード経済ベルト』（『一帯』の意味）と、中国沿岸部から東南アジア、スリランカ、アラビア半島の沿岸部、アフリカ東岸を結ぶ『21世紀海上シルクロード』（『一路』の意味）の二つの地域で、インフラストラクチャー整備、貿易促進、資金の往来を促進していく構想」である。津上俊哉「『一帯一路』構想に浮かれる中国」、『Huffington Post』（日本語版）、2015年3月20日、http://www.huffingtonpost.jp/toshiya-tsugami/rapid-transit-in-china_b_6907586.html、2016年7月24日アクセス。「推动共建丝绸之路经济带和21世纪海上丝绸之路的愿景与行动」中华人民共和国国家发展和改革委员会、2015年3月28日、http://www.ndrc.gov.cn/gzdt/201503/t20150328_669091.html、2016年7月24日アクセス。

61

政学的なゼロサム・ゲームの対中包囲網ではなく、地経学的なプラスサム・ゲームの経済的競争である。実際、中国は太平洋地域の国家としてTPPに参加できる。というのは、本章で概観したように、GATT−WTO体制の誕生・発展・停滞の歴史的流れのなかでのメガFTAによる東アジア・太平洋地域の経済秩序の構築に鑑みると、米国の関心が中国の排除ではなく、中国市場の開放とTPPを中核とした国際貿易・経済秩序の再編成であったことは明らかである。

　そもそも中国の経済発展はグローバルなサプライチェーンの中での日米中の分業によって可能となったことは言を俟たない。中国の加工貿易は、日本やASEANから中間財を輸入し、中国で加工・組み立てを行い、最終財をアジア、米国そしてEUに輸出したことで可能となった。つまり、日本を含めた東アジア諸国は中間財輸出で対中依存度は高いが、中国にとって主たる輸出市場ではなく、この点で、中国は東アジア諸国にあまり依存していない。とはいえ、この加工貿易の主たる担い手、つまり中核的な原動力は対中直接投資を行った外資系企業であり、中国はそのサプライチェーンに組み込まれてきた。したがって、中国の持続的な経済成長は輸出主導から内需主導型に転換しない限り、そうした外資系企業に大きく依存し続けざるを得ない。よく知られているように、2008年以降の米国での資産バブル崩壊がもたらした深刻な世界的な不況の下で、中国は世界経済における需要創出と景気の下支えの点で唯一機関車的役割を果たした。しかし、それを可能にしたのは専ら公共投資であったことを踏まえると、中国にとってそうした構造転換は容易ではないと言えるだろう。

　ところが、本章で分析した経緯から、国際貿易・経済秩序はメガFTA構築を焦点にダイナミックな再編過程に突入して久しく、生産・供給における日米中の分業も変容を迫られるようになっていた。つまり、一旦TPPが発効すれば、日米を含め外資系企業は効率化を追求して対米輸出の最終財の生産拠点を中国からさらに有利な条件を有するTPP域内国に移転す

るであろうと考えられた。となれば、日本から中国に中間財を輸出し、中国で加工組み立てした最終財を米国その他に輸出するという貿易パターンは崩壊せざるをえない。民主化を回避し続ける中国の開発独裁体制が抱える政治的、社会的リスクが顕在化すれば、その速度が加速することは容易に予測できた。したがって、中国は既存の加工貿易型の経済発展を維持するためには、他の条件を一定とすれば、TPPに参加すべきであったとの結論になろう。

　とはいえ、中国は極めて高い水準の自由化を課するTPPを容易に飲むことはできない。というのは、知的財産権、国有企業改革、政府調達、環境、労働等を巡るTPPのルールは、一般的に言えば、各国に残る貿易や投資の障壁の著しい低減ないし撤廃を要求し、当該国社会の安定と統合を脅かすものであり、これを中国のケースに引き寄せて言えば、中国共産党による開発独裁体制を脅かすことを意味するからである。このことは、例えば、国営企業改革（つまり、民営化）が共産党独裁体制による基幹産業に対する直接的なコントロールを喪失させるだけでなく、国営企業の抱える大量の余剰人員を失業者に顕在化させ、著しく社会的安定性を低下させ独裁体制自体を揺さぶることとなる極めて高いリスクを抱えていることを考えれば、明らかである。

　こうした中国が抱える抜き差しならないジレンマを踏まえると、米国がTPPによって日本そしてあわよくば中国に対しても輸出を拡大する一方、軍事的、経済的に台頭する中国と共存し協力するのはまず不可能であろうと考えられた。中国がTPPに参加せず、経済的に停滞し、安定性を失い、その内的矛盾を外部世界に転嫁しようとすれば、米中の決定な軍事的対決を回避することはできない。つまり、日本の安全保障やアジア太平洋地域の安定にとって、TPPは短期的には対中牽制の手段として有効かもしれないが、中長期的には有害であるといっても過言ではない。要するに、米国は他国の市場・富を収奪して自国の雇用を確保しなければならないとい

う存在条件を抱えながら、その対象と協調せねばならないという矛盾に陥っている。さらに言えば、ここまで国力が低下した米国はもはや公正で持続可能な国際貿易・経済秩序を構築する能力を喪失していると考えねばなるまい。

6 政策提言

ここまでの分析を踏まえれば、2013年7月、日本がTPP交渉に参加して、地域貿易秩序構築を巡る米中間の競争で米国を支援したのは妥当な選択であったと思われる。確かに、TPP交渉における日本の交渉がどの程度最終合意に反映されたかは別途詳細な分析を要するであろうが、当時、中国の台頭にますます拍車がかかっていると広く国際的に認識されていたことを考えれば、東アジアで最も発達し、規模の点でも中国に次ぐ国民経済を有する日本がTPP交渉に参加したことは、ASEAN諸国や地域関係国が一層中国の地経学的パワーと影響力に引き付けられるのを防ぐ効果があったと思われる。

しかし、今や中国経済は急速に減速し、バブル崩壊の危機に直面しており、もはや数年前の勢いはない。より具体的に言えば、中国は「一帯一路」構想を打ち上げ、2016年1月には中国主導のアジア・インフラ投資銀行の営業が始まったものの、その外貨準備額も急速に減るなど、積極的にTPPを用いて対中牽制に取り組まねばならない状況はもはや存在しない[19]。逆に、既に経済的に低迷している中国に強力な経済的圧力を加えると、国内矛盾を深めさせることになる。そうなれば、中国の政治的・社会的安定性を低下させ、それを外部世界に転嫁しようと、中国に冒険主義的な対外軍

---

(19) 田村秀男『人民元の正体──中国主導『アジアインフラ投資銀行』の行末』マガジンランド、2015年。

事行動を採らせる誘因を高めるリスクがある。したがって、対中牽制の目的でTPPを急いで批准する必要は最早存在しない。

　他方、TPPが課す包括的で徹底した非関税障壁の低減・撤廃は必ずしも日本の利益とは一致しない。確かに、そうした低減・撤廃は、我が国が他のTPP当事国、とりわけ発展途上国との貿易・経済関係を深める上で有利に作用する面は否めない。しかし、本章で分析したように、TPPは米国の対日輸出・投資に利するとともに、日本の国内の統合と安定をかなり弱める作用も有する[20]。したがって、他の条件を一定とすれば、日本はTPPを批准せず、自国の利害に沿った非関税障壁の低減・撤廃内容（水準と範囲）を有する新たな合意（TPPの再交渉を含む）を目指すべきであると考えられた。その内容はTPPよりも低く、RCEPよりも高いものとなろう。我が国のTPP交渉参加の目的は長期的な視点からの高度な貿易自由化であって、米国のようにTPPを目先の不況脱出の方策とすることではない。

　となれば、日本のTPP批准を巡る決断は専ら米国との二国間関係に左右されたと言っても過言ではない。言うまでもなく、わが国の安全保障は全く米国との二国間軍事同盟に依存しており、近年の加速する中国の軍事的台頭とますます強硬になる軍事政策に鑑みると、TPPを強力に推進してきた米国の意向に正面から抗うことはできなかった。もっとも、万一中国がさらなる国内経済の混乱に直面し、その軍事的な圧力が著しく減退する状況となれば、我が国の安全保障面での対米依存度は低くなるから、積極的にTPPを批准しない選択も妥当であったであろう。控えめに言っても、中国経済の先行きは不透明感が高いことから、TPPの批准審議は先延ばしにして事態の推移をみるべきであった。

　こうした先延ばしが妥当であったとの判断は、大統領選の渦中にあった

(20) "Fact Sheet: Non-Tariff Measures: U.S. Consultations With Japan", U.S. Trade Representatives, April 12, 2013, https://ustr.gov/about-us/policy-offices/press-office/fact-sheets/2013/april/non-tariff-measures-consultations-japan, July 25, 2016.

米国の国内政治を見ても同様の結論となる。反TPPの輿論とそれに敏感に反応する米議会に直面して、共和党のトランプ候補、民主党のクリントン候補、双方とも明確にTPPの破棄ないし修正を主張していた。確かに、一時オバマ政権は米議会の2016年秋会期にてTPPの批准を目指していたが、これらの動きを考えると、米議会での批准は容易ではないことは明らかであった。[21] さらに、2017年1月の政権交代後ともなれば、どちらの候補が大統領となっても、明確なTPP反対を掲げた以上、直ちに批准推進に転じるのは極めて困難であった。そうした政策転換と議会での批准手続きがTPPに銘記される最終合意から2年の期限内（2018年2月4日）に完了するかどうかは極めて不確実であった。

　要するに、我が国は中国経済や米国内政治の動向を凝視しつつ、国会でのTPP批准手続の開始或いはその完了をできるだけ先延ばしにするのが当面最も妥当な選択であった。

（追記）

　我が国国会は2016年12月9日、参議院審議を経てTPP参加を決議、批准した。それを受けて、安倍政権下の日本国政府は2017年1月20日、閣議決定を経て、協定の国内手続の完了を協定寄託国であるニュージーランドに通報した。他方、同日、ドナルド・トランプ新米大統領は就任直後、TPPからの離脱を正式に表明した。こうした経緯の展開を見れば、本章の分析と判断が妥当であったことは明らかである。[22]

---

(21) 米議会の批准手続きは，2015年貿易促進権限法（TPA）に基づき上下両院がTPP実施法案を可決することで完了する。

(22) 米国がTPPから離脱した後の新たな条件の下での日本がTPP政策を継続する妥当性については、以下の拙論を参照。Masahiro Matsumura, "The quiet change of Japan's policy", *Taipei Times*, September 14, 2017, http://www.taipeitimes.com/News/editorials/archives/2017/09/14/2003678386, accessed on September 15, 2017.

第3章 開発分野
綻びを見せる米英の「特別な関係」
──対中経済外交における暗闘

　中華人民共和国（以下、中国）の主導するアジア・インフラ投資銀行（Asia Infrastructure Investment Bank：AIIB）の設立は開発分野における米国の経済覇権サブシステムに対して挑戦することとなる。本章では、AIIBがどのような経緯で設立に至ったかを、同行への原加盟国を急増させる契機となった英国経済外交の豹変に焦点を絞って分析する。

　2015年3月12日、突如、英国外務省は中国が主導するAIIBに原加盟国として参加する旨を表明した。この英国の動きに呼応するかのごとく、従来から米国が強く反対し、日本が米国と歩調を合わせる以外、独仏伊を含む欧州主要国など56ヵ国が次々と参加を表明し、AIIBは資本金1,000億ドル（11兆円）で2016年1月16日開業に至った。2015年10月21日には、習近平国家主席が英国を公式訪問し、英国が進める原子力発電事業への投資など、総額400億ポンド（約7兆4,000億円）の契約を締結するとともに、中英両国は「グローバルな包括的戦略パートナーシップ」の構築を宣言した。また同日、両国は、英国が中国以外で世界初となる人民元建て国債の発行を始めることでも合意した。[(1)]

　今や、英国が自国の経済的サバイバルを賭けて中国に擦り寄ったことは

---

(1) 「中国と英国、7兆円超の巨額契約締結　習主席『中国は社会主義の道を選択』と演説」『産経新聞』（電子版）、2015年10月22日、http://www.sankei.com/world/news/151022/wor1510220034-n1.html、2016年5月23日アクセス。詳しくは、"UK-China Joint Statement on building a global comprehensive strategic partnership for the 21st Century", October 22, 2015, https://www.gov.uk/government/news/uk-china-joint-statement-2015, accessed on May 16, 2016.

明らかとなったわけであるが、様々な疑問が湧いてくる。英国の政策転換はその政府公式発表や国際マスコミ報道・分析を見る限り、2015年3月に極めて唐突になされた感が強いが、はたしてそうであろうか。政策転換はどのような動機によっていつ頃、構想、準備、着手され、それはどのような経緯を辿って「唐突」に公表されたのであろうか。政策転換に大きな外交安全保障政策上の障害、とりわけ、従来から英国の外交政策の中で最も重要と看做されてきた対米政策との軋轢や矛盾はなかったのであろうか。AIIB創設は第二次世界大戦後の米国覇権の下で国際経済秩序を支えてきたブレトンウッズ体制（とりわけ、世界銀行）への挑戦であり、これを可能にし、米国覇権の弱体化に手を貸すこととなったのが、米国と「特別な関係（special relationship）」を有すると考えられてきた英国であったことは驚きであった（周知のように、1997年のアジア通貨危機に際して、米国は日本が提唱したアジア通貨基金［AMF］構想を国際通貨基金［IMF］に挑戦するものとして葬り去った。したがって、米国がブレトンウッズ体制への挑戦に対して厳しい態度を採ることは容易に予想された）。

　一般的には驚きをもって受け止められた英国のAIIB参加表明であったが、本書著者はそうではなかった。実際、件の参加表明の3日前の『ジャパン・タイムズ』において著者が発表した評論において、2014年9月26日から同年12月15日まで続いた香港反政府デモ（いわゆる「雨傘革命」）の背景を分析して、英金融界の動向、それに連動した英国政府の対中政策転換の兆し、そしてこうした文脈の下での米英の暗闘の有様を指摘していたからであった。[2] 著者にとっての驚きは、政策転換そのものではなく、予想以上に早く転換が訪れたこと、つまり、現実が思考実験を簡単に追い越し

---

(2)　Masahiro Matsumura, "Why Beijing is giving Hong Kong less respect", *Japan Times*, March 9, 2015, http://www.japantimes.co.jp/opinion/2015/03/09/commentary/world-commentary/why-beijing-is-giving-hong-kong-less-respect/#.V0Qb4yGcOC5, accessed on May 24, 2016.

てしまったことであった。

　本章は、新聞の評論では叶わなかった実証的分析を提供するとともに、英国の対中政策の転換と米英関係の変容を再考することにある。

1 従来の英国の対中政策における特徴

　大英帝国は阿片戦争（1840年〜1842年）を端緒に帝国主義・植民地主義的なシナ大陸（Mainland China）政策を展開した。しかし、第二次世界大戦を境に大英帝国が決定的に衰退する一方、1949年に中華人民共和国が成立した結果、シナ大陸本部（China proper）における講和条約その他の不平等条約に基づく租界などの拠点、さらに様々な利権を全て失い、僅かに香港を残すだけとなっていた。その香港も1997年7月1日には中国に返還された。

　この間、英国は中国が成立した翌年1950年には、早速国際法上の政府承認を与えている。このことは、1979年まで承認を与えず、1972年のニクソン大統領訪中まで中央情報局（CIA）を通じて、インド亡命中のダライ・ラマ14世政権に対して準軍事的支援や対中秘密作戦を展開した米国とは好対照をなす。大英帝国は1914年7月3日にチベットとの間にシムラ条約（Simla Accord）を締結し、チベットを形式的に中華民国の主権の下で実質的に独立した統治体として認めた経緯があることから、1950年の北

---

(3) "Memorandum for the 303 Committee (on the CIA Tibetan program)," *Foreign Relations of the United States, 1964–1968, Volume XXX, China*, Washington, January 26, 1968, https://history.state.gov/historicaldocuments/frus1964-68v30/d342, accessed on May 25, 2016. Jonathan Mirsky, "Tibet: The CIA's Cancelled War", *The New York Review of Books*, April 9, 2013, http://www.nybooks.com/daily/2013/04/09/cias-cancelled-war-tibet/, accessed on May 25, 2016.

(4) For the text, see: https://en.wikisource.org/wiki/Simla_Accord_%281914%29, accessed on May 25, 2016.

京政権承認後もチベットが中国の一部を構成するか否か、曖昧にしていた。つまり、暗にチベットは中国の一部であるとは認めない政策を採っていたと解釈するのが妥当であろう。

実際、米国と異なり、かつての強大な国力を失った英国が中国、とくにチベットにおける人権蹂躙の状態を厳しく批判して中国を外交的に牽制してきたことも周知の事実である。また、香港返還に関しても、「香港問題に関する英中共同声明」(1984年12月19日、名称にも関わらず形式的には国際条約)においても、「香港の現行の社会・経済制度は変わらず、生活様式は変わらない」、「香港特別行政区は法律にもとづき、人身、言論、出版、集会、結社、旅行、移転、通信、罷業、職業選択、学術研究、宗教信仰の諸権利と自由を保障する」、「50年間は同規定を変えない」として、香港住民の人権保障、その前提として香港自治における民主制の維持を中国側に飲ませた。

ところが、2008年10月29日、突如、ミリバンド英外相(当時)は表面的にはチベットの人権蹂躙状況に大きな懸念を表明しつつも、従来からの曖昧戦略を事実上取り消し、「チベットは中国の一部である」と外務省の公式文書に作成した上で、明言してしまった。その後も、英外務省は「人権・民主制年次報告(*Human Right and Democracy Report*)」を発行し、その中で中国の状況に懸念を表明し続けてはいるものの、劇的な政策転換が静かになされていたことに注目せざるをえない。さらに重要なことは、

---

(5) http://www.ioc.u-tokyo.ac.jp/~worldjpn/documents/texts/docs/19841219.D1J.html, 2016年5月25日アクセス。

(6) "Britain rewrites history by recognising Tibet as part of China for the first time", *free Tibet*, November 6, 2008, http://freetibet.org/news-media/pr/britain-rewrites-history-recognising-tibet-part-china-first-time#sthash.nDspZKHj.dpuf, accessed on May 25, 2016.

(7) For example, "China - Human Rights Priority Country", corporate report, Foreign & Commonwealth Office, April 21, 2016, https://www.gov.uk/government/publications/china-human-rights-priority-country, accessed on May 26, 2016.

第3章 開発分野 綻びを見せる米英の「特別な関係」

それが2008年秋の米国におけるリーマン・ショックに端を発する金融危機と米国覇権の動揺の顕在化とタイミングを一にする点であろう。当然、この政策転換が金融危機と米国覇権の動揺の視点から、英国の国家戦略の変更・修正の一環としてなされたのではないかとの疑問が出てこよう。

こうした人権問題を基軸とした従来の英国の対中外交政策そして2008年晩秋における静かなる政策転換に鑑みると、本章序論で触れた香港での「雨傘革命」に対する英外交の対応に大いに注目せねばならない。そもそも、この大規模なデモは、英中合意に基づいて2017年に香港特別行政区の行政長官選挙が一人一票の普通選挙で実施される予定であったところ、2014年8月31日、全国人民代表大会常務委員会が究極的には自らの共産党独裁体制が脅かされることから、指名委員会によって中国当局の意に沿わない候補者を実質的に排除すると決定したため、これに抗議して行われたものである。確かに、2014年10月15日、キャメロン英首相（当時）は香港でのデモ隊と当局の衝突に懸念を表明し、旧英領であった香港に対する義務感について触れ、「香港問題に関する英中共同声明」で合意された権利を擁護するため行動すべきだとした。また、英外務省は普通選挙制への移行の必要性を指摘した。確かに、人権・民主制を強調した事実は無視

---

(8) 「香港の民主派、繁華街でも座り込み 香港株急落」『日本経済新聞』2014年9月29日、http://www.nikkei.com/article/DGXLASGM29H0K_Z20C14A9EAF000/、2016年5月25日アクセス。

(9) "Cameron says deeply concerned about Hong Kong clashes", Reuters, September 30, 2014, http://uk.reuters.com/article/uk-hongkong-china-britain-idUKKCN0HP0JH 20140930, accessed on May 25, 2016; and, "PM Cameron says Britain should stand up for Hong Kong rights", Reuters, October 15, 2014, http://uk.reuters.com/article/uk-hongkong-china-britain-idUKKCN0I41C620141015, accessed on May 25, 2016.

(10) "Hong Kong protests: UK 'concerned' about situation", BBC News, September 29, 2014, http://www.bbc.com/news/uk-29411128, accessed on May 25, 2016; and, "Foreign Office monitoring events in Hong Kong", Foreign & Commonwealth Office Press Release, September 29, 2014, https://www.gov.uk/government/news/foreign-office-monitoring-events-in-hong-kong, accessed on May 25, 2016.

できないが、所詮、原則を確認したに過ぎないし、2008年のチベット問題での政策転換後も、英国が人権・民主制を強調し続けていること自体には変化はない。注目すべきは、人権・民主制問題とその他の具体的利害が絡む諸問題、とりわけ経済的利害との間の優先順位であり、前者のために後者をどの程度犠牲にするかである。つまり、問題は、英国政府が中国に対してデモを平和的に解決するために、具体的に圧力をかけたのか、それとも単なる口先介入だけのパフォーマンスであったのかである。さらに言えば、万一口先介入であったとすれば、実際には英国の対中政策での最優先事項は何であったのかである。

　他方、中国の観点から捉えると、英中合意を実質的に反故にした長官選をやるとなれば、当然、英国から様々な圧力、とりわけ英国が強みを有する金融・情報分野での圧力にさらされることを覚悟せねばならない。つまり、中国は英諜報機関と人的に緊密な関係にある英国放送協会（BBC）や大手新聞を介して実質的なリンガ・フランカである英語によって批判を浴びせられるリスクを甘受せねばならない。仮にこうした批判が一過性のものであるとして黙殺するにしても、英国を始め西側国際金融資本が金融・銀行活動の前提である香港における自由がもはや約束されないと捉え、香港での事業を撤退または縮小するとなれば、香港の繁栄を損なうリスクを犯すこととなる。さらに言えば、英国政府が世界の国際金融取引において極めて大きな影響力を持つロンドンの国際金融界（「シティー」）と連携して、香港ひいては香港を金融取引の窓口として利用することによって中国経済の繁栄を大きく阻害するリスクが少なからず存在する。

　したがって、構図としては、中国政府は基本的に香港民主化阻止の必要性と香港・中国本土の繁栄維持の必要性の板挟みに陥ることとなる。確かに、こうしたリスクは、鄧小平が開放政策を開始した1978年から十数年の間、中国経済がまだまだ脆弱で、経済規模が小さい段階では相当高かったであろう。しかし、今や中国経済は香港経済に比して巨大なものとなり、

第 3 章　開発分野　綻びを見せる米英の「特別な関係」

相対的にはそうしたリスクは軽くはなったといえる。総合的に捉えて、2014年12月15日、中国当局が香港警察に香港デモ隊を強制排除させる強硬策を採ったという事実は、もはや中国に富をもたらして来た国際金融センターとしての香港の存在は必要なく、それが機能する必要条件として香港の自由と民主制を尊重する必要もないと中国当局が看做したことを意味するのは確かである。一体、それは何故であろうか。

② 「シティー」の対中接近

ここまで、AIIBへの英国参加表明の伏線として「雨傘革命」を捉え、後者に対する英中の対応・政策に関して両国政府各々の視点から、重要と考えられる一連の分析的な問いを明らかにした。

そこで、極めて重要になってくるのが、「シティー（City of London）」が2008年10月に公表した報告書「アジアにおける金融センターの未来——シティー・オブ・ロンドンにとっての挑戦と機会（*The Future of Asian Financial Centres-Challenges and Opportunities for the City of London*）」（以下、『報告書』）である[11]。この発行時期は英国が従来のチベット政策を転換し、英外交政策において対中接近に舵を切った時期とほぼ一致する。『報告書』の重要性を理解するには、まず英国の政治経済システムにおける「シティー」の枢要性を押さえておかねばならないだろう。

かつて七つの海を制した大英帝国は二つの世界大戦を経て主要な植民地

---

(11) *The Future of Asian Financial Centres – Challenges and Opportunities for the City of London,* October 2008, https://www.cityoflondon.gov.uk/business/economic-research-and-information/research-publications/Documents/research-2008/The-Future-of-Asian-Financial-Centres-Challenges-and-Opportunities-for-CoL_Executive Summary.pdf#search=%27The+Future+of+Asian+Financial+Centres+%E2%80%93+Challenges+and+Opportunities+for+the+City+of+London%27, accessed on May 26, 2016.

を全て喪失し、僅かばかりの海外領土を除くと、グレート・ブリテン島と北アイルランドからなる現在の形の英国に縮小再編成された。大英帝国は衰退し、世界覇権は米国に手に移ったのであるが、そのグローバルな広がりを有する人的ネットワークを駆使した情報・諜報力、それと表裏一体の関係にある金融力——かつて基軸通貨であった英ポンド（sterling：スターリング）運用で築き発展したロンドンの金融市場（特に、法・行政制度）と運用能力（＝人材）——を引き継いだ現在の英国は外見上の国力に比して極めて強力なソフト・パワーを有している。さらに、英国経済の脱工業化は進み、サービス部門、とりわけ金融部門が最大の基幹産業となっていることから、英国の国家権力の中枢と金融部門の中枢とは相互に密接に結びついているととともに、両者間の非公式な人的交流・情報共有は非常に高いと考えられる。[13]

　この英金融界を象徴するのがロンドンにある「シティー」である。これはロンドン市の中核部分に位置する面積約1マイル四方の自治体であり、ここにロンドン証券取引所、イングランド銀行やロイズ本社等が置かれるとともに、そこで金、銅、錫等の商品の国際相場が決められ、世界経済を先導する金融センターとして機能している。「シティー」の誕生は現王室よりも古く、その存在の法的基盤は慣習法に基づいており、国王による特許

---

(12) 2015年度概算ベースでサービス部門の対GDP比に占める割合は79.6％。日本は72.2％、米国は77.6％、ドイツは69.1％、フランスは79％．*The World Factbook*, Central Intelligence Agency, https://www.cia.gov/library/publications/the-world-factbook/, accessed on May 26, 2016.

(13) Chris Hastings, "Revealed: how the BBC used MI5 to vet thousands of staff", *Telegraph*, July 2, 2006, http://www.telegraph.co.uk/news/uknews/1522875/Revealed-how-the-BBC-used-MI5-to-vet-thousands-of-staff.html, accessed on May 26, 2016; and, William Engdahl, "The Secret Financial Network Behind "Wizard" George Soros", *EIR Investigation*, Vol. 23, No. 44, November 1, 1996, http://www.larouchepub.com/eiw/public/1996/eirv23n44-19961101/eirv23n44-19961101_054-the_secret_financial_network_beh.pdf, accessed on May 26, 2016.

状（Royal Charter）によるものではない。「シティー」は英国議会が制定した法律の適用を受けず、独自の法律、裁判所、警察、旗を有する、いわば「国家内国家」とも言える存在である[14]。したがって、「シティー」は法的には多分にオフショアー（offshore）な存在であり、そこでは自由な金融取引ができる。

『報告書』は「シティー」の国際金融活動にとって、将来アジアが人口、経済成長、資金需要の点で中核的重要性を占めると見通した上で、アジア地域内での金融サービスが不十分にしか供給・提供されていないことから、英金融界が主たる金融仲介業務を行う主体となる大きな機会が存在すると捉えている。つまり、リーマン・ショック後のグローバルな金融危機と世界経済の深刻で長期に亘ると予想される構造的経済不況のなか、金融部門を最大の基幹産業とする英国が経済的に困難に陥り、さらに中長期的には追いつめられることとなると考えれば、アジアとの金融取引は起死回生のビジネス・チャンスを提供するということになる。実際、「シティー」は長年に亘って南アジアと中央アジアとの結びつきを確立してきた一方、自らが金融サービス・商品を提供することで、英中双方向での貿易と投資関係の強化を目指して、すでに（2008年の時点で）北京、上海、ムンバイに事務所を開設していた[15]。

『報告書』はシンガポール、東京、上海の潜在性を比較分析して、将来のアジアの主たる金融センターが上海になると予測している。シンガポールは後背地がないため見込みがない一方、日本が出生率の低下と人口の老齢化に苦しむなか、ロンドンの視点から見て、東京は市場の閉鎖性を払拭でき

---

(14) "The (British) Crown Empire and the City of London Corporation", *Humans are Free*, http://humansarefree.com/2013/11/the-british-crown-empire-and-city-of.html, accessed on May 16, 2016; and, "Freedom of the City", http://www.cityoflondon.gov.uk/about-the-city/about-us/Pages/freedom-of-the-city.aspx, accessed on May 26, 2016.

(15) *The Future of Asian Financial Centres, op. cit,* pp. 1-2.

75

ないままであろうと見通し、その潜在性はあまり高くないと結論している[16]。

　こうした「シティー」の動きに呼応して、2009年4月には、中国政府は「上海国際金融センター建設構想（Shanghai International Financial Center Construction Plan）」を発表し、上海の金融市場における外国資本による投資の規模と割合を拡大することを目指す方針を明らかにした[17]。その後、英中間の摺り合わせは水面下で進んだのであろう。

　2014年6月には、李克強首相が訪英し、キャメロン首相（当時）と会談し、すでに十年余を経過した両国間の包括的戦略的パートナーシップをさらに強化する旨、共同声明を発した。この声明によれば、英中両国が経済、金融、貿易において更に実質的で具体的な協力を行うこととなっており、リーマン・ショック後の英国経済の苦境を踏まえれば、英国が中国との経済関係強化を通じて経済的生き残りを模索しようとしたことは明らかである[18]。

　さらに、同年9月の「雨傘革命」が始まる前には、英国政府は西側諸国の中で初めて中国元建て国債を発行し、その収益をイングランド銀行（英国の中央銀行）が管理する準備金に加える計画を発表した[19]。このことは明

---

(16) *Ibid*, pp. 3-8.

(17) 関根栄一「中央政府の承認を受け動き出した上海国際金融センター構想」『資本市場クォータリー』2009年夏号、http://www.nicmr.com/nicmr/report/repo/2009/2009sum22web.pdf#search=%27%E4%B8%8A%E6%B5%B7%E5%9B%BD%E9%9A%9B%E9%87%91%E8%9E%8D%E3%82%BB%E3%83%B3%E3%82%BF%E5%BB%BA%E8%A8%AD%E6%A7%8B%E6%83%B3%27、2016年5月26日アクセス。

(18) Joint Statement from Government of the People's Republic of China & Government of the United Kingdom of Great Britain and Northern Ireland, Foreign & Commonwealth Office, June 17, 2014, https://www.gov.uk/government/news/joint-statement-from-government-of-the-peoples-republic-of-china-government-of-the-united-kingdom-of-great-britain-and-northern-ireland, accessed on May 16, 2016.

(19) "Britain issues western world's first sovereign RMB bond, largest ever RMB bond by non-Chinese issuer", HM Treasury, October 14, 2014, https://www.gov.uk/government/news/britain-issues-western-worlds-first-sovereign-rmb-bond-largest-ever-rmb-bond-by-non-chinese-issuer, accessed on May 26, 2016.

らかに、英国がそれまで準備通貨として非公式な地位しか持たなかった中国元に対して相当な信認を与えることを意味する。また、英金融界が国際通貨基金（IMF）の定義では完全には外貨と交換可能な通貨ではない中国元が、国際的に受け入れられるよう大きな前進を遂げることを強く望んでいたことを意味する。つまり、英金融界そして英政府は中国元による交易と投資において、金融仲業務における「シティー」のハブ（中心）としての立場をさらに強固にしたかったということである。また、同年同月、「雨傘革命」のデモが始まる10日余り前、英金融界は「シティー」市長（Lord Mayor of the City of London）に率いられた代表団を北京、上海、深圳に送り、国際金融面で中国を支援するための必要な方法・手段を探った[20]。

　一旦このような根回しが終わってしまえば、中国は少なくとも中長期的な視点からは、もはや香港を国際金融センターとして高く評価する必要はなく、その結果、香港の自由と民主制にしかるべき配慮を払う必要もなくなってしまう。他方、英国は建前としては香港の人権・民主制の尊重を主張し続けても、国家戦略として英中経済・金融面での実利を追求すればよいこととなる。とりわけ、英政権が実利重視の対中・対香港政策を推進する一方、英メディアや英国会議員が香港の自由や民主制を尊重・重視せよとの対外発信をし続ければ、英国のイメージとソフト・パワーに対する大

---

(20) "Lord Mayor of London Leads City Delegation to China", *Life of Guangzhou*, September 23, 2014, http://www.lifeofguangzhou.com/node_981/node_989/node_994/node_1024/2015/09/23/1442981369172106.shtml#sthash.nUC8YjYi.dpuf, accessed on May 26, 2016; and Lord Mayor Alan Yarrow speech at the China State Banquet, Guildhall, City of London, October 21, 2015, http://news.cityoflondon.gov.uk/lord-mayor-alan-yarrow-speech-at-the--china-state-banquet-guildhall-city-of-london-wednesday-21st-october-2015, accessed on May 26, 2016.

きなダメージは避けることができる[21]。

　したがって、英国は国際金融を中核に置いた国家サバイバル戦略の再構築の結果、「他の条件を一定とすれば」、中長期的には対中国外交政策の延長線上で香港を見捨てることが可能となったと言える。この括弧の条件が成り立つか否かは、多分に米国の了解を得ることができるかどうかに左右される。

　しかし、実際にはこの条件を満たすのは、存外容易ではないことは明らかである。中国が急速に台頭し、その結果、必然的に米国が相対的に凋落したため、米国の対中外交は相対的に協調・協力的な要因が弱くなる一方、相対的に対立・抗争の要因が強くなるのは不可避である。とりわけ、中国が近現代の国際政治史において未曾有の軍備拡大を続け、近年そうした武力を背景に東シナ海や南シナ海で強硬な強制外交に訴える傾向をますます強めていることから、中国が地域覇権の確立を狙って米国のグローバル覇権に挑戦しようとしているのではないかとの米国側の懸念を惹起することは不可避だからである。

　他方、第二次世界大戦後、米英関係はしばしば両国の指導者たち自身が「特別な関係（special relationship）」と評するほど例外的に政治的、外交的、文化的、経済的、軍事的、歴史的に緊密な関係にあり、英国は米国覇権を支えてきたと一般的には理解されている。確かに、「特別な関係」が本章で分析した英国の対中接近のため解消されたという一般的な評価には未だ至っていないのも明らかである。とはいえ、両者が相当な緊張関係にあ

---

(21) Jane Perlez, "China Says It Will Deny British Parliament Members Entry to Hong Kong", *New York Times*, December 4, 2014, http://www.nytimes.com/2014/12/02/world/asia/china-says-british-lawmakers-would-be-barred-from-hong-kong.html?_r=0, accessed on May 26, 2016; and Athit Perawongmetha, "UK lawmakers say China eroding freedoms in Hong Kong", Reuters, March 6, 2015, http://www.reuters.com/article/us-hongkong-china-britain-idUSKBN0M20AJ20150306, accessed on May 16, 2016.

り、多分に矛盾していることも否めない。はたして、中長期的に「特別な関係」は解消されるのであろうか、もしくは消滅するのであろうか。英国は積極的に「特別な関係」を弱体化あるいは空洞化させ、最終的には解消または消滅を狙っているのであろうか。はたまた、大枠で「特別な関係」を維持したまま、対中接近を推進しようとしているのであろうか。とすれば、緊張関係や矛盾をいかに制御するのであろうか。

③ 米英の暗闘

多岐に亘る「特別な関係」は英語を共有した上で相互に密接な歴史的、文化的紐帯を基盤としているが、軍事面では一連の国際協定・制度によって支えられている[22]。具体的には、軍事秘密を共有するために、第二次世界大戦中の英米同盟関係を基盤に締結された包括的軍事情報保護協定（General Security of Military Information Agreement：GSOMIA）である。その後、米国は英連邦のカナダ、オーストラリア、ニュージーランドとも同様の協定を締結している（米国は主要な同盟国や友好国、約60カ国と様々な内容を有するGSOMIAを締結している）。また、この法的基盤の上に、エシュロン（Echelon）と呼ばれる、米国を中心に構築された軍事・外交目的の通信傍受（Signal Intelligence：SIGINT, シギント）システムを運用する米英加豪新5ヵ国からなる通信傍受同盟が確立されて久しい。さらに、これら5ヵ国は軍事協力関係を具体的に拡大し深化させるため、これまで、米英加豪陸軍プログラム（ABCA）、航空宇宙相互運用性協議会（ASIC）、海軍関連プログラム、多国間相互運用性協議会（MIC）、技術協

---

(22) John Baylis, *Anglo-American Defence Relations 1939-1980: The Special Relationship*, Palgrave Macmillan, 1981.

79

力プログラム（TTCP）を設立し盛んに運用してきた。[23]その上、英国は個別に協定を結んで、米国に対して大英帝国の遺産とも言えるディエゴ・ガルシア島、アセンション島、セントヘレナ島など枢要な戦略拠点に基地や軍事アクセス権を与えている。こうした磐石な法的・制度的基盤に支えられ、軍事面での「特別な関係」は容易には破綻しそうにない。

とはいえ、「特別な関係」の創成期、とりわけ覇権が英国から米国に移る移行期には、米覇権システムの下における英国の地位や影響力を巡る条件闘争において、かなりギクシャクした模様である。核兵器開発に関しては、当初、両国はケベック合意（The Quebec Agreement of 1943）[24]で共同開発に合意し、その後、英国は独自の研究成果情報を米国に譲渡した。にもかかわらず、結局、米国は国内法であるマクマホン（McMahon）原子力エネルギー法（Atomic Energy Act of 1946）を制定し、英情報を用いて獲得した研究成果に関する情報を英国に譲渡しなかった。確かに1958年には、両国は相互防衛協定（US-UK Mutual Defence Agreement）を結び、[25]英国は同協定に基づいて米国から原子力潜水艦と核ミサイルを供与されている。しかし今日においても、恐らく核弾頭の作動防止解除の暗号などによって、英国は米国の同意なしに核兵器を実戦で使うことができない。[26]

経済覇権面での条件闘争は、英国がブレトンウッズ会議で国際決済手段

---

(23) 拙著『軍事情報戦略と日米同盟——Ｃ４ＩＳＲによる米国支配』芦書房、2004年、第2章「情報収集——通信傍受」、56頁～78頁。拙著『軍事技術覇権と日本の防衛——標準化における米国の攻勢』芦書房、2008年、第9章「アングロサクソン五カ国における軍事協力・協働関係——相互運用性・標準化の政治と日本の安全保障戦略へのインプリケーション」。

(24) Text: http://avalon.law.yale.edu/wwii/q002.asp.

(25) Text: http://web.archive.org/web/20041221225546/http://basicint.org/nuclear/1958MDA.htm.

(26) Joseph Singh, "Britain's Status Symbol: The United Kingdom's Nuclear Program After the Election", *SNAPSHOT*, May 10, 2015, https://www.foreignaffairs.com/articles/united-kingdom/2015-05-10/britains-status-symbol, accessed on May 27, 2016.

第3章　開発分野　綻びを見せる米英の「特別な関係」

として人造通貨であるバンコール（bancor）の導入を公式提案したが、米国が拒否したため実現できなかったことに如実に示されている。ドルが基軸通貨となると、米国は自由に発行できる自国通貨がそのまま国際決済手段として通用するというとてつもない特権を手に入れることとなる。英国の提案はこれを防ぎ、あわよくば自国がバンコールの管理運用で中核的な役割を担い、権力を握り続けようとしたと理解できる[27]。ある意味で、この英国の提案はIMFの特別引出権（SDR）となったとも解釈できるから、経済覇権面での英国の対抗策は部分的に有効であったとも解釈できる。また、当然そうした試みは形を変えて現在も続いていると想定してみることもできるであろう。

　そうした視点から観ると、冷戦期を経て今日まで、「シティー」がユーロ市場を育成・発展させ、ユーロ・ダラーを還流させて米国債の大規模な売買の仲介機能を果たしてきたことは米国覇権を経済面から支える点で必要不可欠な働きをしてきたと言える。さらに言えば、長年巨大な経常赤字に陥ってきた米国の財政資金繰りのために、生命維持装置的な機能を果たしてきたとも言えるだろう。「シティー」が作り上げた仕組みの中で、英国海外領土・王室領（British Oversea Territories and Crown Dependencies）にあるタックス・ヘイブン（tax heaven, 低課税地域または租税回避地）は、オイル・ダラーや「バチカン銀行」資金に加えて、非合法その他出所が如何わしい巨額の資金を洗浄（マネー・ロンダリング）する上で不可欠[28]

---

(27) ベン・スティル（著）、小坂恵理（翻訳）『ブレトンウッズの闘い　ケインズ、ホワイトと新世界秩序の創造』日本経済新聞出版社、2014年。

(28) Mahmoud A. El-Gamal and Amy Myers Jaffe, *Oil, Dollars, Debt, and Crises: The Global Curse of Black Gold*, Cambridge University Press, 2009. ジャンルイージ・ヌッツイ（著）、竹下・ルッジェリ・アンナ（監訳）、花本知子・鈴木真由美（訳）『バチカン株式会社―金融市場を動かす神の汚れた手』柏書房、2010年。

81

の存在であり続けてきた。[29]

　ところが、2012年秋から続けざまに、英国はタックス・ヘイブンに対して厳しい規制・管理を課す方向へ静かにしかし大きく政策転換した。[30]重要な点は、この転換がこれまで本章で分析した英中接近の時期と凡そと重なっている点、つまり、双方とも国際金融政策に密接に関連していることから、少なくともその相互関連性が強く意識されて進められたことが容易に想定できる点にある。さらに、英国の政策転換に沿った形で、英国が議長国を務め、その議題設定・議事運営をリードしたロック・アーン（Lough Erne）での2013年先進8ヵ国首脳会議（G8）では、[31]租税回避を防止することによって十分な課税ベースを確保する政策連携が宣言された。[32]タックス・ヘイブン規制強化は、米国覇権の維持に対する英国による目立たないが極めて重要な財政資金調達仲介における支援を相当程度弱体化させる効果を中長期的にはもたらすことは否めない。また、中長期的には、

---

(29) ニコラス・シャクソン（著）、藤井清美（訳）『タックスヘイブンの闇──世界の富は盗まれている！』朝日新聞出版、2012年。

(30) "Closing in on tax cheats", press release, HM Revenue & Customs, November 12, 2012, https://www.gov.uk/government/news/hmrc-closes-in-on-tax-cheats--2, accessed on May 27, 2016; "Further clampdown on tax avoidance and evasion" corporate report, HM Revenue & Customs, January 1, 2013, https://www.gov.uk/government/publications/further-clampdown-on-tax-avoidance-and-evasion, accessed on May 27, 2016; "Issue briefing: tackling tax avoidance", policy paper, HM Revenue & Customs, January 1, 2013, https://www.gov.uk/government/publications/tackling-tax-avoidance, accessed on May 27, 2016; and, "Issue briefing: taxing the profits of multinational companies", HM. Revenue & Customs policy paper, https://www.gov.uk/government/publications/taxing-the-profits-of-multinational-companies, accessed on May 27, 2016.

(31) *Trade, Tax & Transparency: The 2013 UK G8 Presidency Report*, https://www.gov.uk/government/uploads/system/uploads/attachment_data/file/271676/G8_report_WEB_FINAL.PDF, accessed on Ma7 27, 2016.

(32) 2013 Lough Erne G8 Leaders' Communiqué, June 18, 2013, https://www.gov.uk/government/uploads/system/uploads/attachment_data/file/207771/Lough_Erne_2013_G8_Leaders_Communique.pdf, accessed on May 27, 2016.

第 3 章　開発分野　綻びを見せる米英の「特別な関係」

英国は金融大国として生き残りをかけて、主要な資金仲介対象国を米国か
ら他の国に変えねばならないことを意味する。もちろん、英国が中国を次
の対象国と見定めていることは、本章の分析から明らかである。

　したがって、英中接近は決して英国が対米関係を十分考慮せず慎重さを
欠いた形でなされたものではなく、むしろ十分なリスク管理と周到な準備
をした上で果敢になされたと捉えるべきであろう。要するに、英国の
AIIBへの参加表明は突然でも意外でもなく、少なくとも英国の視点から
すれば、機が熟した形で必然的になされたのである。

　その結果、「雨傘革命」が勃発した段階では、既に米国としては英国外交
によって外堀をほぼ完全に埋められた形で追い詰められていたのであっ
て、諜報工作によって輿論戦に撃って出るぐらいしか道は残されていな
かったと思われる。国際輿論が「雨傘革命」に対して強い支持に傾けば、
英国も従来の人権・民主制重視の外交政策との一貫性を確保し、そのイ
メージとソフト・パワーを大幅に傷付けないように、表立って英中接近を
推進しにくい。実際、米国の諜報機関はパブリック・ディプロマシー
（public diplomacy）や文化・学術交流や公共教育など、合法的な民主主義
促進の方法・手段によって、盛んに香港における政治に介入した模様であ
る。[33] この手法は10年以上前に、旧ソ連圏諸国、バルカン半島諸国や中東
諸国（具体的には、グリジア、ウクライナ、キルギス、レバノン、チュニ

---

(33) Zachary Keck, "China Claims US Behind Hong Kong Protests", *Diplomat*, October 12,
　　2014, http://thediplomat.com/2014/10/china-claims-us-behind-hong-kong-protests/,
　　accessed on May 27, 2016; Bill White, "Hong Kong "Democracy" Protests CIA
　　Backed", *American Free Press*, November 2, 2014, http://americanfreepress.net/u-s-
　　meddling-in-china/, accessed on May 27, 2016; F. William Engdahl, "Color Revolution:
　　Hong Kong's Umbrellas are "Made in USA", Global Research, October 24, 2014,
　　http://www.globalresearch.ca/hong-kongs-umbrellas-are-made-in-usa/
　　5409780, accessed on May 27, 2016; and Tony Cartalucci, "US Covers Up Support for
　　Hong Kong 'Occupy Central'", October 28, 2014, http://landdestroyer.blogspot.
　　tw/2014/10/us-covers-up-support-for-hong-kong.html, accessed on May 27, 2016.

ジアなど）における「カラー革命」と呼ばれた事件を想起させる。特に注目すべきは、冷戦時代、中央情報局（CIA）が行った非公然活動を公然とやるために設立された全米民主主義基金（National Endowment for Democracy：NED）[34]による香港の民主化支援である。この基金は米議会により設立された非営利団体であり、米国際開発庁（Agency for International Development：AID）の予算から資金供与をうけて香港の民主主義運動を支持するプログラムを実施している。例えば、2014年4月、同基金本部（ワシントンDC）で開かれた公開討論会などはその典型例であろう[35]。

4 結　語

ここまでの分析を踏まえれば、英国のAIIB参加表明や香港問題の要諦は米国の経済覇権の凋落にともなう英米の暗闘にあると言える。したがって、AIIBを巡る主要各国の政策、英中関係、中国・香港関係など、個別の問題や側面をいくら丹念かつ詳細に分析してみたところで、容易には根本的な原因が分からない。つまり、AIIB問題は英米暗闘の付帯現象（epiphenomenon）に過ぎない。根本的な原因は、米国の経済覇権サブシステムの深刻な動揺にこそ存する。

この暗闘は第一次世界大戦前後からの英国覇権の深刻な凋落と米国の台

---

(34) David Lowe, "Idea to Reality: A Brief History of the National Endowment for Democracy", April 26, 2008, http://www.ned.org/about/nedhistory.html, accessed on May 27, 2016.

(35) "Hong Kong protests highlight China's ideological conflict with West", *Democracy Digest*, October 13, 2014, http://www.demdigest.org/hong-kong-protests-highlight-chinas-ideological-conflict-west/, accessed on May 27, 2016; and "Why democracy in Hong Kong matters (Video Clip)", National Endowment for Democracy, April 2, 2014, https://www.youtube.com/watch?v=Xfr481R8ZnU, accessed on May 27, 2016.

第3章　開発分野　綻びを見せる米英の「特別な関係」

頭からは始まったものであるが、第二次世界大戦後、米国覇権の確立と英国覇権の消滅の後も、経済面では燻り続けてきたものである。そして、リーマン・ショック後、米国覇権に深刻な影が落とされると、再び英国が巻き返しを図るようになっていると捉えるべきであろう。もちろん、米国と同様、いやそれ以上に英国も経済的に追い詰められており、英国内でも従来からの米国との「特別な関係」を維持すべきか、欧州連合（EU）との統合を進めるべきか、自国の国益優先でいくべきか（そうなると、スコットランドの分離独立は認めるべきか）など、百家争鳴の状態となるから、そうした文脈の下で英国の対中接近政策が今後中長期的に維持されるかどうかには少なからず不確実性があると思われる。

　つまり、英国の対中接近政策は中国の台頭の継続と米国の相対的凋落の深刻化を大前提としており、その意味で少なからずリスクを犯している。したがって、この政策が英国の国益に資するか否か、そしてどのように展開していくかは引き続き注目すべきである。近年の極めてダイナミックな国際政治は予断を許さないとはいえ、中国経済が失速し、バブル崩壊の可能性が指摘される中で、AIIBや一帯一路を切り口にした中国の経済外交攻勢はもはや一時の勢いや影響力を失っているようにも思える。他方、依然として英国内では人権問題や安全保障問題を重視する立場からの対中接近政策に対する批判が強いことから、中長期的には、英国は対中重視政策を取り止めざるを得なくなる可能性は多分に存在すると思われる（逆に、現状では考えにくいが、中国の台頭と米国覇権の凋落が決定的になれば、日本は日米同盟の延長線上で重視してきた英国との緊密な関係を見直さねばならないであろうし、英国は対中重視を優先して対日軽視へシフトする可能性も排除できない）。

　AIIB問題を始め重要な中国に関する諸問題は、これまでのように中国そのものの行動やその動機そして中国と主要国との関係に（つまり、国際行為主体として中国に）分析の焦点を置くのではなく、今や中国を巡る主

85

要国間の行動やその動機、とりわけ覇権国の米国と前覇権国の英国の暗闘に焦点を置いた分析（つまり、国際行為における客体としての中国の分析）を重視する段階に入ったと言えるのではないだろうか。

第二部 軍事覇権サブシステムの動揺

第二部では、米国の軍事覇権サブシステムの動揺を分析する。米国は経済覇権サブシステムの動揺のために、巨額の国防費を負担する財政能力をますます失いつつある、或いは近い将来失う虞が強くなっており、米国は軍事力に関して何らかの縮小再編成を余儀なくされている。実際、先進7ヵ国首脳会議（G7）は従来米国が担ってきた「世界の警察官」の役割を部分的、限定的に肩代わりすることを模索し始めた。とはいえ、米国が国防費の大胆な削減をすれば、圧倒的な軍事的優位、つまり軍事覇権を失うこととなるから、限定的な量的削減と質的強化を組み合わせて優位性を保つよう模索せねばならない。こうした点から、ここでは米国の軍事覇権サブシステムの3本柱である核戦力、通常戦力そして軍事同盟を切り口にその展望を分析する。

第4章 核戦力
日本による核武装の是非

　本章は、米国の日本に対する拡大核抑止力の有効性と日本の核武装の是非を論じる。

　米国の核兵器は近代化の必要性に迫られており、計画通りに実施すれば、今後30年で1兆ドル（約110兆円余）の経費が必要となる。この巨額の支出は2008年秋の金融・経済危機に端を発する米国経済の構造的脆弱性を考えれば、少なくとも大幅に減額せざるを得ないのは明らかである。2009年1月に誕生したオバマ政権は、G・W・ブッシュ政権の積極的な対外武力介入を軸とした覇権強化政策を否定し、消極的な外交安全保障政策路線と核兵器政策を採った。この転換は単に理念・イデオロギー的志向だけではなく、厳しい国防費の制約によっても左右されていたことが容易に分かる。

　もちろん、オバマ政権は従来の強硬な対外武力介入政策を支持する議会内その他の国内政治勢力（特に、産軍複合体）との対立の中で、容易に核軍縮を進めることできなかった。当初、オバマ大統領は就任から2ヵ月後の2009年4月のプラハ演説で、核廃絶の目標を発表し、ノーベル平和賞を受賞した。翌2010年4月には、同政権は核軍縮を進めるため、ロシアと新たな戦略兵器削条約（START）に署名し、同条約は2011年2月に発効し

---

(1) "U.S. Nuclear Modernization Programs: Fact Sheets & Briefs)," Arms Control Association, August 2016, https://www.armscontrol.org/factsheets/USNuclear Modernization, accessed on August 30, 2016.「核実験自制へ決議草案─米、安保理理事国に提示」『日本経済新聞』2016年9月3日（夕刊）。

た。その後、同政権は久しく核軍縮のための具体的な政策上の動きを見せなかった。しかし、政権2期目の最後の年である2016年には政治的なフリーハンドを持てることから、2016年5月、広島を訪問し再び核廃絶のメッセージを発したのち、同年7月、政権交代までに核軍縮政策を大きく前進させる措置を採ることを検討していることが明らかになった。その内容は、（1）大統領令による核先制不使用の宣言、（2）国連安保理での核実験禁止決議、（3）それによって実質的に米上院による包括的核実験禁止条約（CTBT）の批准拒否を克服、（4）大統領権限によるすでに成立した巨額予算の核兵器近代化計画の縮小、（5）限定核戦争を想定した新型長距離巡航（LRSO：Long-Range Stand-off）ミサイル開発の延期、（6）米ロの核ミサイル軍縮である新戦略兵器削減条約（Strategic Arms Reduction Treaty：START）の延長、などからなる。[2]

　こうしたオバマ政権の動きは、第二次世界大戦の敗戦国として核不拡散条約（NPT）体制の下、核兵器保有を封じられてきた一方、核廃絶の理想論を唱えながら米国の拡大核抑止に依存してきた日本の安全保障の根幹を揺るがせるものであった。特に、核先制不使用の宣言は、核兵器を先制使用するかしないかを曖昧にし、先制使用しうることを示唆して、相手国の侵略を抑止する効果を大幅に低下させる虞が強い。[3]というのは、核先制使用は冷戦時代の欧州正面において、米国主導の北大西洋条約機構（NATO）軍がソ連軍の巨大な戦車部隊に対抗したように、通常戦力で著しい量的優位を有する相手国に対抗するには極めて有効な手段となるからである。実

---

(2)　Josh Rogin, "Obama plans major nuclear policy changes in his final months", *Washington Post*, July 10, 2016, https://www.washingtonpost.com/opinions/global-opinions/obama-plans-major-nuclear-policy-changes-in-his-final-months/2016/07/10/fef3d5ca-4521-11e6-88d0-6adee48be8bc_story.html?utm_term=.a95649640e93, accessed on August 29, 2016.

(3)　"Obama's Nuclear Farewell", *Wall Street Journal*, August 8, 2016, http://www.wsj.com/articles/obamas-nuclear-farewell-1470353727, accessed on August 29, 2016.

第４章　核戦力　日本による核武装の是非

際、安倍晋三首相自身がハリス米太平洋軍司令官を介して「北朝鮮に対す
る抑止力が弱体化」するとして同宣言に対して反対の意向を示し、地域紛
争のリスクが高まるとの懸念を伝達した[(4)]。
　日本は敵意を露わにする北朝鮮、領土問題を抱える中国とロシア、これ
ら三つの核保有国に直面していることから、米国の拡大核抑止を享受でき
なくなれば、独自の核抑止力の保有を検討せざるをえなくなる。実際、
2016年のドナルド・トランプ共和党大統領候補は日本の核武装を許容す
ると公言した[(5)]。しかし、NPTを脱退して核武装を行うとなると、外交的
な孤立や日米同盟の廃棄もしくは大幅修正など、難問に直面することは不
可避である。こうした観点から、本書著者は2006年10月、ブルッキングス研
究所の評論「日本の核武装オプションにおける思慮と現実主義」において、
通常潜水艦発射の核弾頭付巡航ミサイルによる最小限核抑止力（minimal
deterrence）の保有やNATOの枠組みの中で同盟国が米軍の戦術核を有事
に運用してきたような日米ニュークリア・シェアリング（nuclear sharing）
などの選択肢に触れた[(6)]。また、拙著『東アジア秩序と日本の安全保障戦略』

---

(4)　"Abe tells U.S. of Japan's concerns over 'no first use' nuke policy being mulled by
　　Obama", *Japan Times*, August 16, 2016, http://www.japantimes.co.jp/news/2016/
　　08/16/national/politics-diplomacy/abe-tells-u-s-japans-concerns-obama-mulled-no-
　　first-use-nuke-policy/#.V8Yc5BIopzU, August 31, 2016.
(5)　Stephanie Condon, "Donald Trump: Japan, South Korea might need nuclear weapons"
　　CBS News, March 29, 2016, http://www.cbsnews.com/news/donald-trump-japan-
　　south-korea-might-need-nuclear-weapons/, accessed on August 31, 2016.
(6)　Masahiro Matsumura, "Prudence and Realism in Japan's Nuclear Options", Brookings
　　Commentary November 10, 2010, https://www.brookings.edu/opinions/prudence-
　　and-realism-in-japans-nuclear-options/, accessed on August 31, 2016; Martin Butcher,
　　Otfried Nassauer, Tanya Padberg and Dan Plesch, "Questions of Command and
　　Control: NATO, Nuclear Sharing and the NPT", the Project on European Nuclear
　　Non-Proliferation (PENN), March 2000, http://www.bits.de/public/pdf/00-
　　1command.pdf, accessed on August 31, 2016; and, Hans M. Kristensen, "U.S. Nuclear
　　Weapons in Europe A Review of Post-Cold War Policy, Force Levels, and War
　　Planning", Natural Resources Defense Council, February 2005, https://www.nrdc.

では、台頭する中国と相対的に凋落する米国の文脈において、日本がいかなる戦略的条件の下でどのような対中核抑止力を保有すべきかを理論的に論じた[7]。

　しかし、そもそも今日の日本の核武装に関する諸問題は米国の軍事覇権サブシステムとその枢要な一部であるNPT体制の整合性如何に根差している。そこで、本章では、冷戦後初めてNPT体制を大きく揺らがせた1998年のインド・パキスタンによる核実験に着目する。というのは、その際、日本に突き付けられた課題と諸要因が依然として我が国の核武装の是非を考察する上で決定的に重要だからである（なお、本章は2000年の執筆当時の論考に大幅な修正・加筆を行った）。

1 日本の核軍縮外交の危機

　1998年4月のインドとパキスタンによる核爆発実験は、NPT体制に大きな挑戦状を突き付けた。1998年7月1日のニューヨークのアジア・ソサイエティ（The Asia Society）は、「南アジアの核問題」についてのワークショップを主催し、本書著者は唯一日本人として招かれた[8]。インド、パキスタン、米国、中国、国際機関などから約20人の専門家が招かれ、激しい議論が9時間交わされた。この会議で印パ両国政府の中枢に非常に近い

---

org/sites/default/files/euro.pdf, accessed on August 31, 2016.

(7)　拙著『東アジア秩序と日本の安全保障戦略』芦書房、2010年、第1章。

(8)　The Asia Society with the support of the Rockfeller Foundation, "South Asia After the Tests ; Where Do We Go From Here ?", workshop held at The Asia Society in New York, July 1, 1998. Discussion sessions covered (1) understanding the Indian and Pakistan's decisions; motivations for testing and domestic political implications, (2) next steps in the Indian and Pakistani nuclear programs – Weaponization and deterrence in South Asia, (3) regional stability and the strategic balance in Asia – perspectives from East Asia, and (4) the Impact of Economic sanctions and other policy measures.

第４章　核戦力　日本による核武装の是非

リーダー達は互いの国益を剝き出しにした。会議での主な論点を紹介しつ
つ、核軍縮についての試論を提示したい。

　印パによる核実験は、長年「唯一の被爆国」というスローガンを掲げ、
核軍縮を推進してきた我が国の外交政策を破綻させた。NPT体制の下、
米国、ロシア、英国、フランス、中国の国連安全保障理事会常任理事国（以
下、P5）以外は核兵器を持っておらず、核拡散は生じていないという神話、
そして、日本が「唯一の被爆国」として「核なき世界」にむけて重要な役
割を演じているという神話が崩壊したのである。パキスタンの首相は、「（同
国は）広島や長崎の悲劇を避けるために核兵器を持つことにした」と語っ
た。日本が核兵器を持っておれば、米国は報復攻撃を怖れ、日本に核爆弾
を投下できなかったであろうという「力と均衡」の論理である。

　我が国の政治指導者と安全保障・外交当局が、そこで有効な手を打たな
ければ、日本はこの分野における影響力だけでなく、「口ばかりの国ではな
いか」と国際社会における信も失うと懸念された。国際社会で自国の意見
を通すには、その主張に正義があること、言動が一致していること、必要
とあれば正義のために実力を行使する能力と意志を有していることが必要
である。しかし、核軍縮での日本は、仮に第一の条件（主張の正しさ）を
満たしても、残りの二条件を満たしてこなかった。日本は、日米安保条約
の下、米国の「核の傘」により自国の安全を守ってきた一方で、「正義」を
主張する以外、何ら具体的な行動をとらなかった。確かに、我々日本人に
とって広島・長崎の原体験は真摯で真剣なものである。しかし、外から見
れば、NPT体制が戦略的安定性の確保のために必要悪ではあったとはい
え、日本の言動はP5による核兵器の独占体制を補完・補強してきた。つ
まり、日本は、P5からは少々うるさいが便利で都合がよい存在であり、そ
れ以外の国からは、正論を「念仏」のように唱えるだけの存在であった。

---

(9)　佐々木毅「日本外交に大きな転機」『日本経済新聞』（経済教室）、1998年7月16日。
(10)　同上。

93

神話が崩壊した結果、日本はもはや自己満足の世界に陶酔していること
はできなくなり選択肢の幅も非常に狭くなった。従来までのように核廃絶
を念仏のように唱え続けることも、核廃絶の看板を下げることもできなく
なった。さらに、「核を持てるが持たない」と唯我独存を決め込むこともで
きなくなった。確かに、多国間外交や信頼醸成措置など、日本は核軍縮に
むけて能動的な努力をせねばならないが、外交安全保障政策の各論に終始
するのではなく、既に核武装に必要な諸能力を保有しているという意味で
「仮想核大国」であることを認識して、積極的な交渉を展開せねばならなく
なった。例えば、20年の時間的枠組みを設定して、P5に対して核弾頭の
数字を示して核軍縮の実現を迫り、その要求が入れられなければ、日本も
「本格的に核武装する」と警告を与えることが考えられた（2016年夏現在
までの米ロの核政策の展開を見れば、主として財政的制約からある程度両
国の核弾頭の量的削減は実現されたと評価できるだろう）。

② NPTは不平等条約である

　核実験を強行した印パ両国の側にも理はある。NPTが五大国の核兵器
保有だけを認め、他の国には核保有を禁止する不平等条約であるからだ。
1970年代初頭、このような条約が曲がりなりにも締結され発効したのは、
非核保有国が核武装しないことを条件に、P5が非核保有国に対して「核の
平和的利用」（原子力発電）に必要な技術を提供することと、P5が真摯に
核軍縮へ向けて努力することを約束したからであった。また、冷戦構造
の下では、非核保有国の側にも米ソ超大国の何れかの陣営に属し、その「核
の傘」に依存したほうが安全保障上の利益が遥かに大きいとの算盤勘定が
あった。

（11）中曽根康弘「それでも日本は我慢する」『This Is 読売』1998年8月。
（12）不拡散条約（Treaty on the Non-proliferation of Nuclear Weapons（「核兵器の不拡散

第4章 核戦力 日本による核武装の是非

　ところが、冷戦期、P5は核軍縮に関してリップ・サービスばかりでほとんど何ら真摯な努力をしなかったため、冷戦が終焉し「算盤勘定」がどこかへ消えてしまうと、当然、NPT体制の不平等性に対する怒りが発展途上諸国から沸き上がった。とりわけ、印パ両国はNPTの無期限延長と包括的核実験禁止条約（CTBT）とは「不平等性」を恒久化すると、P5を痛烈に批判してきた。「不平等性」ゆえに、日本政府にしても、1970年代にはNPTの批准に数年を要したし、冷戦後のNPT無期限延長手続きにしても逡巡した。歴史的経験を言えば、明治政府は幕末のどさくさに徳川幕府が締結した欧米列強との一連の不平等条約を改正しようと辛酸を舐め、ようやく明治末期になって改正にまで漕ぎつけた。自主独立を守り抜いた日本にしてもこうであるから、欧米の帝国主義・植民地主義に蹂躙された発展途上諸国が不平等条約に持つ怨念の深さは推して測るべしである。

　発展途上世界、とりわけ印パの立場からすれば、核実験を非難し経済制裁を加えた米国の行動は、私有財産性の不可侵について「銀行強盗がコソ泥に説教している」ようなもので全く正当性がない。確かに、印パなど僅

に関する条約」）
　第二条（非核兵器国の義務）「締約国である各非核兵器国は、核兵器その他の核爆発装置又はその管理をいかなる者からも直接又は間接に受領しないこと、核兵器その他の核爆発装置を製造せず又はその他の方法によって取得しないこと及び核兵器その他の核爆発装置について如何なる援助を求めず又は受けないことを約束する。」
　第四条1（原子力平和利用の権利）「この条約のいかなる規定も、無差別にかつ第一条及び第二条の規定に従って平和的目的のための原子力の研究、生産及び利用を発展させることについてのすべての締約国の奪い得ない権利に影響を及ぼすものと解してはならない。」
　第六条（核軍縮）「各締約国は、核軍備競争の早期の停止及び核軍備の縮小に関する効果的な措置につき、並びに厳重かつ効果的な国際管理の下における全面的かつ完全な軍備縮小に関する条約について、誠実に交渉を行うことを約束する。」
　第九条3「この条約は、その政府が条約の寄託者として指定される国及びこの条約の署名国である他の四十の国が批准しかつその批准書を寄託した後に、効力を生ずる。この条約の適用上、『核兵器国』とは、千九百六十七年一月一日前に核兵器その他の核爆発装置を製造しかつ爆発させた国をいう。」

95

かな発展途上国を除いて、世界のほとんどの国々がNPTの無期限延長と
CTBTを認めた。しかし、「不平等性」に異を唱える多くの発展途上国に対
して、米国は二国関係で陰に陽に圧力をかけNPT・CTBT体制を飲ませ
た。たとえば、エジプトやサウジアラビアにはそれぞれ経済援助や安全保
障上の保護をちらつかせた。多くの発展途上諸国は印パの主張に同情的で
あったが、米国を筆頭にしたP5からの圧力のために表だって反対もでき
ず、印パの原則的で強硬な反対に乗じて、敢て反米・反P5のスタンスをと
らなかったのである。[13] というのも、CTBTは印パ両国の署名を条約の発
効条件としているからである。

③ 米国の驚きと稚拙な経済制裁

　印パの核実験はある意味で米国の世界政策の稚拙さが招いたと言える。
米国は、冷戦後いち早くロシアと核軍縮に取り組み、これを加速すべきで
あった。そうしていれば、米国はNPTの遵守を主張できたし、NPT体制
の強化も可能であったろう。現実には、米国は「ソビエト帝国」崩壊後の
東欧で「力の真空」を避けようと、NATOの東方拡大を最優先した。[14] ロ
シアは勢力圏を侵害されたと考え、外交安全保障政策を硬化させた。ロシ
アは第三次戦略兵器削減交渉に入るどころか、ソ連時代に米国と締結した
第二次戦略兵器削減交渉（STARTII）の条約の批准をも棚上げにてしまっ
た。[15] その上、米国が大量破壊兵器拡散に対して戦域ミサイル防衛（TMD）
の生産・配備を急ごうとしたために、ロシアは経済的混乱と凋落のなか唯
一大国の地位を保障する核兵器の有効性をも否定されかねないと、核軍縮

---

(13) 納家政嗣「核不拡散条約の恒久化と新たな課題」『国際問題』1995年9月、5頁。

(14) Jeffrey Simon, ed., *NATO Enlargement: Opinions and Options*, Washington, D.C. :
National Defense University, 1995.

(15) 小川伸一『「核」軍備管理・軍縮のゆくえ』芦書房、1996年、175頁～186頁。

第4章 核戦力 日本による核武装の是非

に及び腰になってしまった。⁽¹⁶⁾

米ロ間の軍縮交渉が行き詰まった結果、NPT体制の正当性は低下して
しまい、そのため、印パにつけ入る隙（すき）を与えてしまった。仮に米国の
NATO政策、ロシア政策、軍備管理政策、TMD政策が個別には妥当で
あったとしても、明らかにその順列・組み合わせは失敗であった。米国は
核軍縮分野での後退もありえると覚悟して、意図的にNATO拡大戦略を
優先したのではなく、むしろ伝統的な欧州重視と移民出身国別の国内圧力
団体のためにズルズルと「NATO重視」となったのである。冷戦後、米国
における外交安全保障政策の決定過程が個別問題・領域別にますます分断
され、総合的な調整を欠いている状況が事態をより困難なものにしたと言
えよう。⁽¹⁷⁾

印パの核実験に米国側の準備ができていなかったことは、何よりも米国
の印パに対する経済制裁の内容に現われていた。米国の制裁は一般的かつ
広範なもので、印パから具体的な行動を引き出そうとの発想に基づくもの
ではなかった。つまり、具体的な目標を達成する手段としてではなく、罰
するために使われたのである。⁽¹⁸⁾この点、政府開発援助（ODA）のうち、無
償援助の部分だけを停止した日本の政策とは対比される⁽¹⁹⁾（もっとも、日本
はCTBT署名直前に駆け込み核実験を行った中国に対しても同様の措置
をとっており、経済制裁における一貫性を保つ必要があった）。⁽²⁰⁾

当初採られた米国のナイーブな制裁は核拡散という軍事的な問題に固執

---

(16) Andrei Shoumikhin, "Current Russian Perspectives on Arms Control and Ballistic Missile Defense," *Comparative Strategy*, No. 18, pp. 49-57, 1999.

(17) Samuel Huntington, "The Erosion of American National Interest", *Foreign Affairs*, September/October 1997.

(18) Oman Noman, United Nations Development Program, a presentation at the Asia Society, workshop, *op.cit.*, July 1, 1998.

(19) *Ibid.*

(20) 「首相、円借款　凍結せず」『日本経済新聞』1996年6月9日。

し、安全保障が経済・社会の次元から環境の次元まで総合的な配慮を必要とすることを無視していた。そもそも発展途上国としては経済規模の大きなインドに対する制裁がどこまで効くかは疑問があるし、かりに持続的な制裁効果が構造的な次元に埋め込まれてしまえば、インドの経済社会状態を正常に戻すことは極めて困難となっただろう。また、経済的に脆弱なパキスタンを追い詰めて、結果的にパキスタンの安定性を損なえば、この地域の安全保障全体を悪化させるのは目に見えていた。[21]

　印パに対する制裁はいかにあるべきであったか。核実験を実行し、その結果、実験に伴う知見、とりわけ各種科学データを入手してしまった以上、それを実験前の状態に戻すことは不可能である。既成事実は認めた上で、できるだけその後の印パの核兵器開発プログラムの手を縛るべきかが政策上の課題であった。つまり、核軍縮に協力するなら経済援助、しないならターゲットを絞っての経済制裁という方針で臨むべきであった。その際、核物質の量、核弾頭の数、弾道ミサイルの種類（特に、射程の長いミサイル）、具体的な配備の在り方、核物質の生産・管理などで、印パに対して厳しい制約を課すことが肝要であっただろう。[22] さらに言えば、欧州の中距離核ミサイル制限（INF）条約にならって、印パの保有するミサイルを短距離ミサイルに限定させ、グローバルな核戦略の次元に関与できないよう封

----

(21) Anthony Davis, "Pakistan: state of unrest," *Jane's Intelligence Review*, January 1999; and Roger Howard, "Evolving rather than receding, the killing in Kashmir continues," *Jane's Intelligence Review*, January 1999.

(22) このアプローチを現在の北朝鮮に当てはめれば、法的に（de jure）同国を核保有国と認定することはないにしても、事実上は（de facto）核保有国と扱い、その核兵器開発・製造プログラムを阻害・制限するように厳しい経済政策を科していくのが妥当だと言える。実際、一連の国連安保理による制裁決議は可決・実行され、日米等の二国間ベースで厳しい対北朝鮮経済制裁が科されている。とっとも、北朝鮮の隣国であり最大の貿易相手国である中国の協力が十分得られていないことから、制裁の高い効果はあがっていない。その意味で、北朝鮮問題は中国問題であると言えるだろう。

第4章 核戦力 日本による核武装の是非

じ込めることも考慮すべきであったろう。⁽²³⁾そのうえで、先制攻撃に使われやすい地上配備のミサイルではなく、第二撃・報復攻撃用の潜水艦発射の短距離ミサイルの開発へインドを誘導することも肝要であった。⁽²⁴⁾印パにしても、果てしない核軍拡に嵌まって戦略的安定性を失い、その上に国際社会から糾弾されるよりも、低い核戦力の水準で均衡させる方が得策であったと思われる。⁽²⁵⁾

しかし、その後の印パ関係の核戦略関係の安定性は楽観できなかった。印パは歴史的・宗教的に対立してきたし、とりわけカシミール地方を巡って干戈を交えてきた経緯から、両国の一般国民感情には抜き差しさらない憎悪があった。⁽²⁶⁾当時すでにインドの指導者たちは超大国として台頭しつつある中国の脅威に対抗する必要をひしひしと感じていた。⁽²⁷⁾まず、中国はインドの仇敵であるパキスタンに対して核技術と核物質を供与してきた。⁽²⁸⁾次に、インドはヒマラヤの国境を巡る武力紛争で中国に敗北していたし、⁽²⁹⁾その後、中国はチベットを軍事基地化し、インド洋進出を期してミャンマー

---

(23) Kathleen Bailey and Satoshi Morimoto, "A Proposal for a South Asian Intermediate Nuclear Forces Treaty," *Comparative Strategy*, Vol. 17, pp. 185-195, 1998.

(24) Andrew R. Koch, "Nuclear-powered submarines: India's strategic trump card," *Jane's Intelligence Review*, June 1998; T.S. Gopi Rethinaraj, "ATV: all sea before it hits the water," *Jane's Intelligence Review*, June 1998; and Andrew R. Koch and W.P.S. Sindhu, "South Asia goes ballistic, then nuclear," *Jane's Intelligence Review*, June 1998.

(25) *The United States, Japan, and South Asia: Cooperation on Nuclear Challenges*, New York: The Asia Society, 1998.

(26) Rahul Bedi, "Clashes in Kashmir stretch India CI Ops," Jane's *Intelligence Review*, August 1999.

(27) Ming Zhang, *China's Changing Nuclear Posture: Reactions To The South Asian Nuclear Tests*, Carnegie Endowment for International Peace, 1999, pp. 9-18.

(28) 平松茂雄『中国の核戦力』勁草書房、1996年、97頁～98頁。

(29) Damon Bristow, "Mutual mistrust still hampering Sino-Indian rapprochement," *Jane's Intelligence Review*, August 1997.

(30) 平松茂雄『江沢民と中国軍』勁草書房、1999年、178頁～210頁。

に基地を租借した。さらに、経済発展を進める中国がその余勢を駆って必ず核兵器の増強・近代化を進めると考えられたから、インドは追い詰められていた。このような状況で、NPTの無期限延長が決まり、条約交渉国のほとんどの国々がCTBTに署名するなど、インドは核保有を宣言する「機会の窓」が完全に閉鎖されてしまうと懸念し、核実験を急いだ。このインドの実験に対して、パキスタンが実験を行うことで報復したのも当然と言えば当然であった。

4 「仮想核大国」としての日本

グローバルな国際政治では、地域的な印パ中の三角形に核兵器の独占や覇権を巡って米ロ中の大三角形が連動している。この状況での画期的な核軍縮は解のない多重連立方程式のようなもので、容易には状況は打開できない。それを可能とするのは、「力と均衡」の論理を超越したNPT体制の正当性を強化することであり、それによって核兵器を保有しようとする国の弁明の余地を完全に封じてしまうことであろう。喩えを使えば、いかに立派な刑法と警察力を持ったところで、完全に殺人をなくすことはできな

---

(31) William Ashoton, "Chinese Bases in Burma: Fact or Friction?" *Jane's Intelligence Review*, February, 1995.

(32) Ben Sheppard, "Too close for comfort: ballistic ambitions in South Asia," *Jane's Intelligence Review*; and Ehsan Ahrari, "Sino-Indian nuclear perspectives: so close, yet so apart," *Jane's Intelligence Review*, August 1998. 平松『中国の核戦力』前掲。

(33) 印パが核実験を行った理由に関する総合的な分析に関しては、例えば、Sumit Ganguly, "India's Pathway to Pokhran II: The Prospects and Sources of New Delhi's Nuclear Weapons Program," *International Security*, Spring 1999; and, Samina Ahmed, "Pakistan's Nuclear Weapons Program: Turning Points and Nuclear Choices," *International Security*, Spring 1999.

(34) Ben Sheppard, "South Asia nears nuclear boiling point," *Jane's Intelligence Review*, April 1999; and, Andrew Koch, "South Asia rivals keep test score even," *Jane's Intelligence Review*, August 1999.

い。問題なのは、「殺人は悪である」という規範を確立し、法秩序を完全なものとすることである。その際、法秩序の維持という点では、殺人発生率が多少上下しても問題はない。しかし、殺人犯の検挙に「二重基準」が存在すると、法秩序は正当性を失い崩れる。したがって、NPTの不平等性の是正、より現実的には、是正が相当進展したという状況を実現せねばならない。

　しかし、「力と均衡」の論理の下、P5にとって核兵器独占は既得権益であり、国際政治におけるP5の権力を支えている。つまり、P5の特権なのである。早い話が、いくら日本の核軍縮スローガンがNPT体制を補完し補強してきたとはいえ、結局、P5はそのような日本を尊重して、日本を国連安保理の常任理事国とし、彼らと同列の仲間とはしなかった。

　とはいえ、核兵器の拡散はP5にとっても脅威であり、その中でも日本とドイツによる本格的な核武装は最大の脅威なのである。印パの核実験に目を奪われて、事の本質を見失ってはならない。現在、もはや核兵器は「貧者の武器」となっている。多くの兵員と通常兵器を備え、それを維持していくことのトータルなコストを考えれば、核オプションは相対的にかなり安い。印パにしても北朝鮮やその他の核兵器開発疑惑国にしても経済的・技術的には後進的な国々である。

　そもそも、核爆弾の作り方の基本は大きな図書館で入手できる公開情報である。兵器級の濃縮ウランさえ確保できれば、原始的な原子爆弾は容易に作れるといっても過言ではない。問題は、水爆用のプルトニウムの精製、衛星や高度な通信網に支えられた精密な運搬・誘導など、体系的に大量の核兵器を製造・運用する総合的な経済・技術力である。現在、このような能力を保有しているのは、P5以外では日本とドイツしかない。ドイツは限定的な核抑止力を持つ英仏とともに欧州の多国間安保体制のなかに埋め込まれているから、核武装する懸念はない。しかし、外から見れば、日本の核武装を止めるものは二国間関係に基づく日米安保体制だけであ

る。日本の核武装がNPT体制を崩壊させ、国際政治秩序に大きな衝撃を与えることは間違いない（実際、2003年現在、国際原子力機関［IAEA］は、全体の核関連施設の査察能力の4分の1の日本に費やし、これにドイツとカナダを加えると半分の査察能力を費やしていた）。

したがって、日本国民の反核感情の強さにも係らず、日本の核武装は十分高い可能性が存在すると見るのが常識である。つまり、日本は全く核武装をする政策上の意思はないが、潜在能力から観れば、すでに「仮想核大国」である。国際政治の論理では、国家の意思は容易に変化するものであるから、能力の有無や程度に分析の焦点を合わせるのが定石である。

具体的に言えば、日本は核物質の保有、核弾頭製造技術、運搬・誘導技術ですでに本格的な核武装をする準備ができているというのが国際的な理解である。つまり、問題は日本が核武装する能力を持っているかどうかではなく、どの程度速く核武装できるかであると言えるだろう。確かに、日本がその原子力発電施設で保有するプルトニウムは分離・精製の水準が低くそのまま核爆弾製造には使えないし、起爆技術は核爆発の実験ができないためその有効性の確認の仕様がない。また、宇宙開発事業団（現在は、宇宙航空研究開発機構）のＨ２ロケットは発射する度に液体燃料を注入せねばならないため、即時対応が要求される軍事目的には使えない。しかし、日本は、米ロに次いでプルトニウム、4.8トンを保有し（つまり、世界

---

(35) 神谷万丈「海外における『日本核武装論』」『国際問題』1995年9月号、60頁～66頁。
(36) 吉田康男『国連改革―「幻想」と「否定論」を超えて』集英社新書、2003年、101頁～104頁。
(37) Micheal Mazarr, "Virtual Nuclear Arsenals," *Survival*, Vol. 37, No. 9, Autumn 1995.
(38) 神谷、前掲。
(39) *Tests of War and the Strains of Peace: The U.S.-Japan Security Relationship*, Council on Foreign Relations, 1999, p. 33; and, Selig S. Harrison, ed., *Japan's Nuclear Future, The Plutonium Debate And East Asian Security,* Carnegie Endowment for International Peace, 1996.

第3位の保有国）、プルトニウムの精製技術を持つ。また、高純度のプルトニウムがなくとも、広島・長崎型の原始的な原子爆弾なら日本の現在保有している核物質でも製造可能である。さらに、文部省宇宙科学研究所（当時）のMVロケット用の固体燃料技術は完成されている。起爆技術に不確実性が伴う以外は、日本は全て核弾道ミサイル製造に必要な技術を持っている。したがって、核武装するには、ばらばらに存在している技術をシステム化する政治的意志が必要なだけである。

　他方、日本は核武装すべきでないという論拠として、我が国の国土が狭く、人口や産業活動の上で重要な地域が集中しており核攻撃に脆弱であることがよく挙げられる。敵の第一撃・先制攻撃に対して、核抑止の論理の根本を支える第二撃・報復攻撃を保有しても、第一撃で堪え難い被害を被ることから、無意味であるという議論である。しかし、抑止の論理は、単に相手方が先制攻撃をしてきた場合に、予想される被害を遥かに上回る被害を報復攻撃によって与える能力を保有することのみを要求する。したがって、仮に我が国が核先制攻撃を受けて壊滅的な被害を受けるとしても、敵を完全に破壊しつくせるだけの核報復能力、少なくとも相手が堪えがたいと感じる被害を与える報復能力を持てば、そもそも敵は第一撃を仕掛けてこない、とされる。米ソの相互確証破壊がよい例である。また、英国やフランスも同じような地理的な脆弱性を有しているが、核武装している。むしろ、核兵器は数量や破壊力を強化すれば、通常戦力とは異なり、地理的な要因（自国の国土が狭く、敵の国土が広大であること）を相殺できるのである。

　具体的には、我が国は陸上に大規模な核ミサイル基地を置くことはできないであろうから、潜水艦発射による第二撃能力を持たざるを得ない。確かに、潜水艦の行動は母港からの出港や母港への帰港など、偵察衛星から

---

(40) 山地憲治（編）・原子力未来研究会『どうする日本の原子力』日刊工業新聞、1998年、62頁〜65頁。

の監視がある程度可能であるが、潜水艦の数を増やし（ローテーションを行い、常に一定の数の潜水艦を遊弋させ）、隠密性を高めることによって、有効な報復能力を確保することはかなり可能である。

このように考えると、国土の特徴を論拠に「日本には有効な核武装はできない」とするのは全くの誤りである。むしろ、国内政治において、核武装に必要な財政的負担が許容されるかどうか、国際政治において、核武装すること（有効な核武装を行うために必要な核爆発実験を含む）によって、我が国が国際的な孤立に陥り、核武装による利益を遥かに上回る不利益を被ることにならないか、内外の政治的な条件が整うかどうかが問題なのである（さらに、日本が国際的な孤立を避けるために、秘密裡に核兵器を開発することは、その社会がオープンである上に、IAEAによって厳重に核関連施設が監視されていることから、不可能である）[41]。要するに、日本の核武装の成否を左右するのは政治的条件が満たされるかどうかのみであると言える。

したがって、日本は「仮想核大国」なのであるから、いくら真摯に核兵器の開発はしないと憲法や非核三原則を持ち出して諸外国を説得したところで、諸外国が強い猜疑心を持ち続けるのは避けることができない。とすれば、ここは発想を逆転して、日本が核武装する条件を提示する方が遥かに説得力があるだろう。つまり、「核武装など絶対しない」といっても、国際政治に「絶対」など存在しないのであるから（Never say never）、一定の条件が整えば日本も核武装せざるを得ないと立論するのが妥当であろう。

管見では、それは（1）日米同盟が存在し有効であること（日本が米国の核抑止力に依存できること）、（2）日本の周辺地域に大きな軍事的脅威（とりわけ、核兵器による脅威）が存在しないこと、（3）NPT体制が高い正当性を保ちながら存続し続けること、これら三つの条件の少なくとも一

---

(41) 吉田、前掲。江畑謙介『軍事大国日本の行方』KKベストセラー、1995年。

第4章　核戦力　日本による核武装の是非

つがなくなった場合である。

　印パの核実験後の状況では、（3）に大きな疑問符が付いたものの、（1）
（2）は概ね満たされていた。つまり、米国覇権も盤石で日米同盟が有効に
機能し、その存続性に大きな懸念はなかった。また、北朝鮮もミサイルの
発射実験はしたものの、核実験の実施には至っていない一方、中国の台頭
は依然顕著とはなっておらず、急激に増強した軍備を背景に強圧的な強制
外交を展開する能力も意思も持っていなかった。したがって、我が国は
（3）に焦点を絞った軍縮外交を進めればよかったということになる。次
に、当時の情況の下で有効だと思われる方策を示してみる。

⑤ 印パ核実験後の日本の核軍縮外交
——攻勢の選択肢

　印パの核実験のあと、核軍縮分野における国際関係では若干の変化が
あった。外交に長けた英国が一方的に核兵器を半減すると発表した[42]。ま
た、対外経済援助に大きく依存するパキスタンは援助停止を含む経済制裁
によって経済的に追い詰められ、妥協をし始めた。パキスタンが核実験の
停止を約束し、兵器用核物質生産禁止条約の交渉開始に合意すると[43]、米国
はパキスタンに対する経済制裁を緩和し始めた[44]。他方、このパキスタン
の動きにより、インドの国際関係における立場はますます悪くなり、1998
年9月には、国連総会で印パ両国が1年以内にCTBTに署名する用意のあ
ることを表明した[45]。しかし、核実験後、クーデターによって成立したパキ

---

(42)「英の核削減、米ロ交渉に弾み」『日本経済新聞』1998年7月10日。
(43)「パキスタン、核実験凍結を約束」『日本経済新聞』1998年7月25日。「兵器用核物質
　　生産禁止条約、パキスタン、交渉開始合意」『日本経済新聞』1998年7月31日。
(44)「印パ制裁緩和決定、米、軍需品を除く」『日本経済新聞』1998年11月7日（夕刊）。
(45)「米上院、CTBT批准否決、未批准国に連鎖的影響」『日本経済新聞』1999年10月15日。

105

スタンの軍事政権は、1999年11月にはCTBT署名に慎重な態度を表明した。これによりインドのCTBT署名も後退すると考えられた。

他方、日本では「トラック2」のレベルで核軍縮を進めようとしたが、具体策を欠く一般的な性格の提言しかできなかった。外務省系の日本国際問題研究所を中心に日本政府の主導で始められた「東京フォーラム」は、米ロなど核保有国のほか、印パ両国を含む計18ヵ国から民間有識者、軍縮専門家からなり、（1）米国、ロシアの戦略核弾頭数を1千個まで削減する、（2）中国の核兵器の削減や透明性向上を図る、（3）国際社会のミサイル拡散防止体制を強化する、（4）印パ両国にはCTBTへの早期署名・批准を要求する、（5）NPTの実効性を高めるための常設事務局を設置する、などを提言した。しかし、いかにこの目標を達成するかという具体策を欠いた。現実的なアプローチをとった、防衛庁（当時）の外郭団体である平和・安全保障研究所は米国大西洋評議会と共同研究を行ったが、こちらも具体策を欠く提言しか到達できなかった。

しかし、1999年10月、米上院はCTBTの批准を否決する一方、CTBTには抵触しない8回目臨界前核実験を行った。その結果、印パ両国がCTBTに署名する誘因はもはやなくなり、兵器用核物質生産禁止（カット・オフ）条約など、一連の核軍縮の動きをも停滞せざるを得ないと考えられた。NPT体制の「不平等性」を是正しなければ、印パの核は「錦の御旗」を失わないであろうし、中東や東アジアで第二の印パの出現を阻止する方

---

(46)「米ロ、戦略核1000個に削減を」『読売新聞』1999年7月20日。

(47) The Atlantic Council of the United States and the Research Institute for Peace and Security, *Building an Asia-Pacific Security Community: The Role of Nuclear Weapons*, Policy Paper, May 1993.

(48)「包括的核実験禁止条約　米上院が批准否決」『日本経済新聞』1999年10月14日。「無力な測深会議　厳しい要件響く」『日本経済新聞』1999年11月1日。「CTBT署名、姿勢後退」『日本経済新聞』1999年11月12日。

(49)「米が8回目の臨界前核実験」『日本経済新聞』1999年11月10日（夕刊）

第4章　核戦力　日本による核武装の是非

法はないと考えられた。[50]

　したがって、当時、核軍縮を達成するためには、日本は「仮想核大国」の力を梃に交渉せざるを得なかった。従来の方法では、日本が決定的な交渉力を持ちえないのは明らかであった。

CTBT発効のために批准が必要とされる主な国の状況（1999年10月15日現在）

国名	署名	批准
米国	○	×
ロシア	○	×
中国	○	×
英国	○	○
フランス	○	○
インド	×	×
パキスタン	×	×
北朝鮮	×	×
イスラエル	○	×
イラン	○	×

発効には44ヵ国の批准が必要。○は署名・批准済、×は未署名、未批准。
（出典）『日本経済新聞』1999年10月15日。

　冷戦後も米ソが保有して続けていた大量の核兵器を考えると、印パ核実験後の日本はNPT第6条に則ってP5に対して核軍縮を要求することができた。[51]　そして、その要求が受け入れらない場合、日本は同条約第10条に

---

(50)　木村修三「中東の核不拡散問題とイスラエルの核」『国際問題』1999年9月号。宮田律「"イスラム爆弾"の恐怖」『This is 読売』1998年8月号。
(51)　NPT第6条（核軍縮交渉）「各締約国は、核軍備競争の早期の停止及び核軍備の縮小に関する効果的な措置につき、並びに厳重かつ効果的な国際管理の下における全面的かつ完全な軍備縮小に関する条約について、誠実に交渉を行うことを約束する。」

107

則って⁽⁵²⁾NPTを脱退し、さらには核武装する旨示唆すればよかった。「仮想核大国」である日本がこうした動きを見せれば、NPT体制を維持するために核保有国は軍縮に真剣に取り組まざるを得なかったと思われる。とはいえ、現実的には、一朝一夕にして核廃絶を実現することは不可能であるから、十分長い期限を切って、或る水準まで段階的に削減を要求すればよかった。そうすることは、米国が日本に提供する拡大核抑止の有効性を損なわない限り、日米安保体制の下、日本が米国の核抑止に依存していることと矛盾しない。

　具体的には、2000年の時点では、配備されている核弾頭の保有数で、米国が7,200発余り、ロシアが5,600発余りを有していた⁽⁵³⁾（さらに、これに戦術核弾頭、予備の核弾頭、解体待ち退役核弾頭を含める、その数は2倍から3倍になる⁽⁵⁴⁾）。当時、日本外交はこの配備核弾頭数を20年ほどの期間で米ロ双方2,000発程度まで削減することを主張すべきであっただろう⁽⁵⁵⁾。というのも、冷戦が終結し、米ロがもはや互いに不倶戴天の敵として破壊する準備をする必要がなくなったのであるから、抑止に必要最低限の核戦力と若干の余裕分の核戦力を保有すれば事足りたからである。しかも、一旦、この水準まで削減され、この水準以上の核軍縮を進めるとすれば、米ロは軍事バランスを考えて、英国、フランス、中国に同調するよう強力な圧力をかけざるを得ないし、印パなどの核戦力もさらに厳しい制限を加え

---

(52) NPT第10条1（脱退）「各締約国は、この条約の対象である事項に関連する異常な事態が自国の至高の利益を危うくしていると認める場合には、その主権を行使してこの条約から脱退する権利を有する。当該締約国は、他のすべての締約国及び国際連合安全保障理事会に対し三箇月前にその脱退を通知する。その通知には、自国の至高の利益を危うくしていると認める異常な事態についても記載しなければならない。」

(53) 外務省軍備管理・科学審議官局組織（編）『我が国の軍縮外交』2002年、74頁。

(54) 「2008年世界の核戦力の状況」『核情報』2008年6月26日、http://kakujoho.net/ndata/2008nw.html, 2016年9月1日。

(55) 納屋、前掲、15頁。

第４章　核戦力　日本による核武装の是非

ざるを得なくなる可能性が十分出てくるのは明らかであった。[56]

　したがって、「仮想核大国」である日本の能力を踏まえれば、管見では核軍縮外交において当時採るべき現実的な交渉戦略は次の４項目からなる。

（１）国連その他の多国間外交で核軍縮のための具体的な提案をし、また、様々な多国間信頼醸成措置をとる。

（２）20年後までに、米ロが核弾頭数を各々2,000発まで削減することを要求し、それが受け入れられないならばNPTを脱退し、核武装すると米ロに通告する。

（３）通告は信憑性がなければならないから、NPTが禁止する核爆発実験や兵器級核物質の保有以外の核武装に必要な技術のシステム化について、これも20年間の枠組みで具体的な開発計画を発表する。

（４）米ロが核軍縮に真剣に取り組まなければ、開発計画に従い（３）を進める。

　この戦略に従えば、仮に米ロが核軍縮に踏み切らなければ、長期的には日本は核武装することになる。しかし、NPT体制の正当性が揺らぎ、世界が核兵器保有国で溢れるようになれば、日本とていつまでも「核兵器反対」という正論だけを唱えているわけにはいかなくなることは明らかであった。またその結果、米国が日本に提供する拡大核抑止が有効に作用せず、周辺諸国が核軍拡競争を展開するような最悪の状況が生まれれば、日本は核武装せざるを得なくなる。

　その後、結果的に見れば、日本がここで示したような画期的な核軍縮外交を展開することもなく、米ロ両国は戦略環境の変化や財政的制約など

---

(56) James M. Acton, *Deterrence During Disarmament: Deep nuclear reductions and international security*, International Institute for Strategic Studies, 2011.

109

各々の利害から核軍備管理交渉に取り組んだ。その結果、2011年2月、圧倒的多数の核弾頭を保有する米口間に新戦略兵器削減条約が発効し、両国とも核弾頭も1,550発の保有と数量制限なしの備蓄を認めることとなった。この成果により、NPT体制の正当性は当面確保され、日本が核武装する客観的条件はかなり弱まった。

⑥ 2016年現在における日本の核武装に関する含意

すでに示したように、管見では、日本が核武装しない条件は、（1）日米同盟が存在し有効であること（日本が米国の核抑止力に依存できること）、（2）日本の周辺地域に大きな軍事的脅威（とりわけ、核兵器による脅威）が存在しないこと、（3）NPT体制が高い正当性を保ちながら存続し続けること、である。

印パ実験後と比べて2016年の時点では、米口新戦略兵器削減条約が締結・発効したことから、数量面での核軍縮関しては、（3）NPT体制の正当性は高まった。とはいえ、北朝鮮は1993年にNPT脱退を表明、その後、米朝合意でNPTに留まる旨合意したものの、2003年にはNPT脱退を表明する一方、北朝鮮の核保有が既成事実した。また、2005年には、米国が台頭する中国を戦略的に牽制するために、NPTの当事国ではないインドと原子力協力協定（India-United States Civil Nuclear Agreement）を締結し、軽水炉建設で協力することとなった。したがって、NPT体制は米口中英仏以外の核保有国を認めないとの本旨に反して大きな矛盾を抱えることになり、NPT体制の正当性は著しく損なわれた。

さらに、（1）と（2）に大きな疑問符が付く状態に陥っている。米国に

---

(57) 同条約については、http://www.state.gov/documents/organization/140035.pdf.

(58) http://2001-2009.state.gov/r/pa/prs/ps/2007/aug/90050.htm.

第4章　核戦力　日本による核武装の是非

おけるポピュリズムの台頭は著しく、米国が対外コミットメントを大幅に減じる虞も出てきており、日米同盟の先行きも中長期的には不透明となってきた[59]。また、北朝鮮の核保有の既成事実化が大幅に進んだ一方、中国の台頭が顕著となり、巨大化した軍事力を背景に強圧的な強制外交を展開するようになった[60]。したがって、従前の軍縮外交や核武装否定に関する議論はもはや有効でなく、新たな政策指針が必要となっている。

　新たな状況の下では、日本は「仮想核大国」として核武装の潜在能力をできるだけ高める一方、NPTが禁止する核爆発実験や兵器級核物質の保有などは避けねばならない。しかし、（2）日本の周辺地域に大きな核兵器による脅威が顕在化し、それに対して、（1）米国が日本に対して提供する拡大核抑止が十分機能しないことが明らかになった場合には、NPTを脱退しても核武装せざるを得ないだろう。このアプローチは積極的な核武装ではなく、リスクの管理を目指すものである。仮に、戦略状況の劇的な変化がなく、米国の対日拡大核抑止の信頼性を補強すれば済む程度の緩慢な変化であるなら、日米はニュークリア・シェアリングによって対処するのが、NPT体制とは矛盾しない方策である[61]。

---

(59) 拙論「米国におけるポピュリズムの台頭を直視せよ」『RIPS's Eye』、No. 208、2016年8月31日、http://www.rips.or.jp/researches_publications/rips_eye/2016/no_208.html、2016年9月3日アクセス。

(60) 2016年になって、北朝鮮は初歩的なSLBMを含め各種ミサイルを断続的に発射する一方、同年9月9日は10キロ・トンの核爆発実験を成功裏に行った。この点に関しては、例えば、『読売新聞』2016年9月9日を参照せよ。

(61) Masahiro Matsumura, "The time for 'nuclear sharing' with Japan is drawing near", *Japan Times*, September 17, 2017.

111

第５章　通常戦力
中国の過大評価された軍事能力とそのイメージ操作
——南シナ海情勢に関する一考察[(1)]

　本章は、米軍が急速に軍拡を進める中国軍との小規模な局地戦あるいは限定的な地域紛争に勝利する通常戦力を有しているかを分析する。

❶ 軍事能力（military capability）の再評価が必要

1　なぜか

　過去20数年間に及ぶ中華人民共和国（以下、中国）の大規模な軍備拡大は必然的に米国の軍事力（military power）の相対的な凋落を伴うとともに、地域における軍事力のバランスに関する世界の認識を変えてしまった[(2)]。特に、東南アジア諸国は急速に広がる自らと中国の軍事力の格差に驚き、圧倒され、そして怯えている。これらの諸国は、中国が幾つかの人工的に埋め立てた島嶼の軍事化と遠巻きで海空軍部隊を展開させた上で行う海上法執行など、南シナ海における中国の強制外交や一方的な行動に対して生温い不満を表明する共同声明を時折発するだけで、ほとんど武力で示威することもなく、困惑しているだけのように思える（注目すべき例外は

---

(1)　本章は、初出論文では海外の読者に対して南シナ海における中国の軍事力に関して日本の軍事専門家がどのような見方・評価をしているか、紹介・分析するために英語で書かれたものである。

(2)　NIDS〔National Institute for Defense Studies〕(2016), *NIDS China Security Report 2016: The Expanding Scope of PLA Activities and the PLA Strategy*, retrieved from http://www.nids.go.jp/publication/chinareport/pdf/china_report_EN_web_2016_A01.pdf, accessed on May 15, 2016.

2013年1月にフィリピンが起こした国際仲裁裁判訴訟である)。これまでのところ、中国は強そうな軍事力をちらつかせるだけで、戦うことなく勝利することに成功している。

確かに、公式に発表される中国の国防予算はほとんど過去20年余に亘って二桁の成長を保っており、米ドル建てで今や米国に次いで世界第二の大きさに位置付けられる。また、その額は購買力平価で計算された場合にはもっと大きくなる。さらに、中国の統計が兵器調達費や軍事研究・開発費を含んでいないことに鑑みると、恐らく実額は1.5倍の大きさになろう。この規模の財政的資源によって、中国は国際近代史がかつて見たこともない非常に短期間の内に、圧倒的な威圧効果を有する非常に多数のミサイル、先進的なプラットフォーム（艦船・航空機・車両等）、そして兵器システムを調達・配備することが可能となった。

2　分析上の焦点

とはいえ、兵器・装備の数量は近代的な軍事能力の必要条件でもあっても、一要因にしか過ぎない。したがって、数量による軍事能力の見積もりはしばしば用いられるが当てにならない。確かな見積りは兵器・装備の数量及び品質、人的資源の規模、質及び士気、そして組織力の総合的な評価に基づかねばならない。近年は、電子的接続性・データリンクを介しての幾多の通信／コンピューター・システムのシステム統合が軍事能力を発揮しそして相乗的に向上させる上で枢要な役割を果たすようになってきた。

もちろん、そうした総合的な評価はデータ収集、データ操作・転換、分析方法の全ての点で困難な作業である。さらに、中国のように軍隊について情報を隠している軍事大国の場合は特に困難である。したがって、本章は南シナ海に関連して中国の軍事能力と態勢について深刻な限界、短所、欠点のいくつかの典型的な実情を際立たせることを意図する限定的な分析を提示するにすぎない。また、ここでの分析は単独で南シナ海有事のみが

第 5 章　通常戦力　中国の過大評価された軍事能力とそのイメージ操作

勃発し、例えば、台湾有事、尖閣有事、そして、より可能性が低い朝鮮半島有事と同時に二つまたはそれ以上の複数の有事が勃発することを想定していない。このことは、中国が依然覇権国・米国の軍事力と比べて自国の軍事力が劣っていると認識していること、その結果、中国が局地的な有事を広域の地域紛争に、さらには戦域間紛争や核戦争にエスカレートさせたくないと想定している。(3)それ以外の想定を置くことは非常に興味深いが、単に本章の分析の範囲を超えている。

　さらに具体的に言えば、本章の分析は先ず、中国軍が南シナ海において軍事化した島嶼を保持するために有効な戦闘能力（warfighting capability）を有しているかどうかを調査し、同海を戦略拠点とする制空権と制海権を保持し、地域覇権を打ち立てることができるかどうかを判断する。そのためには、中国軍が同海地域において自国の部隊や軍事化された島嶼にある軍事基地・施設に対する米軍の攻撃に有効に対抗できるかどうかを調べてみる必要がある。米軍はあらゆる水上艦船、航空機、潜水艦から巡航ミサイル、弾丸、爆弾等を発射する能力を有している。逆に言えば、中国軍が当該島嶼に対する水陸強襲上陸を撃退する十分な能力を有し、米軍による島嶼占領を阻止できるか、つまり米軍が南シナ海から中国の空海軍力を排除して当該島嶼を使用し、中国軍をシナ大陸（continental China）南部と近接地域に封じ込め、グローバルな米国軍事覇権を強化できるかを調べることが重要となる。

　次に、本章は、中国が日米同盟を通じて日本によって追加、補足されると思われる米海軍力に対抗する能力を有しているかを分析する。その分析上の焦点は潜水艦戦能力及び対潜水艦戦能力における日米対中国での比較に置くこととする。この二つの能力の評価は、中国が航空母艦を含め、い

---

(3)　Masahiro Matsumura. "The Limits and Implications of the Air-Sea Battle Concept: A Japanese Perspective." *Journal of Military and Strategic Studies*, Vol. 15, No. 3, 2014.

かに強力な主要水上戦闘艦艇を保有しようとも、日米の潜水艦に簡単に破壊または無力化されてしまうことから、（さらに日米の艦船が概ね生き残れることから）極めて重要である[4]。

そして、本章は中国の急速で大規模な海軍増強に対抗するために、実行可能で費用対効果の高い手段を初歩的に考察する上で、相乗的に戦闘能力を強化する方策として艦載ヘリコプターと浅水用機雷の利用を強調する。

3 存在論的仮説

日本がどのような戦略的な見方をしているのかは、日本が米国と協力して南シナ海において中国を牽制するより大きな役割を担い始めていることから、ますます重要になっている。日本政府は米海軍や東南アジア諸国の海軍との協力を拡大・深化せてきた一方、断続的に「航行の自由」を強調する公式声明を幾度も発してきた[5]。

こうした協力は海自とマレーシア海軍によるサバ州沖での2015年8月の共同演習[6]、インドネシア海軍により主催され2016年4月に行われた多国

---

(4) 中国は、約20隻の近代的なミサイル駆逐艦を含め、既に約70隻の主要水上戦闘艦艇を保有している。また、現在、約10隻が建造中である。しかも、中国は南海艦隊にこれらの駆逐艦を配備することを優先しており、既に同艦隊駆逐艦第9支隊には8隻の近代的ミサイル駆逐艦が配備されている。同支隊は総計で約400発の対空及び対艦ミサイルを搭載しているが、これでは日米に全く対抗できない。というのは、米海軍第7艦隊は970発、海上自衛隊護衛艦隊第3護衛群は530発を搭載しており、日米海軍が圧倒的な能力を有しているからである。海自は三個護衛隊群を有しており、日本近海で平時の態勢を保ちながら、一個護衛隊群を南シナ海に派遣することができる。軍事情報研究会「米中日の水上戦闘艦隊——ミサイル射撃力を比較する」『軍事研究』2015年2月号。

(5) Abe, Shinzo (2016), Opening Address Following the G20 Summit, the APEC Economic Leaders' Meeting, and the ASEAN-related Summit Meetings, November 22, 2015. Retrieved from http://japan.kantei.go.jp/97_abe/statement/201511/1214703_9932.html, accessed on May 15, 2016.

(6) Press release, JMSDF, August 20, 2015. Retrieved from <http://www.mod.go.jp/msdf/formal/info/news/201508/20150820-01.pdf>, accessed on May 15, 2016.

第5章　通常戦力　中国の過大評価された軍事能力とそのイメージ操作

間海軍演習「コドモ」への海自ヘリコプター護衛艦「いせ」の参加[7]、ボル
ネオ島近海における日米豪海軍の共同演習、2016年4月の海自潜水艦1隻
と護衛艦2隻がフィリピン・スービック湾への寄港、そして同護衛艦2隻
のベトナム・カムラン湾への寄港[8]を含む。本章は、非政府系の日本人専
門家による邦文公開情報の分析に基づいて日米中の戦闘能力を評価すると
ともに、中国の戦略思考と対比した形で日本の戦略思考を抽出しようとす
る試みである。明らかに、こうした日本の行動の背後には戦略思考が存在
しているが、これまで日本はそれを説明してこなかった。

　本章では、邦文の公開情報、とりわけ軍事分野において我が国で最も広
く読まれている専門誌『軍事研究』に公刊された非政府系日本人の軍事問
題専門家の論考を選択的に分析して、それに基づいて日本の戦略的観点を
提示する。当然、この日本の観点は本質的に日本が中国との間で有する歴
史的経験、とりわけ日清戦争（1894〜1895）を焦点に清朝末期からの歴史
的経験、断続的な長期低脅威紛争・戦争（1920年代後半〜1945年）の歴史
的経験、戦後から今日に至る経済産業交流の経験に相当影響を受けてい
る[9]。このバイアスは、中国人というものは兵器・装備そのもの保有に執

---

(7)　Press release, JMSDF, April 5, 2016. Retrieved from <http://www.mod.go.jp/msdf/
　　 formal/info/news/201604/20160405-02.pdf>, accessed on May 15, 2016.
(8)　"Japan destroyers visit Vietnam's Cam Ranh Bay", *Japan Times*, April 12, 2016.
　　 retrieved from <http://www.japantimes.co.jp/news/2016/04/12/national/japanese-
　　 destroyers-visit-vietnams-cam-ranh-bay/#.VzgKQCEopzV>, accessed on May 15,
　　 2016.
(9)　国民的小説家である司馬遼太郎は、同氏の最もよく読まれている小説、『坂の上の雲』
　　 において、ジョージ・ベルカナップ（George E. Belknap）米海軍少将（当時）が黄海
　　 海戦（1894年）において、清国海軍が日本帝国海軍と比べて、定遠級戦艦を含め、排
　　 水量トンの点でより大きくかつ大口径の大砲を有した軍艦をより多く保有していたに
　　 も係らず、日本帝国海軍が清国海軍を破ると予期していたと記した。というのは、同
　　 少将は、日本帝国海軍が当時艦隊運用の水準の点で最も卓越した大英帝国海軍の水準
　　 に達していた一方、清国海軍が問題外の状況にあったことを実際に観ていたからであ
　　 るとも記した。さらに、司馬は、「定遠」の水兵が洗濯物を乾かすために大砲の砲身を

117

着しがちであり、組織的その他の人的要因の決定的重要性を過小評価しがちであるとの仮説によって要約できる。つまり、中国人は彼らの伝統や文化的規範を否定する或いは少なくともこれら二つに大きな譲歩を要求し、中国人の社会政治的優越性に基づく中華思想に挑戦することから、技術面での絶対的要請に必然的に含まれる道具主義的な合理性を非常にしばしば無視するとの仮説に要約できる。この精神構造の下では、有効な戦闘能力を保有すること自体ではなく、政治心理的圧力を及ぼすために軍拡を行うことはしっかり戦略的意味を成す。とすれば、この仮説は中国の戦略文化を如実に表すとされる「戦わずして勝つ」ことを良しとする格言と一致する。したがって、本章での考察は、はたしてこの存在論的仮説が実証的にも成り立つかどうか答えようとするものである。

用いていた1886年の事実を指摘した。要するに、司馬は、清国海軍が近代的な軍艦や兵器を保有していても、組織としては近代的な海軍ではなかったことを強調した。この点にしては、JJ太郎「海戦も圧勝した日清戦争」2010年1月22日、http://blogs.yahoo.co.jp/jjtaro_maru/23572542.html、2016年月15日アクセス、を参照せよ。

　頑住吉（ペン・ネーム）はそのブログにおいて、1937年から1945年までの中国武装部隊の日本帝国陸軍に対する継続的な弱さは、両者の兵器技術の水準が類似していたことに鑑みると、主として道具主義的な合理性の完全な欠如に起因すると論じた。つまり、中国側は兵器調達で体系化と標準化だけではなく、兵器の配備と連携をも無視した。この点に関しては、頑住吉「抗日戦争時の武器：国民党、空中の優勢を持つも負け戦」2013年10月22日、http://homepage3.nifty.com/gun45/dabaizhang.htm、2016年5月15日アクセス。

　勝又壽良（東海大学元教授）は2011年7月に起きた中国の高速鉄道システムにおける悍ましい鉄道衝突事故は、車両製造技術が可視的であるのに対して、鉄道運行に関する詳細なノウハウを必然的に含む不可視的な合理的管理システムに当然払われるべき注意が全く払われていなかったことに起因すると論じた。この点に関しては、勝又壽良「中国、高速鉄道の追突事故『安全軽視』で『国威発揚』ズタズタ」2011年7月27日、http://ameblo.jp/katsumatahisayoshi/entry-10966119812.html、2016年5月15日アクセス。

第５章　通常戦力　中国の過大評価された軍事能力とそのイメージ操作

２ 中国人民解放軍航空機と 軍事化された島嶼の脆弱性

（１）東南アジア諸国、米国、そして日本の戦略的懸念

　ますます高まる国際的な批判のなか、中国は南シナ海全域に亘って性急にいくつかの珊瑚礁と環礁を埋め立て、そこに滑走路、埠頭、そしてその他兵站用や通信用の支援施設を建設し、その上で地上設置レーダー、地対空ミサイル、その他の兵器を持ち込んで軍事化した。文谷数重の指摘によれば、中国はこれらの島嶼を用いることによって、地上設置レーダー、空中早期警戒管制機、ジェット戦闘機の戦闘空中哨戒を組み合わせ、有効な防空を実施するとともに、米空軍の空中早期警戒管制機（ＡＷＡＣＳ）の運用を完全に封じる或いは少なくとも十分に機能の発揮を妨害できるようになる。また、同氏の理解によれば、このことは中国にとって海上交通路、海軍の水上艦艇、そして戦略原潜を守ることに役立ち、またこれらの島嶼を空中早期警戒管制機の拠点として利用する可能性が十分ある。[10] 当然、東南アジア諸国は中国と競合する領有権を主張する南シナ海において、中国の実効支配を可能とする島嶼の軍事化に苛立っている。

　域外の海洋大国、とりわけ米国とその太平洋における主たる同盟国である日本は、東南アジア諸国が中国に日和見ることはないかと益々懸念するようになってきた。というのは、そのような状況が生じると、中国が「航行の自由」を損なう地域覇権の獲得し、「航行の自由」を維持する米国のグローバル覇権に挑戦しうるからである。

　しかしながら、よく観てみれば、南シナ海における海上交通路はグローバルな供給連鎖（サプライ・チェーン）に対する財や原料の最も費用対効

---

(10) 文谷数重「恐るに足りぬ脆弱な中国の人工島——抗堪性不足！ 小規模攻撃で容易に機能喪失　米中の全面戦争には瞬時に陥落」『軍事研究』2015年10月号。

果の高い輸送とペルシャ湾岸から東アジアまでの石油や天然ガスの不断の流通にとって望ましいとしても、域外大国、特に米国と日本にとっては死活的なものではない。

　というのは、中国を除くこれらすべての域外大国はインドネシアの南側に沿った海上交通路、とりわけロンボク海峡、サペ海峡、オンバイ海峡からマカサール海峡そしてフィリピン海を通る航路を用いることで容易に南シナ海を迂回できる。この代替路は僅かに長いが、何ら航行上の困難がない。また、座礁や海賊など、安全上そして保安上のリスクに満ち、世界で最も混雑している航行上の難所である、つまり保険料が高いマラッカ海峡を通過しなくてよくなる。むしろ、中国こそが南シナ海における海上交通路に遥かに依存していることから、同海地域の不安定化から損害を被ることになろう。中国の経済成長モデルはシナ大陸南部にある輸出主導の製造業部門と香港、深圳、広州などの港に頼っており、当該海上交通路の混乱は中国経済を窒息させることになりえるだろう。[11]

　したがって、恐らく域外大国は、万一中国が南シナ海において軍事的な挑戦を仕掛けてきても、何ら痛痒を感じることはない。となれば、そのような武力紛争がどのような結果に終わるか、その可能性を考察してみる価値はある。以下は単に作戦レベルの分析であり、戦略レベルや大戦略レベルの政策選択と連関させていない。この点に関して本書著者は予め結論を想定しているわけではなく、本章では軍事政策上可能な選択肢を探求するに過ぎない。

---

(11) Matsumura, Masahiro, "China's Self-Destructive Maritime Strategy," *Project Syndicate*, August 20, 2015.

（２）米軍の攻撃と侵攻に対する防御不可能性

　文谷数重は、南シナ海の人工島にある中国の軍事基地・施設は米軍の攻撃と侵攻に対して全く防御のしようがなく、とりわけ米軍が制空権を握った後は、絶対不可能であると捉える。これらの人工島が非常に狭隘（きょうあい）で平坦であり、また中国がシナ本土から遠く離れた人工島に水陸強襲上陸に対抗する陸上部隊を派遣することは不可能であることから、これらの基地等は簡単に米軍の空襲により無力化されるであろう[12]。

①空襲

　さらに具体的に言えば、人工島の中国の航空基地は一本の滑走路、不十分な広さしか有さない誘導路とエプロンしか備わっておらず、機能的な冗長性に欠ける。こうした状況は単に運用上の効率だけでなく、被害対策や復旧の能力を著しく低下させる。その上、これらの基地は、要員、兵器配置、兵站保管、器具に関する分散配置、防護、偽装の対策を採ることが非常に困難なため、高い脆弱性と低い生存可能性に甘んじなければならない。航空機燃料槽と弾薬庫の誘爆のリスクは特に高い[13]。

　湾岸戦争で実証されたように、米軍は開戦初頭、間違いなく、地上設置レーダー、指揮・管制システム、地対空ミサイル部隊など、人工島上の地上固定攻撃目標である中国の防空システムに対して、オハイオ級の巡航ミサイル原潜（SSGN）や攻撃型原潜（SSN）から数百発のトマホーク巡航ミサイルを発射するであろう[14]。この攻撃は間違いなく米国の制空権を確立

---

(12) 文谷、前掲、200頁～201頁。
(13) 同上、202頁。
(14) 日本や豪州など、米国の同盟国の通常型潜水艦もまたハープーン・ミサイル（特に、地上固定目標に対する対地攻撃型のもの）を発射しうる。ハープーンはトマホークほどの破壊力はない。また、日本は国内法の制限から攻撃作戦を行うには制約があるかもしれない。

するであろう。対潜水艦戦能力が欠乏していることから、中国がそのような攻撃を防ぐ方法はない。必要があれば、同じような空襲・空爆は繰り返されるであろう。また、米国は制空権と制海権の掌握程度に応じて、グアム島、沖縄、フィリピン、豪州にある航空基地や飛行場を用いて、B-52ストラトフォートレスによる戦略爆撃を実行しうるし、イージス巡洋艦やイージス駆逐艦から数百発のトマホーク・ミサイルを発射しうる。また、これらの地上固定攻撃目標に対する米軍の空襲はステルス爆撃機であるB-2と同様にステルス・ジェット戦闘攻撃機であるF-22やF-35、そして、若干ステルス機能は落ちるが、B-1 戦略爆撃機によっても効果的に実行しうる。これらの航空機と潜水艦発射の巡航ミサイルは同時並行的に使用しうる。レーダーや地対空ミサイルがステルス機に対しては無力であることから、中国にはそのような空襲を防ぐ方法はない。

　さらに、文谷数重の指摘によれば、J-10やSu-27派生型機など、中国の制空戦闘機の航続距離を踏まえると、南シナ海の中央部に位置する南沙諸島に築かれた人工島の実効支配を保持できないことは明らかである。また、上空援護がないことから、中国は海軍の艦隊を同諸島海域に派遣することもできないであろう。また、中国はジェット戦闘機の護衛がないのであるから、その空中警戒待機空域を米軍の戦闘機により制御されることとなり、空中早期警戒管制機を派遣することもできないであろう。[16]

③水陸強襲上陸

　文谷数重の理解によれば、一旦人工島の中国の武装部隊が無力化された

---

(15) 中国海軍が固定翼機やヘリコプターを含め、有意な対潜水艦戦能力を欠いていることはよく知られている。その上、日本やその他の主要国の海軍の先進型潜水艦が既に達成した顕著な消音化を踏まると、短期間の内に各種潜水艦の音響学的特性の有効なデータベースを作り上げることはできないであろう。

(16) 文谷、前掲、203頁~204頁。

第5章　通常戦力　中国の過大評価された軍事能力とそのイメージ操作

ならば、米軍は人工島に対して水陸強襲をしかけ、いとも簡単に占領しうるであろう。その後、米軍は人工島を航空基地として使い、海南島やシナ大陸南部の沿岸部に対してエア・パワーを投射しうる。米軍は中国の反応や圧力に強い懸念を持つ地域の同盟国、友好国そして中立国が課すであろう強い政治的制約を思い煩わねばならない一方、占領した人工島を使用する上では何ら政治的制約を課されることはない。つまり、占領した人工島は南シナ海における米軍の優越にとってだけではなく、シナ大陸南部の軍事的封じ込めにとっても非常に役立つことになる。したがって、中国の軍事化された人工島は資産であることを止め、負債に転じる。結局、中国は全く不利な守勢を取らざるを得ないであろう。⁽¹⁷⁾

④含意

　人工島にある航空基地を喪失し、結果として制空権を失えば、中国は敢えて海軍の艦隊を南シナ海深く派遣しないであろう。というのは、米艦隊が完全に戦術的な状況認識を有している一方、中国艦隊はほとんど状況認識も持てず、遥かに強力な米艦隊と戦わねばならないからである。一旦十分な海軍戦闘艦が遊弋しなくなれば、中国は必ずシナ大陸南部直近の沿岸地域沖においてさえ限定的な制海権を失うであろう。そうした状況では、中国は部隊配置において長い期間に亘って全くの守勢に甘んじねばならなくなるであろう。⁽¹⁸⁾

---

(17) 同上、204頁〜205頁。
(18) 同上、204頁。

③ 中国人民解放軍海軍艦艇の脆弱性

確かに、中国はJ-15瀋陽（Su-33フランカー派生型機）24機を搭載する訓練用空母「遼寧」を保有している。とはいえ、「遼寧」にはカタパルトがなく、スキー・ジャンプ台しかないため、これらの搭載機は弾薬と燃料を十分積載できない。したがって、「遼寧」は優位のエア・パワーとはならないし、米国の空母に匹敵することはない。[19]

さらに、中国には有意な対潜水艦戦能力が著しく欠けていることから、中国の主要水上戦闘艦艇と同様、「遼寧」も米攻撃型原潜と海自通常型潜水艦の容易な餌食となろう。注目すべきは、日本の海上自衛隊が最近、護衛艦2隻と非大気依存推進（AIP）の大型通常型潜水艦1隻からなる1個護衛隊を友好訪問の形でフィリピンのスービック湾に派遣したことである。これは明らかに中国への武力による示威である。[20]

（1）日本の潜水艦戦能力

日本の潜水艦は強力な米海軍の潜水艦戦能力を補足する重要な役割を演じることができる。現在、海上自衛隊は2隻の訓練用潜水艦を含め、最大

---

(19) 現在、中国は4隻の空母を建造する野心的な計画を有する。1隻目は既に建造中であり、2020年には完成する予定である。報道によれば、最初の2隻はスキー・ジャンプ台とカタパルトの両方を備える予定であり、後の2隻は原子力推進型となる予定である。中国の軍事技術能力はその原子力潜水艦の性能に実証されるように非常に低いことを踏まえると、これらの空母が予定される要求性能を満たすことができるかどうか分からない。また、中国は全天候、24時間の運用を可能とする艦載機ジェット戦闘機のパイロットが全く足らないことはよく知られている。報道によれば、中国は最近、地上での空母着艦訓練を通じてパイロットの訓練を始めた。これらの要因を全て考慮すれば、米国は少なくとも、中国が空母による有意のエア・パワーを保有するようになるまでの十年余の間、南沙諸島空域での制空権を保持できるであろう。田中三郎「建造開始、中国国産空母」『軍事研究』2014年7月号、40頁〜50頁。

(20) Jesse Johnson, "Japanese submarine, destroyers arrive in Philippines for port call near disputed South China Sea waters," *Japan Times*, April 3, 2016.

級の通常型潜水艦19隻を保有している。これらの潜水艦は非常に静粛であり可偵測性が低く、その位置を探し出すことは極めて難しい。また、少なくとも日米の潜水艦対潜水艦の演習で実証されるように、沿岸海域における待ち伏せや低速作戦等、ある一定の条件の下では、米攻撃型原潜と対等以上であると一般的には理解されている。

　冷戦時代、公表された海上自衛隊の潜水艦作戦ドクトリンは久しくソ連太平洋艦隊の母港であるナホトカに対する要衝である宗谷、津軽、対馬の三海峡での主要水上戦闘艦艇の攻撃を目的としていた。今日でもなお、このドクトリンは海自潜水艦の存在理由として受け継がれたままとなっている。3交替配備の必要を前提に考えた上で、潜水艦1隻を三海峡の各々に平時の配備をしても、海自は南シナ海に恒常的に1隻を派遣するのに十分な隻数の潜水艦を保有している。三海峡において防衛準備態勢で2隻ずつ潜水艦を配備した場合、海自は南シナ海に時折1隻の潜水艦を派遣する能力を有している。

　特に、基準排水量トン2,900トンの、海自の最新鋭AIP潜水艦「そうりゅう」7隻は南シナ海までの往復を航行し広範囲に活動する能力を有する。豪州が真剣に「そうりゅう」を調達しようと検討した事実は、この潜水艦が南シナ海における豪州の要求性能を概ね満たしていることを示している。基準排水量トン1,500トンないしそれ以下の大きさのより小型の潜水艦でも日本の沿岸海域における要求性能を満たせることに注目すべきである。海自が冷戦期後半には基準排水量トン2,000トンないしそれ以上の顕著に大型の潜水艦を保有することになっていた事実は、海自潜水艦がオホーツク海や西太平洋の相当な海域を含め、一般に考えられた以上に広い作戦海域を有していたことを意味する。したがって、今日、海自潜水艦は既に南シナ海において恒常的ないしは少なくともしばしば戦闘哨戒を行っていると見做せる。

（2）米国及び日本の対潜水艦戦（ASW）能力

　さらに、日米両国は極めて強力な対潜水艦戦能力を有している。米海軍は最新鋭のP-8ポセイドン多任務海洋（MMM）哨戒機28機、P-3Cオライオン海洋哨戒監視機100機、数多くの艦載ASWヘリコプター、多数のASW能力を有数する主要水上戦闘艦、そして、中国の潜水艦と海中で格闘戦を行う能力を持つ攻撃型原潜54隻を全世界的に配備している。そして、これらの多くは有事には南シナ海に移動、展開させることができる。これまで米海軍は音響監視システム（SOSUS）、つまり南シナ海を含めグローバルな広がりで海底に敷設されたASWネットワークを構築してきたし、現在も構築し続けている。現在、4隻のインペカブル級海洋監視船が中国の潜水艦の音響学的特性データを個別に収集しながら、このシステムを拡張、改善している。海上自衛隊は最新鋭のP-1哨戒機2機、P-3Cオライオン哨戒機約80機、艦載ASWヘリコプター約80機、多数のASW能力を有する主要水上戦闘艦船そして海中で中国の潜水艦と格闘戦ができる大型の通常型潜水艦19隻を保有している。この多数のP-3Cは海自が対ソ連ASW任務のかなりの部分を担うとの冷戦時代の日米間の分業をそのまま受け継いだ結果である。有事の際には、海上自衛隊は保有するP-3Cの相当数を南シナ海に展開しうる。とりわけ、これら日米の対潜哨戒機は、例えばフィリピンやシンガポールなどにある航空基地や飛行場へのアクセスがあれば、最も効果的に軍事的威力を発揮することできる。

---

(21) P-3は最初の配備から50年を経ても、搭載するセンサー、通信・情報システムそして兵器を継続的に更新してきたことから、依然世界でトップクラスのASW哨戒機であると見做されている。

(22) 軍事情報研究会「中露潜水艦脅威の完全鎮圧」『バージニア級攻撃原潜』」『軍事研究』2015年7月号、140頁。

（3）中国の潜水艦戦能力

　竹内修によれば、日本のASW能力は、旧式の明級通常型潜水艦12隻、宋級通常型潜水艦12隻、漢級攻撃型原潜3隻、著しい騒音を生じかつ機能不全の弾道ミサイルを搭載する夏級戦略原潜1隻を含め、1990年代以前に就役した潜水艦なら容易に破ることができる。しかし、1990年代以降に就役したロシア製のキロ級通常型潜水艦12隻、ロシアの音響静粛化ステルス技術を用いた商級攻撃型原潜2隻そして元級AIP通常型潜水艦15隻は生存可能性が高い。[23] 多田智彦の推測によれば、元級通常潜水艦は西洋側の同分類の潜水艦に概ね匹敵する。[24] 中国海軍は北海、東海、南海の三つの艦隊が有する全潜水艦の約半分を南シナ海に移動、展開しうるだろう。日米両国は北海及び東海両艦隊に対して武力を示威してその移動・展開を妨げ、所属潜水艦を各々の担当海域に釘付けにし、或いは潜水艦の戦域間移動を遅らせるべきである。

　確かに中国の保有する潜水艦のうち半数を占める新型の潜水艦については、就役後、比較的短い時間しか経過しておらず、日米双方とも未だ十分に音響学的特性データを収集・集積していないことから、日米にとって脅威であることは否めない。とはいえ、一般的に日米のASW能力は質と量の両面で優位性を有しており、長期的な消耗戦ともなれば、勝利を収められる可能性が十分存在する。竹内修によれば、海自のP-1はP-3Cにはない魚雷発射管の開閉や操舵に伴う非常に微細なノイズを捉える新たな探知能力を備えているだけではなく、P-3C以上にフローやキャビテーション

---

(23) 竹内修「中国潜水艦の天敵"P-1"」『軍事研究』2013年6月号。技術的評価については竹内氏に従い、隻数については最新のデータを、IISS（International Institute for Strategic Studies), *The Military Balance*, 2016, p.242 のデータを用いた。

(24) 多田智彦「大音量をまき散らす中国潜水艦　日本列島を越え太平洋を目指す」『軍事研究』2016年3月号、68頁。同様の視点としては、文谷数重「中国潜水艦を捕まえられるのか？」『軍事研究』2015年6月号、109頁、を参照せよ。

（cavitation, 液体の運動によって、液中に局部的に低圧となって、気泡の生じる現象）によって生じた広帯域（broadband）のノイズを処理する顕著に高い能力を備えている。[25] このことは、海自のP-1と米海軍のP-8（多分、それと同等以上の能力向上を有する）は中国の新型潜水艦にとって恐るべき「殺し屋」となることを意味する。

（4）日米の戦闘能力を向上させる固定翼機とヘリコプター

　緊縮財政の時代において、日米両国にとって真正面から中国の急速で大規模な海軍増強と競争するのはほとんど不可能である。しかし、たとえ著しく少ない防衛費増しか望めなくとも、日米両国は戦闘能力を増強する方策として、対艦・対地ミサイルや魚雷を搭載する固定翼機やヘリコプターを活用することによって効果的に中国に対抗することができる。この方法は指揮、管制、通信、コンピューター、諜報、監視そして偵察の統合（C4ISR）を通じた精密攻撃に伴うネットワーク中心型作戦を採った場合に最も効果を発揮する。

　特に、文谷数重は、海自護衛艦との高いデータリンク能力を有する多任務遂行型の艦載ヘリ1機を護衛艦毎に追加的に搭載する重要性を最も費用対効果の高い戦闘能力向上の方策として強調する。同型ヘリは対艦ミサイル、魚雷そしてその他の兵器等を搭載し、護衛艦や固定翼哨戒機の戦闘機能を概ね代替できるからである。さらに良いところは、ヘリの製造、維持、要員充当は遥かに安価で済む。現在、4隻のヘリコプター護衛艦（実質、ヘリ空母）に搭載される総計で36機のヘリに加えて、海自は35隻の護衛艦に63機分のヘリ格納スペースを有している。ところが現実には、海自護衛艦35隻は1機ずつ全部で35機のヘリしか搭載していない。したがって、格納

---

(25) 竹内、前掲。文谷数重「中国海軍を封じ込める海上自衛隊の機雷」『軍事研究』2016年3月号。

第5章　通常戦力　中国の過大評価された軍事能力とそのイメージ操作

スペースを全て使い、63機の艦載ヘリを搭載することは容易である。さらに、主要な大型補助艦船にも艦載ヘリを搭載して、増強することもできよう[(26)]。

（5）日本の機雷及び掃海能力

　最後になったが具体的方策として同様に重要な方策として、文谷数重は中国海軍の主要水上戦闘艦船を撃沈し、あるいは中国艦艇をこれらの基地の近接海域封じ込めるために積極的に機雷を用いることを提言する。機雷は楡林（海南島）、広州、海口、汕頭、馬尾、北海を含む南海艦隊の主要海軍基地に直近の海域に敷設すればよい。機雷の付設は著しい反撃のリスクも犯すことなく海自潜水艦によって可能であるし、海自が相当な機雷備蓄を所有していることから費用対効果も高い。また、中国海軍が近代的な掃海能力を欠いていることから戦術的にも有効である[(27)]。

　海自機雷の備蓄の規模と構成は完全に秘密とされ分からない。とはいえ、海自は1956年から10年間余、毎年数十個の機雷を調達し、その後も同水準の予算を用いて調達してきた結果、消耗率も低いことから大規模な備蓄を持っているのは確かである。今日、海自は14種類の異なる深海用、浅海用そして浮遊機雷を保有している。冷戦期には、長らく海自はソ連太平洋艦隊の母港であるナホトカとの水路において要衝である宗谷、津軽、対馬の三海峡でソ連潜水艦に対して用いるよう作られた深海用機雷の調達を重視した。とはいえ、中国の南海艦隊に対して用いうる浅海用機雷の備蓄も相当程度保有するとともに、十分な機雷の増産能力を有していると思われる[(28)]。

　さらに、海自は先進的で熟練しかつ太平洋地域で最大の掃海艦隊を保有

---

(26) 文谷数重「海自"艦載ヘリ"重点増強案」『軍事研究』2015年8月号。
(27) 文谷数重「中国海軍を封じ込める海上自衛隊の機雷」『軍事研究』2016年3月号。
(28) 同上。

しており、その高い掃海能力は既に湾岸戦争後のペルシャ湾における長期に亘る掃海作戦の成果によって実証されている。現在、海自は基準排水量トンが5,650トンの機雷付設能力を有する掃海母艦2隻と掃海艦艇22隻(内、護衛艦隊掃海群所属9隻)を保有しており、南シナ海に置いて中国が付設した機雷を掃海する上で重要な役割を演じることができるだろう。

4 結　論

　ここまでの分析によって、中国は一旦緊密に日本と協力する米国と本格的な戦争となれば、南シナ海で軍事化した人工島を防衛できないことが確実であると分かった。それどころか、万一米軍がこれらの人工島を占領し、軍事拠点として用いることとなれば、シナ大陸南部は米軍による封じ込めにさえ直面するであろうと思われる。したがって、これらの島嶼の埋め立てと軍事化は戦時において軍事的価値がないだけでなく、危険な戦略的負債となる極めて高いリスクを抱えている。これは、万一このシナリオが現実となった場合には、中国が注ぎ込んだ全ての財源と政治的な資産は必ず全くの無駄遣いとなり、中国の国際的な名声と評判を酷く傷付けることとなると考えられる。

　本章の分析の結果、中国の急速で大規模な海軍増強は、より高い静粛性と生存可能性を有する新型潜水艦への投資を唯一の例外として、深刻なASW能力の不足のために必ず無駄になるとの結論に至った。このことは、中国が空母や艦載の制空戦闘機を含め、日米両国との本格的な戦争となれば必ず破壊されるであろう主要水上戦闘艦船に対して徒に過大な投資をしてきたことを意味する。さらに、日本と米国は費用対効果の高い戦闘能力向上の方策として艦載ヘリの追加的配備や機雷付設によって中国の海軍増強に対抗できることを示した。

　明らかに、中国は軍事的合理性に反して行動している。軍事的合理性に

130

第5章　通常戦力　中国の過大評価された軍事能力とそのイメージ操作

従えば、中国は南シナ海における人工島の建設と軍事化をなすべきではなかった。また、新型潜水艦を除いて、未曾有の過大な海軍増強をなすべきでもなかった。むしろ、中国は弾道ミサイル、巡航ミサイルなど、日米両国に対して比較優位を有する分野そしてC4ISR機能を中核とする軍事インフラにもっと投資すべきであった。結果的に、中国は戦闘能力の総合的向上を無視して、見栄えのするプラットフォームや兵器に執着しているように見える。

　しかしながら、こうした理解自体は必ずしも中国が別の種類の合理性に沿って行動している可能性を否定するものではない。実際、中国の強力そうに見える武力に支えられた強制的なアプローチは、一旦戦時となれば日米両国に対して役には立たないとしても、平時或いは戦時と平時の間のグレーゾーンでは全くうまく機能している。つまり、中国の軍事力は「張子の虎」であるが、弱小な東南アジア諸国を脅かすには十分役立ち、中国が地域覇権を構築するのに有利な政治的環境の創出を促進している。

　このような観点から、中国の見栄え偏重の兵器・装備は軍事的に強力な敵対国と対抗国とに抵抗するには効果的な軍事的手段ではないが、多数の弱小な近隣諸国に中国の支配を黙認させ従属させるには非常に有用な政治的な道具である。この考え方は中国の戦略文化を典型的に表すとされる「戦わずして勝つ」との格言によく一致する。

　また、このような政治的合理性と他の動機との重複は十分推測できる。この点に関する詳細な考察は明らかに本章で行うべき分析の範囲を超えているが、次の動機が考えうる。まず、南シナ海に対する民族主義的感情を操作して共産党体制に対してますます増大する中国国内での人民の不満を逸らせる。次に、巨額の軍事費の支出により有効需要を創出し、体制維持に必須である経済成長を維持する。さらに、現体制の守護者たる軍部の利益を満たし手懐ける。最後に、軍事関連産業で利益誘導事業を行い現体制内における派閥闘争を操る。

以上の分析に基づけば、日米両国は「中国の軍事力は強大である」との認識を「実際には、中国の軍事力は『張り子の虎』である」との認識に転じるように、南シナ海において武力による示威を継続すべきであると言える。そうした政策を採れば、怯えた東南アジア諸国は中国による威圧から解放されるであろう。

　とはいえ、米国、日本、その他の西洋諸国が軍事的合理性に基づいて行動しているのに対して、中国が安全保障の分野で特異な政治的合理性に従って行動している点は留意されねばならない。両者の相違は全く相容れない二つの合理性に基づいた戦略文化間の衝突を不可避的に生む。それゆえ、日米等の南シナ海政策は根本的に中国式の特異な政治的合理性ではなく、軍事的合理性に基づいた勝負として設定されねばならないとの前提に立脚せねばならない。

　現実的には、このことは中国に対して圧倒的に優越する戦闘能力を不断に見せつけ、中国が弱小な近隣諸国に対して機会主義的に強制的な行動を採らないようにさせねばならないことを意味する。つまり、中国は軍事的に優勢な敵国や対抗国と本格的な戦争となりそうな差し迫った危険に直面した場合には、間違いなく引き下がる或いは少なくとも強制的な行動を止めるということである。逆に言えば、恐らく中国は南シナ海に勢力圏そして地域覇権を構築するため、平時や戦争に至らないグレーな状況における軍事的・準軍事的緊張状態に最大限乗じると思われる。

　より抽象度を上げて言えば、米国、日本その他の西洋諸国は南シナ海においてチェスを打っているのに、中国は囲碁を打っているようなものである。ここでの比喩では、チェスの打ち手は異なる能力を持つ様々な駒を使い熟さなくてはならないのに対して、囲碁の打ち手は石が碁盤上のスペースを占める同一の機能しか持たないため、そのような必要はないということを指している。この比喩は、囲碁が大陸国に特有の戦略思考を象徴しているとか、チェスが海洋国の戦略思考を象徴しているなどという意味を持

たせようとしているのではない。また、囲碁の方がチェスより遥かに合理的な本質を持つと強調しようなどという意図もない。

ここでの「チェス対囲碁」の比喩は単に限定された手段を用いて効用を最大化するとの道具主義的合理性の枢要性を強調しているにすぎない。もちろん、本論の文脈では、道義主義的合理性は限定された財源と人的リソースを用いて戦闘能力を最大化する軍事的合理性と言い換えられる。道具主義的合理性は元来西洋の基本的思考方式（mode of basic thinking）であったものが、その後、民主制や資本主義に埋め込まれる形で幾分普遍化された基本的思考形式となった。これが「近代（modernity）」の言語的由縁である。その意味において、南シナ海において出現している政治・軍事的緊張状態は中国の前近代性と日米両国を中核とする西洋の近代性の摩擦であり、恐らく対決であると言えよう。したがって、今や、南シナ海問題に関する政策分析はそうした文化的・哲学的理解に基づいてなされるべき時が来たと言えるであろう。

したがって、軍事的合理性が南シナ海における日米中の勝負を左右する原則となり、西洋諸国がその優越する戦闘能力で不断に示威すれば、西洋諸国（特に、日米）は必ず中国に打ち勝つことができよう。しかし、軍事的勝利は必ずしも政治的勝利とはならない。軍事的勝利を収めた場合でも、恐らく西洋は世界最大の人口を持ち遺恨を抱いた中国と長期化する冷戦状態に直面することとなるであろう。この状態は文化的・哲学的意味で中国が「近代化」するまで続くことになろう。現時点での見通しは、中国の軍事的敗北に対する恐怖と西洋諸国の長期化する中国との政治的対決に対する懸念、これら二つの陰の複雑な相互作用の下で、良くとも精々言って気力が萎える状態であり、最悪では気が滅入る状態にある。

第6章 軍事同盟 日豪同盟の幻影 ── 失敗した日本の対豪潜水艦輸出

　本章では、最近の日豪軍事関係の変化を分析することによって米国の軍事覇権サブシステムの動揺を考察する。

　2016年4月26日、オーストラリア政府は豪海軍コリンズ級通常型潜水艦後継艦として、従来有力視されてきた日本の「そうりゅう」型潜水艦ではなく、フランスの「バラクーダ（Barracuda）型」潜水艦を選定した。[(1)]この政策を決定する上で、価格、性能、技術移転、国内雇用、戦略的判断などの中で何が決定要因であったのか、その真実は公式文書が公開されるまでは確認できまい。とはいえ、「そうりゅう」が選択されていた場合、覇権国である米国との同盟（military alliance）を介しての緊密な軍事行政上の協力関係に過ぎなかった日豪軍事関係が主要装備の輸出入を通じた軍事作戦上の協力・連携を含む関係に転化する契機となる可能性が極めて高かった。[(2)]

　豪政府が従来「そうりゅう」をかなり有力視していたこと、さらにこの[(3)]

---

(1)　約50億豪ドル（約4兆6,000億円）に達した調達総額は、1隻数百億円程度の潜水艦建造費だけでなく、最大12隻の潜水艦を平時に30年間維持・運用するための経費（人件費、維持修理費、燃料費、訓練用弾薬費等）を含む。

(2)　広義の同盟には、不可侵条約（non-aggression treaty）、中立条約（neutrality treaty）も含まれるが、ここでは省いた。

(3)　"New Japanese submarines to cost Abbott Government $20 billion", *news.com.au*, http://www.news.com.au/national/new-japanese-submarines-to-cost-abbott-government-20-billion/news-story/93465840a6ec374913c76fa60d3e1c7f, September 8, 2014, accessed on August 4, 2016; and Sumio Kusaka (Japanese Ambassador to Australia), "Why the Japanese proposal is low risk (part 1 and 2)", *Strategist*, April 11, 2016, http://www.aspistrategist.org.au/why-the-japanese-proposal-is-low-risk-

政策決定に戦略的な意味合いが強いとの認識を持っていたことに鑑みると、豪州の安保研究者の主流が戦略的な観点から日豪準同盟（a quasi-alliance or a virtual alliance）の是非についてオープンな形で激しく賛否両論を戦わせた内容は注目に値する。というのは、同様の論点を巡って似たような議論が豪政府・軍部内でもあったと容易に推定できるからである。

　そこで本章では、先ず同盟との差異を踏まえながら、どのような条件の下で準同盟が機能するのか、基本的な概念的、理論的考察を行う。次に、この概念的、理論的理解に基づいて、近年の日豪安全保障・軍事協力関係の拡大と深化の特徴を一連の日豪二国間協定・文書等から分析する。分析対象には、「安全保障協力に関する日豪共同宣言」（2007年）、日豪共同声明「包括的かつ戦略的な安全保障・経済パートナーシップ」（2008年）、「日・豪物品役務相互提供協定」（2010年）、「日豪情報保護協定」（2012年）、「日本とオーストラリア：平和と安定のための協力　共通のビジョンと目標」（2012年）、「防衛装備品及び技術の移転に関する協定」（2014年）などが含まれる。この分析によって、日豪軍事関係における限界の主要因と特徴を把握する。さらに、こうした限界を念頭に、豪州の代表的な安全保障・戦略論分野のシンクタンクの一つであるローウィー研究所（Lowy Institute for International Policy）による政策評論（*The Interpreter*）を中心に若干の主要紙評論を交えて展開された議論を分析することによって、豪政府が日豪準同盟を拒否した戦略思考の背景と論理を考察し、近未

---

　　part-1/, and http://www.aspistrategist.org.au/why-the-japanese-proposal-is-low-risk-part-2/,accessed on August 4, 2017.
(4)　Andrew Davies and Benjamin Schreer, "Option J—would you like strategic benefits with that?" *Strategist*, March 27, 2015, http://www.aspistrategist.org.au/option-j-would-you-like-strategic-benefits-with-that/, accessed on August 4, 2016.
(5)　この他にも、オーストラリア国立大学戦略国防研究所（ANU-SDSC）やオーストラリア戦略政策研究所（ASPI）でも活発に多角的な分析と意見が交わされたが、戦略的な観点から最も焦点を絞った形で議論が戦わされたのがローウィー研究所であった。

来の日豪安全保障・軍事協力関係を展望する。

① 二国間準同盟の限界
──若干の概念的、理論的考察

　準同盟とは、同盟を結んでいない二国が共通の第三国と同盟を結んでいる場合に、三国間同盟が存在しないにも拘わらず、ある一定の条件の下で、三国間同盟に準じた状態となることである。その結果、同盟を結んでいない二国もあたかも同盟関係にあるように行動する[6]。現在、北大西洋地域には、米国主導の多国間同盟である北大西洋条約機構（NATO）が存在するが、東アジア・西太平洋地域には米国を中核とする二国間同盟網（「ハブ・アンド・スポークス（hub-and-spokes）」しか存在しない[7]。そうした状況の下で、準同盟はどの程度有効な分析概念だろうか。

　そもそも、国家が単独で十分に必要な軍事力を保有することができれば、同盟の必要はない。しかし、多くの場合、完全な自助路線は財政的その他の厳しい制約があるために採ることはできず、予め相互防衛義務を約する同盟を結んで、侵略国の抑止、攻撃に対する防御、他国に対する攻撃等、自国の安全を保障する主要な手段としてきた。

　ところが、同盟は能力上の不足や限界を克服するには有効な手段であっ

---

(6)　典型的な例として、日米韓の三国関係が考えられる。Victor D. Cha, *Alignment Despite Antagonism: The US-Korea-Japan Security Triangle*, Stanford University Press, 1999.

(7)　具体的には、日米同盟、米韓同盟、米比同盟、米豪同盟である。米国、豪州、ニュージーランド間には三国間同盟条約が存在するが、ニュージーランドが1985年には核兵器搭載艦艇の寄港を拒否したため、アメリカはニュージーランドの防衛義務を停止した。このため同条約は事実上ほぼ米豪同盟となっている。また、米国は国内法である台湾関係法により、一方的に台湾に対する防衛支援努力義務や武器輸出義務を課しており、同盟に類似した関係にある。

ても、同盟国の自国に対する軍事援助義務履行には不確実性が残るため、確実な手段ではない。つまり、二国間同盟では、自国が攻撃を被った場合に同盟国が来援しない「見棄てられる恐怖（fear of abandonment）」と自国の利益とは無関係に同盟国が一方的に始めた戦争に「巻き込まれる恐怖（fear of entrapment）」が常に作用する。条約に基づく同盟（alliance）の形式を採ることで、こうした不確実性を低下させることはできるが、完全に排除できるわけではない。逆に、条約に基づかなくとも、有事には必ず相手国が来援するとの期待が相互にあれば、効果の高い事実上の相互防衛連携・協力関係は存在できる。

　ここでは特に、二国間同盟において一方が他方により高い水準で軍事的に依存する場合を考えてみる必要があるだろう（その典型が現在の東アジア・西太平洋地域における米国を一方とする二国間同盟である。米国はその拡大核抑止と圧倒的に強力な通常戦力で同盟国の安全を保障している）。この場合、中小国は強国に「見棄てられる恐怖」に敏感になることは言を俟たない。中小国は自国に対する軍事的脅威が高まった場合、強国の防衛義務を果たす能力や意志が減退した場合、もしくはその両要因が重なった場合には、自国の防衛力を強化するまたはより多くの軍事上の負担を引き受けるなどして、強国が自国に対する防衛義務を果たすように求める。

　したがって、準同盟が強国と二つの中小国による三国からなり、強国と各々の中小国には同盟関係があり、中小国間には同盟関係がない場合、次の特有の力が作用することになる。強国が同盟国の安全をよく保障できる状況では、二つの中小国間関係の軍事協力は実質的には拡大も深化もしない。逆に、強国が二つの中小国の安全を一応保障できるものの、中小国が強国の軍事能力や防衛義務履行の意志が十分でないと懸念する状況では、強国の能力低下を補完し、意志を下支えするために、中小国間の二国関係での軍事協力は拡大・深化する。さらに、一方の中小国が強い脅威認識を有し、他方の中小国が低い脅威認識しか持たない状況では、前者は準同盟

第6章　軍事同盟　日豪同盟の幻影

を通じて強国の軍事力を補完する高い動機付けを有するが、後者はそうすることを忌避する。さらに、この状況では、前者は強国の軍事力低下を補完しようと一方的に武力を行使する可能性が出てくるが、後者は前者に対して「巻き込まれる恐怖」を持つこととなり、準同盟はうまく機能しない。

　以上の若干の概念的、理論的考察を踏まえると、はたして、2007年の「安全保障協力に関する日豪共同宣言」以来、急速に拡大・深化してきた日豪軍事協力関係はどのように評価されるのであろうか。特に、その限界はどのような主要因と特徴を有しているのだろうか。

② 近年の日豪軍事協力関係の拡大と深化
── 一連の宣言・声明と協定

　すでに考察したように、一つの強国と二つの中小国からなる準同盟の成否が中小国の直面する軍事的脅威、強国の軍事力、強国が同盟国の安全を保障する意志、これら三つの要因に左右される。これを日米豪三国関係に当てはめると、中国の台頭と米国覇権の相対的凋落の文脈で、日豪軍事協力関係の拡大と深化を分析することが不可欠となる。

　2006年3月には、日米豪閣僚級戦略対話が初めて開催され、ブッシュ政権は日豪両国に防衛協力を強化するように働きかけた。この時点では、中国が着々と台頭する一方、米国はイラクとアフガニスタンを焦点に反テロ作戦で泥沼に陥り、国力を消耗し続けていた。その際の共同声明は、アジア太平洋地域を焦点に安定性と安全保障を維持するために三国間で安全保障対話を通じて安全保障での政策協力を強化することを謳った。ただし、この時点では全く中国には言及がなかった。[8]

---

(8) "Trilateral Strategic Dialogue Joint Statement, Australia-Japan-United States", March 18, http://www.mofa.go.jp/region/asia-paci/australia/joint0603-2.html, accessed on August 7, 2016.

2007年3月には、日豪両首相は「安全保障協力に関する日豪共同宣言」を発表し、「民主主義という価値並びに人権、自由及び法の支配」などの「共通の価値と利益を反映する戦略的パートナーシップ（strategic partnership）を継続的に発展させる」方針を示した。しかし、具体的に強化すべき安全保障協力として、「定期的かつ建設的な意見及び評価の交換の強化」を挙げ、各種の対話を実施すべきとしていたに過ぎない。ここでも、全く中国には言及されなかった[9]（2008年3月、日豪両防衛当局は詳細な覚書を締結し、情報と交流の分野で強化すべき防衛行政上の詳細な内容と主要な手続きを定めており、両者が防衛協力を真摯に追求していたのが分かる[10]）。同共同宣言の中には、「戦略的パートナーシップ」が具体的に何を意味するのか、その具体的な定義は存在しなかった。とはいえ、それが軍事作戦上の協力・連携を含んでおらず、準同盟を目指していなかったのも明らかである。

　その後、中国の台頭がさらに顕著になった一方、米国は依然中東での反テロ作戦に梃摺り国力を消耗し続けていた。また、2007年夏頃から、サブプライム・ローン問題で噴き出した金融・経済面での米国の脆弱性が露わになり、その卓越性に疑問が生じるようになった。

　2008年6月、日豪の両首相は「包括的かつ戦略的な安全保障・経済パートナーシップ」の声明を出した。依然として、その中でも「戦略的パートナーシップ」は定義されなかったが、「日本とオーストラリアそれぞれが米国と同盟関係を有している」と明示し、準同盟への志向が明らかとなった。つまり、同声明は「日豪二国間の安全保障・防衛協力を促進していくことの戦略的意義を強調」し、「米国のアジア太平洋地域における継続的なプレ

---

(9)　"Japan-Australia Joint Declaration on Security Cooperation", May 13, 2007, http://www.mofa.go.jp/region/asia-paci/australia/joint0703.html, accessed on August 7, 2016.

(10)　"Memorandum on Defense Cooperation between Ministry of Defense, Japan (MOD) and Department of Defense, Australia", December 18, 2008, http://www.mod.go.jp/j/approach/exchange/nikoku/pacific/australia/pdf/memorandum_e.pdf, accessed on August 7, 2016.

ゼンスと関与の重要性を強調し、強化された日豪二国間の協力が、高級事務レベルでの協議における安全保障・防衛協力等を通じた日米豪三国間の協力の拡充に資するとの認識を共有」すると明言した。とはいえ、同声明は軍事作戦上の協力・連携のための具体的措置を含んでおらず、単に「P-3Cといった航空機及び艦艇の訪問を通じた部隊間交流を含む防衛交流の拡充の継続」するとしたに過ぎない。もっとも、こうした部隊・防衛交流が相手側の能力、組織、運用に関する知識、経験、理解の獲得には必要不可欠であり、将来、軍事作戦上の協力・連携を実施するための必要条件（十分条件ではない）を満たす初歩的措置であったとは言えるだろう。[11]

　2008年秋のリーマン・ブラザーズ倒産に端を発した金融・経済危機によって、米国の軍事覇権を支える経済覇権に大きな疑問が生じる中、2010年5月、国際連合平和維持活動、人道的な国際救援活動等、平時の非戦闘目的、つまり国家間の武力紛争における武力行使を目的としない作戦活動のための「日・豪物品役務相互提供協定」が締結された。この協定は自衛隊とオーストラリア国防軍との間で後方支援の分野における「物品又は役務」の相互の提供に関する枠組みを設けることで、両者間の緊密な協力を促進することを目的している。ただし、同協定によれば、両者は「食料、水、宿泊、輸送（空輸を含む）、燃料・油脂・潤滑油、被服、通信、衛生業務、基地支援、保管、施設の利用、訓練業務、部品・構成品、修理・整備及び空港・港湾業務」の相互提供はできても、「武器又は弾薬の提供」はできない。[12]したがって、同協定の締結により、日豪軍事協力は単なる対話や

---

(11) "Joint Statement on Comprehensive Strategic, Security and Economic Partnership", June 12, 2008, http://www.mofa.go.jp/region/asia-paci/australia/joint0806.html, accessed on August 7, 2016.

(12) "Japan-Australia Agreement concerning Reciprocal Provision of Supplies and Services between the Self-Defense Force and the Australian Defense Force", May 19, 2010, http://www.mofa.go.jp/region/asia-paci/australia/pdfs/agree1005.pdf, accessed on August 7, 2016.

部隊・防衛交流を超えて部隊運用の次元に足を踏み入れたとは言えるが、依然として共通の潜在的な軍事的脅威に対する武力行使の協力・連携作戦を念頭にしたものでないという意味で、決して準同盟の初期段階に足を踏み入れたとは言えない。とはいえ、平時の物品役務相互提供が戦時のそれに移行する際の実務的経験を涵養することにはなる。

その後、米軍はイラクから完全に撤収し、2011年12月14日、オバマ米大統領はイラク戦争の終結を正式に宣言した[13]。これにより、米国はイラク戦争の泥沼からは脱したものの、従来、グローバルな軍事覇権国にとって必須とされてきた中東におけるパワーと影響力を著しく減退させた。

2012年5月、日豪両国は相互に秘密軍事情報を提供することとし、第三国への漏洩を防ぐための「日豪情報保護協定」が締結された[14]。従来、軍事覇権国である米国は主要同盟国や友好国と類似の協定を結んできた。豪州とはすでに1962年に締結し、日本とはようやく2007年に締結した[15]。日豪間の協定がなければ、日米豪三国は円滑に秘密軍事情報を共有できない。というのは、日本が有する独自情報に部分的であれ米国の秘密情報が含まれている場合（或いは、依拠している場合）、米国の承認がなければ、米国以外の第三国に提供できない。この場合、米国の承認が必要となる。確かに、日本は独自秘密情報を米国に提供し、米国がそれを米国の秘密情報として再指定したものを豪州に提供することは可能であるが、時間と手間を要する。また、その管理を米国に委ねることとなる。逆に、豪州の独自情

---

(13) "President Obama and the First Lady Speak to Troops at Fort Bragg", December 14, 2011, https://www.youtube.com/watch?v=FsUqI_Y7kVs, accessed on August 8, 2016.

(14) "Japan-Australia Agreement on the Security of Information", May 12, 2012, http://www.mofa.go.jp/mofaj/press/release/24/5/pdfs/0517_04_02.pdf, accessed on August 7, 2016.

(15) 拙著『軍事情報戦略と日米同盟――C4ISRによる米国支配』芦書房、2004年、第3章。福好昌治「軍事情報包括保護協定（GSOMIA）の比較分析」『レファレンス』2007年11月号。

報の場合も同様のことが言える。したがって、日豪間の協定締結により、初めて日米豪三国間の軍事協力・連携は円滑に行うために必要不可欠の条件、つまり準同盟の条件の一つを満たしたことになる。

2012年9月、第4回日豪外務・防衛閣僚協議は「日本とオーストラリア平和と安定のための協力——共通のビジョンと目標」と題する共同声明を出し、両国関係の準同盟に対する志向を強めた。この共同声明は、日豪両国が「米国との同盟への相互の支持を確保するとともに、この地域における米国の包括的な関与を維持、強化する上で、積極的なパートナーとして共に取り組むこと」、「日本、オーストラリア、米国の三者間で、日米豪戦略対話を通じて、幅広い地域及びグローバルな問題に及ぶ三国間の政策調整及び実際的な協力を強化すること」を明らかにした。また、「中国の、ルールに基づいた国際秩序への責任ある、建設的な参画と、地域の繁栄と安定を促進する役割を支持する形で、中国との前向きかつ包括的な関係を引き続き構築するとともに、中国の軍事力の近代化と活動に関する公開性及び透明性の向上を促す」、「航行の自由、合法的な通商が妨げられないこと並びに南シナ海及びそれを超える地域における紛争の、国際連合海洋法条約（UNCLOS）を含む国際法に従ったルールに基づく平和的解決を含む、海上の安全保障及び安全に係る規範を地域において遵守することを促進する」と述べ、初めて明示的に或いははっきり分かる形で、明確に安全保障上の懸念要因として中国に言及した。[16]

また、同声明は日米豪三国の軍事協力の文脈で日豪の二国間軍事協力を強化することを明らかにした。つまり、「米国との三国間防衛協力を強化」し「三国の防衛組織間の相互運用性を強化する」ために、「三国間の防衛大臣会合、三国間の安全保障・防衛協力会合（SDCF）及び三国間の軍種毎

---

(16) "Australia and Japan – Cooperating for Peace and Stability Common Vision and Objectives", September 14, 2012, http://www.mofa.go.jp/mofaj/area/australia/ 2 plus 2 / 1209 _gai.html, accessed on August 8, 2016.

の対話を通じて、日本、オーストラリア及び米国との間の、強固で、定期的かつ実際的な協力に焦点を当てる」とともに、「航空、陸上及び海上での協力を通じて、海上の安全保障を強化していくための各国の能力の改善に焦点を当てた、三国間の演習を実施する」方針を明らかにした。その上で、「地域的及びより広い国際的な安全保障及び防衛上の要請に対応するため、日本の自衛隊とオーストラリア国防軍並びに双方の防衛省・国防省が、緊密、効果的かつ短い予告時間の内に取り組むことができるよう、実際的な二国間の防衛協力を強化すること」、「双方の防衛組織の相互運用性を高め、技量と能力を向上させるため、定期的な航空、陸上及び海上の演習及び関与を行うこと」、「日本の2011年の『防衛装備品等の海外移転に関する基準』に留意しつつ、防衛分野における日本とオーストラリアとの科学技術協力を深化すること」などの方針も明らかにした[17]。

しかし、2012年の共同声明は中国を共通の潜在的な軍事的脅威と明示的に言及したうえで、軍事作戦上の協力・連携を遂行すると政治的意思が一致したわけでも、そのような相互期待が確立されたわけでもなく、日豪準同盟が成立したことを意味しない。

オバマ大統領はシリアの化学兵器使用に対して軍事介入するかどうかを逡巡した挙句、介入しないと決め、2013年9月10日、「米国は世界の警察官ではない」と明言した[18]。

尖閣列島を巡る日中間の緊張が昂じるなか、同年11月、中国が東シナ海に一方的に防空識別圏（ADIZ）を設定し、管轄権を主張する一方、急激に南シナ海での全面的な領有・管轄権をも主張するようになった。つまり、台頭した中国が東シナ海と南シナ海の双方で、次第に米国覇権に支え

---

(17) 同上。

(18) "Remarks by the President in Address to the Nation on Syria", September 10, 2013, https://www.whitehouse.gov/the-press-office/2013/09/10/remarks-president-address-nation-syria, accessed on August 8, 2016.

られた地域国際秩序に挑戦する姿勢を顕著に見せるようになった。

2014年7月には、2012年の共同声明に基づいて日豪「防衛装備品及び技術の移転に関する協定」が締結された。その目的は「防衛装備品及び技術の共同研究、共同開発及び共同生産」を促進すること、両国の「防衛産業の間の一層緊密な関係を促進すること」、そして「安全保障及び防衛協力を強化するための事業促進する（こと）」となっている。[19] もちろん、この協定そのものが特定の装備品や技術の移転を約するものではなく、個別の案件毎に協定・契約を結ぶ方法でも移転は十分可能である。とはいえ、移転手続を標準化しておけば、多く或いは複雑な案件をより円滑かつ迅速に処理できる。

以上の10年余に及ぶ日豪間の防衛協力関係の強化は中国の台頭と米国覇権の相対的凋落がますます顕著になる中、米国主導の日米豪三国の枠組みの下で積極的に日豪両国が推進した結果である。しかし、こうして生まれた新たな関係は準同盟を志向し、その下準備をかなり積極的に進めたとは言えるものの、潜在的な軍事的脅威に対する攻撃・防御作戦での協力・連携を計画・準備するには至っておらず、依然として準同盟を形成していない。

こうした文脈で日本から豪州への防衛装備品・技術の移転を捉えると、準同盟を志向しつつも、豪州の装備体系の中で比較的周辺的な案件から始め、当面、現在の日豪軍事関係の大枠を変容させない従来の漸進的アプローチを採ることも可能であった。しかし、日本は協定締結後最初の対豪輸出案件を主要な装備体系である大型通常型潜水艦12隻として、一気に日豪準同盟化を加速する（少なくとも、豪州側がそのように受け取る可能性が高い）アプローチを採ったのであった。当然、豪州の安保政策コミュニティーはその是非を巡って激しい論争となった。

---

(19) "Japan-Australia Agreement concerning the Transfer of Defense Equipment and Technology, July 8, 2014, http://www.mofa.go.jp/mofaj/files/000044447.pdf, accessed on August 8, 2016.

③ 準同盟を巡る豪州側の政策論争

　激しい論争の契機となったのが、2016年3月15日、ヒュー・ホワイト（Hugh White）[20]がメルボルンの『エイジ紙』とシドニーの『シドニー・モーニング・ポスト』に同時に発表した反「そうりゅう」調達・反準同盟の評論である[21]。その主要な論点は、①「そうりゅう」調達は日本との反中国準同盟となる、②中国と軍事的に対決する米国の決意と能力は不確実である、③豪州の戦略的利益から考えると、対中関係を犠牲にして対日支援はありえない、④日中対決の際、豪州が日本を軍事的に支援せねば、日本は潜水艦関連の維持・修理サービスや技術協力を停止するであろうから、豪州の潜水艦隊戦力は大きな打撃を受ける、である。この判断は（1）米国覇権の将来、（2）日本の戦略的意図・選択肢、（3）豪州のリスク回避戦略、これら3点に関する基本認識に左右されており、以下、そこに焦点を絞って賛否両論を分析してみる。

（1）米国覇権の将来

　ホワイトは、米国がすでにその世界覇権を維持していく能力も意志も失いかけており、米国に対する同盟国の信用・信頼感はかなり低下していると判断している。その傾向は、2016年の米大統領選での主要な候補者の主張だけでなく、軍事的関与や武力介入に非常に消極的なオバマ政権（当時）

---

[20] オーストラリア国立大学（ANU）戦略学教授、首相及び国防相上級顧問（1985～1991年）、戦略担当国防次官（1995～2000年）、オーストラリア戦略政策研究所（ASPI）初代所長（2001～2004年）。

[21] Hugh White, "If we strike a deal with Japan, we're buying more than submarines", *The Age*, March 15, 2016, http://www.theage.com.au/comment/if-we-strike-a-deal-with-japan-were-buying-more-than-submarines-20160313-gni3hl.html; *Sydney Morning Post*, http://www.smh.com.au/comment/if-we-strike-a-deal-with-japan-were-buying-more-than-submarines-20160313-gni3hl.html, accessed on August 9, 2016.

の政策によってもすでに明らかであると考えた。[22]

　この点に関して、ホワイトはオバマ政権でアジア最重視の「アジア・ピボット（Pivot to Asia）」戦略の策定を主導したクルト・キャンベル（Kurt Campbell）元国務次官補とその是非を論争した。ホワイトは、同戦略が米国の対中パワーの凋落を明確に認識せず、中国の挑戦に対する抑止が核心的重要性を有する課題だと設定していないと批判した。また、同戦略は軍事力の増強や態勢に裏打ちされ、中国との核戦争も辞さないとの具体的圧力を欠いており、それでは米国覇権に対する中国の挑戦を抑止できないと主張した。[23]

　これに対して、キャンベルは同戦略によって米中対決も米国の完全撤退も回避する余地は十分あると反論した。米中関係はゼロサム的な対立ではなく、協力、競争と相互依存の諸相を有しており、多面的な対中関与策によってルールに基づいた地域国際秩序を維持できると考えた。つまり、同盟国や国際機関と協力・連携すれば、必ずしも米国の圧倒的なパワーは必要不可欠ではないと捉えた。[24]

　ホワイトは再反論を展開し、貿易、投資、開発等、多面的な関与策の基礎となるのは大国間の安定的な秩序であり、それは東アジア・西太平洋地

---

(22) Hugh White, "America's role in Asia can no longer be taken for granted," *Strait Times*, March 22, 2016, http://www.straitstimes.com/opinion/americas-role-in-asia-can-no-longer-be-taken-for-granted, accessed on August 9, 2016.

(23) Hugh White, "Book review: 'The Pivot: The Future of American Statecraft in Asia', by Kurt Campbell", *Interpreter*, July 4, 2016, http://www.lowyinterpreter.org/post/2016/07/04/Book-review-The-Pivot-The-Future-of-American-Statecraft-in-Asia-by-Kurt-Campbell.aspx, accessed on August 10, 2016. この戦略が具体策を欠いている点についての詳細な分析は、拙論「錯綜するオバマ政権の対中戦略論」『問題と研究』2014年10・11・12月号、第43巻4号、を参照。

(24) Kurt Campbell, "'The Pivot': A reply to Hugh White", *Interpreter*, July 5, 2016, http://www.lowyinterpreter.org/post/2016/07/05/The-Pivot-A-reply-to-Hugh-White.aspx, accessed on August 10, 2016.

域では先ず米中関係であると主張した。つまり、中国が米国覇権に挑戦する以上、米中間の大戦争（核戦争を含む）のリスクは高く、安定的な地域秩序はありえない。ホワイトは「ピボット」戦略ではこうしたリスクの低減を十分にできないと考えた。[25]

それに対する反論として、キャンベルはホワイトの主張がアジアに関する次の三つの誤解に根差していると指摘した。第一に、アジアにおける米国の戦略目的は曖昧な形で米国の卓越性を維持することである（実際には、米国自身も従う、アジアで高い正当性、実績、規範性を有する秩序を強化することである）。第二に、米中関係が本質的に対立している（実際には、協力、競合、相互依存が複合している）。第三に、アジアの将来が米国の撤退または米中戦争でなければ、勢力圏棲み分けの米中大取引しかない（実際には、恐らくアジア独自のルールと制度に埋め込まれ台頭する中国と米国との慎重で複雑な共存である）。[26]

ホワイト・キャンベル論争は、国際関係論における「現実主義対多元主義」の論争の焼き直しであり、目新しくもないし、そう簡単に決着がつきそうにもない。問題は米中両国に対して総合国力（特に、軍事力）が貧弱な豪州は当然この種のリスクに過敏になり、最悪のケースを想定してしまう点にある。[27]

---

(25) Hugh White, "'The Pivot': Yes, it is all about China", *Interpreter*, July 7, 2016, http://www.lowyinterpreter.org/post/2016/07/07/The-Pivot-Yes-it-is-all-about-China.aspx, accessed on August 10, 2016.

(26) Kurt Campbell, "'The Pivot': Three profound misunderstandings about Asia", *Interpreter*, July 12, 2016, http://www.lowyinterpreter.org/post/2016/07/12/The-Pivot-Three-profound-misunderstandings-about-Asia.aspx, accessed on August 10, 2016.

(27) アラン・ベム（元豪国防省国際政策・戦略部門責任者）は、豪州は孤立感、地域戦略プレヤーとしての自信の欠如等のため、国家安全保障上の不安定感が強いと指摘している。Allan Behm, "How strategic is our strategic partnership with Japan?" *Strategist*, Australian Strategic Policy Institute, February 16, 2016, http://www.aspistrategist.org.au/how-strategic-is-our-strategic-partnership-with-japan/, accessed on August 10, 2016.

（２）日本の戦略的意図・選択肢

　ホワイトの理解では、日本の目的は日米同盟と日豪準同盟を強化して、日豪が共同で地域秩序に対する中国の挑戦を阻止するとのシグナルを中国に送ることである。また、それによって中国が引き下がり、中国の脅威がなくなり、米国主導の地域秩序は元通りの状態に回復すると、日本が想定していると捉える[28]。

　しかし、すでに触れたように、ホワイトの認識では、米国は中国の挑戦を抑止する十分な能力も意志も失いつつあるから、日本は日米同盟を維持しながら、米国の戦略的なコマとして、米国の拡大核抑止力以外のかなり追加的な通常兵力レベルでの防衛負担をして、中国と対峙_{たいじ}せねばならない。その際、当然、日本は日豪準同盟によって豪州の軍事力を利用して中国と対峙しようとするであろう。さらに、最悪、米国が撤退した場合は、日本は核武装して独自に戦略的に自立した強国として中国と対峙するか、中国に戦略的に服従するかの選択を強いられる（前者の場合、論理的には、日本が豪州やその他の地域諸国と共に、西太平洋の外洋部分〔「第一列島線」と「第二列島線」の間の地域〕を米中に対して戦略的に自立した独自の勢力圏とする状況が想定できる）。ホワイトはどちらの場合も、日本との準同盟は豪州の国益には資することはないと考える[29]。

　ホワイトに反論の論陣を張ったのが、日本の戦略的意志の実態に注目したサム・ロゲビィーン（Sam Roggeveen）である[30]。同氏は実際に日本を

---

(28) White, "If we strike a deal with Japan, we're buying more than submarines", *op.cit.*

(29) *Ibid*; Hugh White, "Does Japan expect an alliance with Australia as part of a submarine deal?" *Interpreter*, March 22, 2016, http://www.lowyinterpreter.org/post/2016/03/22/Does-Japan-expect-an-alliance-with-Australia-as-part-of-a-submarine-deal.aspx, accessed on August 10, 2016 ; and, Hugh White, "Why Japan might have to go nuclear", *Interpreter*, July 16, 2016, http://www.lowyinterpreter.org/post/2008/07/16/Why-Japan-might-have-to-go-nuclear.aspx, accessed on August 10, 2016.

(30) 豪州の国家総合評価局（Office of Net Assessment）、外務省、国防情報庁（DIO）の情報分析官の経歴を有する。

訪問し、安全保障・外交政策担当者とインタビューした上で、日本は現状に満足して戦略的に自立する野心を持たず、深刻な人口の老齢化に直面して、その前提条件である経済の活性化もできそうにもないとのブラッド・グロサマン（Brad Glosserman）の見解を引用している。[31]

　実際、日本政府（特に、外務省と防衛省）の公式文書を見ても、日豪安全保障協力関係の強化が謳われることがあっても、日豪準同盟の構築にないしそれを示唆する言及はない。確かに、すでに本章で分析したように、一連の宣言・声明と協定から、日本が準同盟を志向して漸進的、段階的に手を打ってきたと読み取ることは可能である。しかし、今次の対豪潜水艦売り込みが一気に準同盟を構築する明確な意図をもってなされたことを示す証左は全くない。

　この間の防衛省を中心とした政策過程を虚心坦懐に観れば、装備品調達費が伸び悩むなか、既存装備の維持・修理費の割合が高くなり、新規の装備品調達が低迷し、防衛産業が危機的状況に陥っていることが背景にある。しかも、長年、武器輸出三原則により実質的に防衛装備品の輸出を原則的に禁止してきたため、防衛産業は国外に市場を求めることができなかったところ、ようやく2014年に防衛装備移転三原則が策定され輸出が可能となった。[32] そこで、たまたま出てきた対豪潜水艦輸出の大型案件が重要視されるようになったと捉えるのが自然であろう。

---

(31) グロサマンはハワイのパシフィック・フォーラム（Pacific Forum CSIS）の軍事政策分析家であり、2014年に同じくローウィー研究所の評論を発表した。Sam Roggenveen, "What Japan wants from the submarine deal", *Interpreter*, March 18, 2016, http://www.lowyinterpreter.org/post/2016/03/18/What-Japan-wants-from-the-submarine-deal.aspx, accessed on August 18, 2016.

(32) 森本敏『武器輸出三原則はどうして見直されたのか』海竜社、2014年。防衛装備移転三原則、2014年4月1日、http://www.mod.go.jp/j/press/news/2014/04/01a_1.pdf、2016年8月11日アクセス。防衛省「防衛装備・技術移転に係る諸課題に関する検討会」報告書、2016年9月30日、http://www.mod.go.jp/j/approach/agenda/meeting/sobi-gijutsuiten/houkoku/01.pdf、2016年8月11日

第6章　軍事同盟　日豪同盟の幻影

したがって、日豪準同盟に関するホワイトの専ら理論的な議論は実証的な分析によってかなり有効に反論することはできる。ここでも、問題は豪州世論、とりわけ豪安全保障政策コミュニティーの論調において対外コミットメントへのリスク意識が極めて強いことから、ホワイトの主張が大きな影響力を持つことにある。

（3）豪州のリスク回避戦略

普通、通常型潜水艦は30年程度使用される。したがって、この間、豪州は「そうりゅう」型潜水艦の維持・修理に関連する秘密技術情報や技術サービスに関して、日本に一方的に依存することになる。問題はその戦略的含意である。

ステファン・フリューリング（Stephan Fruehling, ANU上級講師）の見解では、歴史的に価格と性能が主たる考慮要因である武器調達が戦略的関係を支えることはあまりなく、日本の潜水艦技術・維持修理サービスに依存することが豪州を対日準同盟から足抜けできないように陥れることにはならない。つまり、ホワイトの懸念は杞憂に過ぎないと主張する。実際、フランスは1950年代と1960年代にイスラエルに空軍装備や核兵器関連技術を供給・供与したにも拘わらず、フランスがアラブ寄りになると、1967年には両国の緊密な関係は断たれた。逆に、米国が豪州にF-18やF-111のソース・コードの開示を拒否した際も、米豪同盟も維持された。さらに、共同潜水艦作戦で最も重要な点は作戦組織であって、装備の相互運用性ではない。対中潜水艦作戦では、戦略・戦術核兵器を有し高速で海中を移動できる米原潜と通常兵器しか有さず低速でしか海中を移動できない日豪の通常型潜水艦の連携が最も重要なのであって、日豪潜水艦の連携はさほど

151

重要ではない。⁽³³⁾

　さらに、マイケル・ヘーゼル（Michael Heazle）グリフィス大学准教授も、日本が潜水艦関連技術を梃^{てこ}に豪州に準同盟の軍事的負担を負うように強迫することは考えられないと主張した。そのようなことをすれば、武器輸出市場で全く信用を失うし、対豪関係で様々な損失を被る危険を冒すことになるからである。さらに、ヘーゼルは、現状の日米豪関係の下では「そうりゅう」を調達しようがしまいが、日中武力紛争に際して、豪州は米豪同盟を介して必ず巻き込まれることになると捉える。これを回避するには、米豪同盟を解消するしかないが、それは60有余年、豪州が安全保障の根幹としてきた米国の拡大核抑止力を失うことを意味する。⁽³⁴⁾

　他方、ホワイトはそうした日米豪戦略関係の現状の不確実性を懸念して、豪州の安保政策において最大限の戦略的柔軟性（strategic flexibility）を保持すべきだと主張したのである。その前提となっているのが、中国の台頭と米国覇権と将来に関する不確実性である。ホワイトは、①日米が組んで中国に対抗するが、豪州はそれに組みしない、②日米同盟が消え去り、日本が中国と対立するが、豪州は日本に組みしない、③米国の支えを失った日本が中国と対立した場合、豪州を支援しない、の三つのケースがあると考える。しかも、将来、特に30年、40年先の日米両国が各々どうするかは予測できず、現在、豪州はできるだけ将来の選択の幅を広くにする政策を採るべきだと主張した。⁽³⁵⁾

---

(33) Stephan Fruehling, "Defense acquisition, strategic relationships and 'Option J'", *Interpreter*, March 31, 2016, http://www.lowyinterpreter.org/post/2016/03/31/Defence-acquisition-strategic-relationships-and-Option-J.aspx, accessed on August 10, 2016.

(34) Michael Heazle, "Japanese subs: A once-in-a-generation opportunity", *Interpreter*, March 30, 2016, http://www.lowyinterpreter.org/post/2016/03/30/Japanese-subs-A-once-in-a-generation-opportunity.aspx, accessed on August 11, 2016.

(35) Michael White, "The case for Japanese subs is based on dangerous assumptions about Asia", *Interpreter*, April 4, 2016, http://www.lowyinterpreter.org/post/

ホワイトの立論は一見筋が通っているようで違和感を禁じ得ない。確か
に、現在の国際秩序を不変のものだと前提にするのも誤っているだろうが、
さりとて30年から40年先の予見できないリスクを重視して現時点の行動
を決するというのも尋常ではない。そのような長々期で確かな戦略的見通
しを持てる国などあり得なく、せいぜい総合評価分析（net assessment）、
シナリオ研究、そしてそれに基づく各種施策の提言までというのが妥当な
ところだろう。[36]

　ホワイトの立論は、将来の不確実性に関するリスクに高い比重を置いた
戦略判断に左右されている。通常なら、近未来のリスクと中長期的リスク
を分けて考え、両者のバランスとそれに基づく財政的、人的資源の配分で
のバランスに苦慮しながら、現状での戦略を建て政策を策定・実施してい
く。明らかに、今次の潜水艦調達論争で表出した反「そうりゅう」論には
近未来のリスクに対する懸念はなく、ほとんど長々期のリスクだけしか考
慮していない。つまり、ホワイトは現在の中国の行動にはさしたる軍事的
脅威を感じておらず、漠然とした或いは抽象的な懸念しか感じていないと
言えるだろう。事実、2016年の『豪国防白書』は、南シナ海・東シナ海で
の「航行と上空通過の自由」（freedom of navigation and overflight）や同
海域における中国による強硬な珊瑚礁等の埋め立て・拡張工事に関連し
て、国際法に沿った国際秩序の維持の必要性を強調しているだけで、具体
的に中国の軍事的・政治的脅威に言及していない。[37]　中国と地理的に近接

2016/04/04/The-case-for-Japanese-subs-is-based-on-dangerous-assumptions-about-
Asia.aspx, accessed on August 11, 2016.

(36) 例えば、National Intelligence Council, *Global Trends 2030: Alternative Worlds*,
December 2012, https://globaltrends2030.files.wordpress.com/2012/11/global-
trends-2030-november2012.pdf#search=%27global+trends+2030%27, accessed on
August 11, 2016.

(37) Australia Department of Defense, *Defense White Paper*, 2016, p. 33, pp. 57-58, and p.
70. http://www.defence.gov.au/WhitePaper/Docs/2016-Defence-White-Paper.pdf,
accessed on August 11, 2016.

し、中国の脅威に直面している日本と対比すれば、この点は極めて明白となる。

4 結　語

　ここまで本章では、日本の「そうりゅう」輸出攻勢を焦点に豪州の潜水艦調達論争を分析することで、日豪両国の中国に対する地政学的な存在条件と米国覇権の将来に関する認識が本質的に異なる結果、両国の戦略的計算と安全保障政策上のリスク受容水準が決定的に異なることを明らかにした。要するに、日豪両国は同床異夢の状態にある。それゆえ、日本の視点からは、豪州は臆病であると映る一方、豪州の視点からは、日本は向う見ずに映る。

　さらに言えば、今次の潜水艦論争は米国覇権の状態の付帯現象（epiphenomenon）に過ぎない。この論争は、今後一見個別・特定である全ての防衛問題が意図せずとも、多極化する米国覇権後の世界に関する大戦略論争の文脈に置かれてしまう前兆であると見做すべきだろう。したがって、米国のグローバル覇権の衰退と中国の地域覇権への野望の挫折、その何れが先に現実となるかが先ず問われるべきなのである。その最終的な答えが出るまでは、全ての国の政治指導者や安保政策担当者は確たる確信もなく個別の安保政策に関する様々な選択肢の何れが妥当かを巡る空騒ぎに直面するであろう。

　日本政府が今次の対豪潜水艦売り込みに失敗した理由は、本章で明らかにした日豪準同盟を巡る豪州の戦略思考を理解せず、専ら自国の防衛産業政策上の利害から機会主義的に行動した結果である。一言で言えば、良くも悪くも、豪州は地理的に孤立し、外部世界からの差し迫った軍事的な脅威もない一方、自国がマクロ国際秩序の変動に翻弄されるのではないかと常に不安に苛（さいな）まれつつ、客観的には米国の拡大核抑止を安全保障戦略の主

第6章　軍事同盟　日豪同盟の幻影

柱している国家である。したがって、日本の対豪武器輸出は豪州の武器体系を左右しない周辺的なものから漸進的に進めるべきであり、主要な武器を輸出しようとする場合は、米国と密接な連携を取りつつ、米国を経由した対豪意思疎通を重視すべきである。つまり、後者の場合、日豪二国間のチャンネルを直接使った積極策は却って非生産的であると言えよう。日豪軍事協力の本格的な強化は緒に就いたばかりであり、日本はそのアプローチを再度仕切り直す必要に迫られている。

第三部 政治文化覇権サブシステムの動揺

第三部では、米国覇権システムが経済と軍事の両サブシステム・レベルで動揺し、その結果がいかに政治文化サブシステムを動揺させたかを分析する。覇権は帝国支配と異なり、直接の武力行使や占領によらず、その支配を受け入れさせること、つまり十分な正当性を有していることを求める。正当性が高ければ、覇権国はある種のモデルとなり、被支配国はそれを進んで受け入れ、模倣さえすることとなる。そこで、分析の焦点を米国の政治文化覇権サブシステムの核心といえるリベラル民主制（liberal democracy）の正当性の低下に置く。特に、アフガン反テロ戦争やイラク戦争に代表される米国の積極的な武力介入を特徴とする中東政策の挫折がイスラム過激派による国際テロを生み、中東だけでなく米本土、主要西欧同盟国その他友好国において、軍部隊・施設だけでなく一般市民をも標的にした深刻なテロ攻撃が散発している点に注目する。というのは、イスラム・テロリストはリベラル民主制の正当性を否定しており、圧倒的な軍事力を有する米軍や主要同盟国に対して有効な対抗手段として非対称的なテロ攻撃を用いているからである。したがって、具体的な分析の対象を、米国の中東政策が挫折した根本的原因、そうした誤った政策を採った背景にある先入観（bias）、そしてリベラル民主制内部で起こるテロ攻撃への本質と対処法とする。

第7章　根本的原因
イラク戦争と日中戦争の類似性
── 米国にとっての戦略的失敗

　本章では、米国の中東に対する武力介入がなぜ圧倒的な軍事力をもってしても挫折したかを分析する。もちろん、その根本的原因が、米国が多分に民族・宗教紛争によって変動する中東の政治秩序についてよく理解できていなかった点にあったことは明らかであるが、この点を日本帝国の日中戦争における経験と比較対照して分析する。

　2016年夏現在、米海軍は依然ペルシャ湾岸に空母打撃群を含む第5艦隊のプレゼンスを概ね保ってはいるものの、米国はかつて一極主義的な覇権を誇った頃の中東に対する影響力をかなり喪失している。思い起こせば、米国は湾岸戦争（1991年）以降、ペルシャ湾岸地方を焦点に中東に対する積極的な武力介入政策を展開し、その後、同時多発テロ（2001年9月11日）を契機に、アフガン反テロ攻撃を経て、2003年3月、イラク戦争に突入した。未だアフガン紛争とそこでの米軍の武力介入は継続しているものの、サダム・フセイン打倒後の治安秩序に苦悩した米軍は2011年12月、イラクから完全に撤収し、オバマ政権はイラク戦争終結を宣言した。本書第一部で見たように、2008年秋のリーマン・ブラザーズの倒産に端を発する経済危機の結果、米国経済は高い脆弱性を抱え込み、国防費の削減を迫られるなど、その経済覇権そして軍事覇権も凋落を隠せない。オバマ大統領はシリアの化学兵器使用に対して軍事介入するかどうかを逡巡した挙句、介入しないと決め、2013年9月10日、「米国は世界の警察官ではない」と

明言した。[(1)]我が国を含め米国の主要同盟国は中東からの石油に依存していることから、覇権国である米国が同盟国をコントロールしていくうえで中東の戦略的価値は依然重要である。とはいえ、米国は国内で大量のシェール・オイルとシェール・ガスを産するようになり、海外、特に中東からの石油輸入への依存を著しく低下させていることから、自国のエネルギー安全保障の観点から見ると中東の重要性はかなり低下したと言えるだろう。

こうした、中東における米国の軍事覇権の凋落はイラク戦争、特にイラク占領において失敗したことが大きな原因となっていることは明らかであるが、本章は、なぜ米国がそうした失敗を犯したのかその背景と原因を分析する。

１ 本題の所在

米軍はイラクに軍事侵攻して4年強を経過した2008年秋現在、依然としてイラクで治安を維持できず、泥沼にはまっていた。米国の識者は出口戦略を見いだそうと、さかんにベトナム戦争の教訓を引き合いに出していた。しかし、ベトナム戦争がグローバルな視点からは冷戦における局地的熱戦であり、ベトナムの視点からは民族解放闘争であったことを考えると、彼らの捉え方は的外れであった。イラクの泥沼が対ゲリラ戦（counter-insurgency warfare）であるとの認識を持つならば、参考とすべきは日中戦争における大日本帝国の蹉跌なのである。

確かに、かつての中国と今のイラクを比べるのは、奇異に映るだろう。国際関係の教育・研究はグローバルな分析か各々の地域が独自の政治文化や政治的なダイナミックスを持つと想定する地域研究（area studies）に分

---

(1)　"Remarks by the President in Address to the Nation on Syria", September 10, 2013, https://www.whitehouse.gov/the-press-office/2013/09/10/remarks-president-address-nation-syria accessed on August 8, 2016.

かれている。しかし、固定観念を取り払って、帝国秩序が崩壊した後、帰属意識を共有できない人々が並存する環境での対ゲリラ戦という視点で見ると、二つのケースは時空を超えて本質を共有している。長期的な視野で捉えれば、現在、我々は、帝国秩序というかつて人間社会を組織した最も支配的な統治形態が崩壊した後の数百年続く再編過程にある。

② 「一撃論」の落とし穴

日本が敗戦を迎えた昭和20（1945）年、大日本帝国陸軍は約105万人の兵力をシナ本土（China proper）に駐留させていた。[2]この数字には満州にあった関東軍隷下の78万人の兵力は含まれていない。[3]満州事変（1931年）か盧溝橋事件（1937年）のどちらかを始まりと捉えるかには議論があろうが、1941年末の対米開戦までに、すでに日本はシナ本土における対ゲリラ戦の泥沼に陥っていた。つまり、彼の地での対ゲリラ戦で人的・物的資源を消耗した上に、当時、日本が物量でも動員可能な軍事力でも到底太刀打ちできない米国との国家間戦争に突入していった。

この間、日本陸軍はシナ本土で何をしていたのか。のべつ幕無しに対ゲリラ戦を戦い、残虐行為を繰り返していたのか。[4]記録によれば、大規模な部隊間の正規戦は極めて稀で、実際戦われた場合には、非常に短期間のうちに終っている。つまり、残りの期間は今日でいう平和維持活動に従事しながら、散発的な小競り合いをしたり、小規模なゲリラ集団による奇襲と戦ったりしたのである。国民党、共産党、軍閥などの部隊は組織、装備、

---

(2) Bernard J. Jowett, *The Japanese Army 1931-45* (Volume 2, 1942-45), Osprey Publishing, 1999.

(3) 防衛研究所戦史室編『北支の治安戦（2）』朝雲新聞社、1971年。同『関特演　終戦時の対ソ戦（2）』朝雲新聞社、1974年。

(4) Jerry Bentley, Herbert Ziegler and Heather Streets Salter, *Traditions & Encounters: A Global Perspective on the Past*, New York: McGraw-Hills, 2011, p. 853.

161

訓練のいずれの点でも、当時、アジアにおいて唯一の近代的軍隊であった日本陸軍の敵ではなかった。にもかかわらず、都市空間での対ゲリラ戦・白兵戦では、日本軍は敵ゲリラ部隊に対して組織的及び技術的な優位を発揮できなかった。さらに、100万人の超える兵力をもってしても、主要都市部全域の平和と秩序を維持するには十分ではなかった。いわんや、広大な農村地域は全く有効には制御できなかった。[5]

　シナ本土へ侵入する前、日本政府や軍部では「一撃論」が幅を利かせていた。[6]2003年のイラク侵攻の際、米国で「衝撃と畏怖（Shock and Awe）」作戦がもてはやされたのと同じである。しかし、実際には、「一撃」は中央政府たる国民党支配下の中華民国政府を弱体化させただけで、シナ本土における内部諸勢力間の政治闘争と武力抗争を激化させるだけに終った。国民党が深刻な分裂に見舞われた一方、共産党は対日戦での国共合作を逆手にとって、民衆の国民党に対する支持の侵食を進めた。しかも、各地の軍閥勢力や武装犯罪集団（馬賊）などのために、状況は極めて複雑なものとなっていた。日本政府は敗北した国民党政府が妥協せず、奥地の重慶に臨時首都を移して徹底抗戦の構えを崩さなかったため、国民党との和平交渉を断念してしまった。その結果、日本政府は政治的な解決を図ろうにも、当事者能力を有する交渉相手を見つけることができず、シナ本土に次々と傀儡政権を樹立させざるをえなかった。また、日本政府は平和維持活動の負担を軽減しようと、現地人部隊による治安維持を模索したが、成功には程遠い状況であった。[7]

---

(5)　防衛研究所戦史室編『北支の治安戦（1）』朝雲新聞社、1968年。同『北支の治安戦（2）』前掲。

(6)　今岡豊『石原莞爾の悲劇』芙蓉書房出版、新装版、1999年。

(7)　立山良一『日本陸軍と中国　支那通 にみる夢と蹉跌』講談社、1999年。田中 秀雄『日本はいかにして中国との戦争に引きずり込まれたか──支那通軍人・佐々木到一の足跡から読み解く』草思社 、2014年。フィル・ビリングスリー（著）、山田 潤（訳）『匪賊──近代中国の辺境と中央』筑摩書房、1994年。

第7章　根本的原因　イラク戦争と日中戦争の類似性

　詳しく述べる必要もなかろうが、過去の日本とイラク戦争時の米国の苦境は驚くべき類似性を呈している。どちらも主たる正規戦を勝利した後のゲリラ戦による抵抗を全く過小評価してしまい、ナイーブにも戦闘での勝利が政治的勝利に繋がると信じ込んでしまっていた。

　大日本帝国政府は対中武力行使をシナ大陸における在留邦人保護を含めた自衛権の発動として始めた。しかし、一旦状況が行き詰ると、シナ本土で深まる混沌から、彼の地の民衆を救い、近代化と繁栄をもたらすとの新たな大義名分の下に、シナ本土での軍事作戦を正当化した。[8]驚嘆すべきは、当時の主要な新聞や一般の兵卒の日記などの資料によれば、日本政府だけでなく国民の幅広い層がこの大義名分を受け入れていた。しかし、軍事的なプレゼンスが長期間に亘ると、日本はその目的自身を喪失してしまう。当初は、救済の使徒たらんとの意気込みであったが、単なる占領軍に成り果ててしまう。日本軍は解放者を自認する以上、米国がナチス・ドイツへの無差別爆撃や、大日本帝国への無差別爆撃や原爆投下のように相手を完全な破壊と抹殺に値する不道徳で邪悪な敵であると描写するわけにはいかなかった。

　ここでも、顕著な類似点がある。2003年、多くの米国民はサダム・フセイン政権が保有する大量破壊兵器に対して自衛権を発動してイラクに侵攻することを強力に支持した。しかし、侵攻後、肝心の大量破壊兵器が見つからず、ブッシュ政権はイラク占領の正当化の論法を、イラクの人々に自由と民主制をもたらす義務があるとの新たな大義名分に変えた。しかし、長期間に亘る駐留によって、その米国の大義名分も相当に説得力を失ってしまった。いかに正当化をしようとも、真の同意なくある国の軍隊が他国の領土に長期間居れば、それだけで「他国への侵略」と見做され、抵抗を

(8)　前坂俊之「日中戦争は挙国一致方針で支持した新聞・メディア」2004年7月、http://maechan.sakura.ne.jp/war/data/hhkn/34.pdf、2016年9月10日アクセス。

行うに十分な根拠を創出してしまう。

3 戦線拡大の悪循環

　シナ本土での泥沼にはまり込んでしまった当時の日本の政治指導者たち
は軍部からの圧力に晒されるなか、シナ大陸の広範な地域へ戦線を拡大
し、結局、大東亜圏全域にまで戦線を広げてしまった。当初の戦線は満洲、
華北、上海周辺に限られていたが、その後、次々といくつもの戦線を拡大
していった。最小限の勢力範囲の安全を確保するためにその周辺の安全を
も維持しようとして、無原則に戦線の拡大を続ける戦略的な大失敗を犯し
た。安全保障上の難問に次々と直面して、このような対処法は結局、戦線
の拡大、占領、戦線の再拡大の悪循環に陥ってしまった。日本の指導者た
ちは戦争拡大の「掛け金」をどんどん吊り上げいく一方、誰もシナ大陸で
の勝利なき戦いと対米戦での不可避的な大敗北に対して政治的責任をとろ
うとはしなかった。⁽⁹⁾

　この点でも、際立った共通点が存在する。「問題を解決できなければ、拡
大せよ」とのラムズフェルド国防長官（当時）の考え方がそれを如実に表
している。⁽¹⁰⁾すでに、ブッシュ政権はアフガニスタンとイラクに加えてソ
マリアに対しても軍事介入を始め、⁽¹¹⁾2006年夏にはレバノン南部に対する

---

(9)　Morley, James William Morley, ed., *The China quagmire: Japan's expansion on the
　　Asian continent, 1933-1941: selected translations from Taiheiyo Senso e no michi,
　　kaisen gaiko shi*, New York: Columbia University Press 1983.

(10)　David Frum, "If you can't fix a problem, make it bigger", *Marketplace*, August 1,
　　2007, http://www.marketplace.org/topics/if-you-cant-fix-problem-make-it-bigger,
　　accessed on September 10, 2016.

(11)　G.W. Bush, "President's Address to the Nation", White House, January 10, 2007,
　　http://georgewbush-whitehouse.archives.gov/news/releases/2007/01/20070110-7.
　　html, accessed on September 10, 2016.

第7章　根本的原因　イラク戦争と日中戦争の類似性

イスラエルの軍事介入を支持した。⁽¹²⁾さらに、同政権はイラクに陸上兵力を追加投入するだけでなく、中東に二つ目の空母機動艦隊と遠征打撃群などの部隊を追加派遣した。⁽¹³⁾イランとシリアに対する政策方針も紆余曲折し、2007年秋現在では、武力行使よりも外交的解決を優先しているように見えたが、米国では同政権が新たな戦線を開きはしないかとの懸念が払拭できていなかった。ブッシュ政権の精神構造は基本的なところで戦前の日本政府と酷似しており、同じ落とし穴に陥る危険を孕んでいた。

④ 交戦法規違反者に対する大量処刑

　歴史を見れば、しばしば対ゲリラ戦において「残虐行為」が犯されてきており、所謂「南京大虐殺」は長年悪名高き典型例であると考えられてきた。⁽¹⁴⁾多数の史料を用いた研究の結果、多くの日本人歴史家は、占領前の南京の推定人口が20万であったことから、⁽¹⁵⁾死者が30万人に及ぶとの非難には十分根拠がなく、中国国民党宣伝部の捏造であると意見が一致している。とはいえ、これらの歴史家の中にも、少なくとも約数千人の中国兵が

---

(12) Mohammed Abbas, "Nine U.S. warships in Gulf for show of force", Reuters, May 28, 2007, http://www.reuters.com/article/2007/05/23/us-gulf-usa-ships-idUSL23607496 20070523?feedType=RSS, accessed on September 10, 2016; and, Ron Reeves, "JCSCSG Arrives in Pearl Harbor", NNS070821-11. USS John C. Stennis Public Affairs", August 21, 2007, http://www.navy.mil/submit/display.asp?story_id=31336, accessed on September 10, 2016.

(13) G. W. Bush, "Transcript of President Bush's Address to Nation on U.S. Policy in Iraq," *New York Times*, January 11, 2007, http://www.nytimes.com/2007/01/11/us/ 11ptext.html?pagewanted=print&_r&_r=1&, accessed on September 10, 2016.

(14) Iris Chang, *The Rape of Nanking: The Forgotten Holocaust of World War II,* New York: Basic Books, 1997.

(15) Shudo Higashinakano, *The Nanking Massacre: Fact versus Fiction: A Historian's Quest for the Truth,* Tokyo: Sekai Shupan, 2005.

処刑された可能性が十分あるとの議論がある。日本軍が当時中華民国の首都であった南京に迫っていた際、現地司令官が逃亡した結果、中国兵はパニック状態に陥り、軍服を脱ぎ捨て非戦闘員の衣服を纏う一方、依然武器を所持したまま、非戦闘員（市民）のために設けられた安全地帯に逃げ込んだ。この中国兵の行為は、今日ではジュネーブ協定に法典化されているが、戦闘員と非戦闘意を峻別するため、必ず軍服と記章を身に付けることを求める交戦法規（当時は、戦時国際慣習法）の重大な違反を構成する。この国際法上の義務を遵守しなければ、処刑することも合法であった。とはいえ、日本軍は偽装した逃亡兵の数が経験したこともない規模に達したため、必要な軍法会議の手続きを経ることなく大規模な処刑を行った可能性が多分にあると考えられる。

　対ゲリラ戦におけるこの種の行動は嫌悪感を生じさせるし、また不道徳的にも思えるが、人類の歴史上、繰り返し犯されてきた。今次のイラク侵攻における「ファルージャの戦い」も典型的な例である。米軍はファルージャ市を完全に破壊する過剰な武力行使を行い、同市の残留する者に対する避難・降伏警告を発した後、老若男女を問わず、そのほとんど全ての者を殺戮してしまった。同市に立てこもったゲリラ勢力はジュネーブ条約による戦闘員の資格要件（つまり、記章のある軍服の着用）を遵守しないため、米軍はゲリラ勢力から隠し持った武器や爆発物を用いた組織的攻勢、散発的攻撃、頻繁な自爆攻撃を回避するため、必要に迫られて、ゲリラ勢力の壊滅を余儀なくされた。この事例は過去の日本軍と現在の米軍の行動とに明らかな共通点を示している。

---

(16) 東中野修道『1937南京攻略戦の真実──新資料発掘』小学館文庫、2003年。

(17) Bing West, *No True Glory: A Frontline Account of the Battle for Fallujah*, New York: Bantam Book, 2006.

第7章　根本的原因　イラク戦争と日中戦争の類似性

5 挑発と過剰反応

　大日本帝国は治外法権、鉄道敷設権及び付随権益、駐兵権など、シナ大陸において国際法上認められた自国の権益に対して中華民国の政府と民衆から強い民族主義的な抵抗を受けた。当時の日本政府や国民の目から見て、日清、日露の両戦争により多大な人的、物的コストをかけて手に入れたこれらの権益と勢力圏の維持は国家の安全保障と繁栄のための生命線として国際法上保障された正当なものであった。当時、西洋列強及び日本はシナ大陸において国際条約に基づいて数々の植民地主義的もしくは半植民地主義的な利権や特権を有していた。確かに、これらの既得権益は帝国主義や植民地主義によって獲得されたものであったが、当時の日本政府と国民はこれらの権益を国際法に基づいて確立されている以上、それらを究極的に撤廃するとすれば、国際法の手続きに従って段階的になされねばならないと捉えていた。この態度は、日本自身が幕末に欧米列強と結ばざるをえなかった不平等条約を長期間の苦痛に満ちた過程を経て撤廃したために、極めて強かった。[18]

　中華民国の政府及び民衆は、1920年代のワシントン条約体制の下、日本と西欧列強が時間をかけてこれらの法的仕組みを撤廃することに合意したにもかかわらず、しばしば妨害行為や暴力に訴えて、平和裏に法的な手続きを採ることを拒否した。済南事件（1928年）や通州事件（1937年）が如実に示すように、日本の外交官、軍人、さらには邦人居留民までも虐殺、強姦、死体損壊などの残虐行為の標的となった。日本はこれらの生命、財

---

(18) K・カール・カワカミ（著）、福井雄三（訳）『シナ大陸の真相──1931-1938』展転社、2001年。ラルフ・タウンゼント（著）、田中秀雄・先田賢紀智（訳）『暗黒大陸 中国の真実』芙蓉書房出版、普及版、2007年。ジョン・ヴァン・アントワープ・マクマリー（著）、アーサー・ウォルドロン（編著）、北岡伸一（監訳）、衣川宏（訳）『平和はいかに失われたか──大戦前の米中日関係もう一つの選択肢』原書房、1997年。

産権、既得権益での自国（民）に対する一連の挑発に対して強い失望感に苛まれた。中華民国側の挑発と日本の過剰反応による連鎖反応が昂じて、シナ大陸への武力介入を是とする国民感情が高まった。基本的には、この期間は西欧帝国主義、とりわけ、その手段であった国際法に対する中華民国側の憤慨と抵抗によって特徴付けられる[19]。

　この観点からも、過去の日本とイラク戦争時の米国の苦境は似通っている。米国は20世紀を通じて地政学的、地経学的な理由（特に、石油）から中東に深く関与してきた。米国はイスラエルに安全保障を保障する役割を果たしてきた。他方、アラブ人も非アラブ人も、多くの中東の人々そして国々は国際法上、その存在が確立されているにもかかわらず、イスラエルの存在そのものを拒絶してきた。長年、米国はテヘランの米大使館人質事件（1979年～1981年）、9・11同時多発テロ、占領下のイラクでの民間契約社員の絞首私刑など、中東絡みのテロ行為の標的になってきた[20]。米軍のプレゼンスは、かつてはサウジアラビアだけに限られていたが、2007年秋現在の時点では、二国間や多国間協定に基づいて湾岸諸国やイラクなどに維持され、米軍は中東全域で軍事行動を展開していた。米国に対する一連の挑発と米国の過剰反応の連鎖は結局、米軍のアフガン侵攻とイラク侵攻にまで及んでしまった。確かに、ブッシュ政権の対イラク軍事政策は慎重さを欠いたと思えるが、アフガン、イラク、そして中東全域で展開した武力紛争の早い段階においては、米国民は失望と怒りが昂じて、同政権の極めて強硬なアプローチを支持した。道徳的な判断は別として、自由と民主主義の使徒を自認していた米国は、中東からの視点から見れば、次第に単なる招かれざる介入者、そして侵略者に成り果ててしまった。中東の国々

---

(19) カワカミ、前掲。タウンゼント、前掲。マクマリー、前掲。

(20) Jeffrey Gettleman, "Enraged Mob in Fallujah Kills 4 American Contractors, *New York Times*, March 31, 2004, http://www.nytimes.com/2004/03/31/international/worldspecial/31CND-IRAQ.html, accessed on September 10, 2016.

第7章　根本的原因　イラク戦争と日中戦争の類似性

や民衆には、米国の軍事的プレゼンス、とりわけそれを正当化する国際法に対して憤慨と抵抗が存在した。

⑥　帝国秩序崩壊後の歴史過程

　日米の経験における高い類似性は過去数百年の世界史を見れば腑に落ちる。世界史が真に地球大の広がりを持つに至ったのは、14世紀にモンゴル帝国が登場してユーラシア大陸を席捲してからである。それまでの「世界史」は単に様々な地域史の寄せ集めであり、地域史を統合する全体のダイナミズムは存在しなかった。モンゴル帝国は史上初めて馬を用いた交通・通信のグローバルなネットワークを作り上げ、その崩壊後も、帝国秩序は大規模な人間社会の支配的な組織原理であり続けた。モンゴル帝国はいくつかの地域帝国に分かれ、その後、チモール帝国、オットマン・トルコ帝国、ムガール帝国、明朝、清朝と変遷していった。

　帝国秩序の下では、個人の帰属意識は専ら「帝国臣民」である。民族、宗教、宗派、地域、階級などへの帰属意識は二義的であり、社会的、政治的な紛争の焦点としては重要ではない。モンゴル帝国史が示すように、帝国秩序がそれに逆らうものを無慈悲なまでに徹底的に根絶やしにする一方、その秩序に従う限り、多様な共同体の平和的な共存は受容された。

　しかし、帝国秩序は国民国家の台頭によって行き詰った。伝統的な帝国の数々は主要な西欧国民国家、すなわち西洋帝国主義列強の前に瓦解し、混沌と服従と低開発に陥っていった。西洋列強の軍事力は組織力、技術力、工業生産力の点で伝統的な帝国の軍事力を凌駕していた。これら三つの要素の効果的な組み合わせは絶対王政から市民革命への政治的な発展と産業革命によってもたらされた。

　注目すべきは、これらの発展が中世を経験した西欧と日本にのみ起こっ

169

た点にある。これらの二地域は地勢的に有利な条件のおかげで、モンゴル帝国に対して強靭に抵抗し蹂躙されずに済んだ。モンゴル騎馬軍団は大挙して日本列島に侵攻できなかったし、山がちな地勢と大河に阻まれて西欧に侵入できなかった。他方、この地勢的な特徴によって、西欧と日本では小規模な政治共同体が多数並存し、それらが相互に激烈な戦争を繰り返すなか、好戦的な戦略文化と軍事技能・技術の発展が加速していった。

　したがって、過去、200年から300年間、西欧政治体系が支配的となる一方、伝統的な帝国が西欧諸国と西欧政治体系に遅れて参入した日本に大敗北を喫して消滅したことは当然の成り行きである。

7 中国の反日意識の世界史的淵源

　伝統的な帝国が崩壊した後、これまでその空白を埋める安定的で持続性の高い政治秩序の構築は可能ではなかった。というのは、国民国家を建設するには、その前提条件としてまず「国民」を形成せねばならない。ところが、帝国秩序が消滅した後、人々は重複、競合、衝突する民族、宗教、宗派、地域、階級などの帰属意識を保有したままの状態にある。高い凝集力と持続性を有する国民意識を欠いている以上、帝国秩序崩壊後の人々は、富の分配や分配に絡んだ政治経済的な機会の配分など、社会的、政治的紛争を処理するための合意に達することができない。まさにこの状況が清朝崩壊後のシナ大陸やフセイン体制崩壊後のイラクで起こったことである。この点が理解できない米国の識者の多くがイラク問題の本質ではなく影を追いかけているにすぎなかった。

　要するに、巨視的な視点から見れば、今日の中東はオットマン・トルコ帝国の崩壊に端を発する混沌の歴史過程にあると捉えねばならない。大日

---

(21)　梅棹忠夫『文明の生態史観』（改版）、中央公論社、1998年。

第7章　根本的原因　イラク戦争と日中戦争の類似性

本帝国が苦闘したシナ大陸も同様である。良くも悪くも、日本はシナ大陸での国民意識の醸成に中核的な役割を演じた。彼の地の国民意識は、1895年に日清戦争での敗北以来、日本からの弛まざる文化的、経済的、政治的、軍事的な圧力に晒されて形成された。毛沢東が示唆するように、深刻に分裂したシナ大陸は日本からの圧力がなければ、共産党の下で統一できなかったであろう[22]。さらに言えば、今日でも、日本の軍事的圧力は弱まったものの、日本からの圧力全般は継続的に作用している。実際、今も「中国人」は民族、地域、階級など、競合する帰属意識を有しており、しっかり根付いた国民意識を欠いているために、反日意識だけがしばしば一時的に脆弱な国民意識を固める作用を発揮する。この点、過去20年間余の日中関係を見れば、火を見るよりも明らかである。

　同様に、今日、高まる反米感情が本来、放置しておけば競合する帰属意識のためにバラバラのままであろう中東の人々を統合する作用を及ぼしている。皮肉にも、依然として一時的な現象とはいえ、スンニ派のハマスとシーア派のヒズボラやシーア派のイランなど、これまで激しく敵対してきた宗派別勢力を連携させているのは、米国の文化的、経済的、政治的、軍事的な圧力なのである。

　日米は各々、シナ大陸及び中東に対して極めて介入主義的な近代化推進主体として関与してきた。日米の介入はある程度、これら二つの地域を文化的、経済的、政治的に変容させてきたが、同時に、社会経済的な諸矛盾をより深刻にしてきた。したがって、日米は各々、シナ大陸と中東が直面し、解決・対処しようとしている諸問題に関して部分的に責任がある。しかし、その根本的な原因はしっかり根付いた国民意識が欠如していることにあり、そのために安定的な政治秩序が形成できず、近代化と社会経済的

---

(22) 毛沢東「毛沢東と佐々木更三（日本社会党訪中議員団）との会談記録」『社会主義の理論と実践』1964年7月10日。

発展（究極的には、自由と民主制）が達成できないことにある。全ての問題の責任を日本や米国を帰そうとする態度は単に現実逃避にしか過ぎない。

⑧ ブッシュ政権は発想の転換が必要であった

　今日の米国の政治指導者は過去の日本の指導者がそうであったように、帝国秩序崩壊後の巨視的歴史過程の枢要性に気付いておらず、その結果、自由と民主制（日本の場合は、近代化と発展）を達成するには重大な限界や制約があるとは十分認識していない。これは、日本が極東において中世を経験し、米国が西欧の中世の経験を「極西」で受け継いだことを考えれば、止むを得ないのかもしれない。しかし、我々は帝国秩序崩壊後の空間における社会政治的変容の範囲やテンポに関して期待値を下げる必要があろう。米国の経済覇権そして軍事覇権が凋落している状況の下では、この認識の欠如とその結果もたらされた軍事政策の失敗は覇権凋落を加速させることとなった。

　つまり、一挙にイラクに米国がイメージするような、しっかり機能する民主制を確立することは不可能であり、質の良い権威主義体制を構築し、これを時間をかけて徐々に変容させていくことが関の山であることを理解せねばならなかった。この過程は、よほどうまくやらないと、米国がかつて「中国を失った」ように（つまり、典型的な権威主義体制であった中華民国・国民党政権が内戦の結果、共産党に敗北し、結局、中華人民共和国の樹立へ繋がったように）、イラクを失うことになることは不可避であった（事実、2016年現在、当たらずと言えずとも遠からずといった状況になっている）。失敗しないためには、シーア派とスンニ派を妥協させ、北部のクルド族を分離独立させないことが、どうしても必要であった。具体的には、シーア派とスンニ派の部族・宗派ネットワークの存在を積極的に受け入れ、それらをうまく使うことが要求された。また、米国が目の敵にし

ていたスンニ派主導の旧バース党の武装勢力とも手打ちをしなければならなかった。そのような試みの眼目は、性急な民主制の確立ではなく、再びフセインのような残虐で冒険主義的な最高指導者が出ないようにすることである。また、そのために、米国はどのような経済的な飴を与え、どのような軍事的な鞭を用意するかとの発想に切り替えねばならなかったと言えるだろう。

　シナ大陸における日本の失敗を繰り返さないために、米国の指導者は軍事的手段の効用が極めて限定されていると心に銘記すべであった。問題の本質は巨視的歴史過程にあり、解決策の真髄は政治的なものにある。軍事的手段の行使は明確で限定された政治目標の達成のために用いられた場合にのみ効果がある。

　この視点に立てば、逐次投入的なブッシュ政権による陸上兵力の増派には高い評価は与えられなかった。確かに、同政権は徐々に軍事的手段だけではイラクの状況は克服できないと認識するに至ったように思えた。しかし、兵力増派はバクダットのイラク政権が話し合いで宗派間対立を乗り越え、政治的な合意に達することが可能であるとの前提に立ち、そのための時間を稼ぐとの発想に立っていた。それでは、帝国崩壊後の巨視的歴史過程の制約を無視していることになる。むしろ、そのような話し合いは所詮見込みがないと見切った上で、質の高い権威主義体制をどう構築するかといった発想から権謀術数を極めることが要求されていた。

⑨　イランとの妥協は愚の骨頂であった

　かつて日本がシナ大陸で苦境に陥ったように、米国が中東での格闘から解放されることも、イラクの泥沼から出口を見いだすことも容易ではなかった。だが、尚早なイラクからの米軍撤退は、武力介入開始の時点で最低限と捉えた政治目標を断念せざるを得ないほどにイラクの治安・政治状

173

況を悪化させるだろうと思われた。即時完全撤退をするには、断念すべき利益は余りにも大きかったのであり、米政府は野心的な撤退目標を放棄すべきであった。とはいえ、全面撤退を求める米国内世論はますます強くなっていたことから、2007年秋の時点では、ブッシュ政権はそうした誤った政策をごり押しする可能性が多分にあった（はたして、2016年秋現在、振り返ってみると、オバマ政権は避けるべき選択肢を採ってしまった感が強く、中東における米国の覇権は凋落してしまった、或いは少なくとも大幅に弱体化してしまったことは明らかである）。

　シナ大陸での日本の経験を踏まえれば、米国はイラクにおける国民形成に深くかかわるべきではなかった。さもなければ、イラクの国内秩序を維持する負担を偏に背負い込むことになることは明らかだった。占領下のイラクでは、米国はゼロサム・ゲーム型の宗派間武力抗争に介入すべきではなく、バグダッドのイラク政権を守る以外、イランやシリアなどの周辺国やアルカイダによる介入からイラクを遮断することに専念すべきであった。国民意識を即興で形成するのは不可能であり、万一可能であるとすれば、それは反米感情に基づいたものでしかないからである。

　したがって、イラク国境をコントロールする以上の積極的な協力を周辺国、とりわけイランに求めれば、結局、米国は自ら墓穴を掘ることになるのは明らかであった。この点、2007年5月になって開始された米・イラン間の対話は懸念された。米国が必要以上にイランに妥協すれば、シーア派の大国であるイランは、イラクの人口の6割ほどを占めるシーア派を通じてイラクを勢力下に置くだけでなく、米国の影響力を減殺する形で中東の核心地域、とりわけペルシャ湾岸地域に決定的な影響力を持つことになる危険が多分にあった。また、安易なイランとの妥協がイラクにおける米軍の軍事介入の強化と組み合わされれば、イラクにおいてイランの影響を受けたシーア派主導による反米統一戦線的な宗派間合意が成立する危険さえ存在した。皮肉にも、これが実現されれば、イラクの安定化と米軍の全面

第7章　根本的原因　イラク戦争と日中戦争の類似性

撤退は共に実現されようが、戦略的には米国の決定的な敗北となると思われた。つまり、この策は下の下の策であった。

さらに、シナ大陸での日本の蹉跌に鑑みれば、米国はイラクでも中東全域でも第二、第三の戦線を開くべきではないことは明らかであった。米国は「問題を解決できなければ、拡大せよ」とのラムズフェルド式の行動に陥らないようにすべきだと判断された。

この点、2007年秋の時点で、ブッシュ政権内外で依然として燻っていた米国またはイスラエルによるイラン原子力関連施設の空爆案[23]は絶対に採用してはならないと思われた。2007年のIAEA（国際原子力機関）の調査報告によれば[24]、イランの核開発は未だ疑念を完全に払拭できなかったといえ、ブッシュ政権や親イスラエルの米メディアがいうほど、差し迫ったものではなかった。米国でまかり通っている情報操作は、イラクでの難局をイランへの戦線拡大によって処理しようと発想するブッシュ政権内外の勢力が依然として力を失っていないことを示していた[25]。

これらの教訓に学ばなければ、米国は甚大な人的被害と経済的資源の喪失を被り、その結果、米国の世界覇権と指導力は著しく衰えることは不可避であった。最悪の場合、米国は中東における全ての戦略的拠点を失い、究極的には、中東における軍事的プレゼンスを喪失することになると思われた。

---

(23) Larisa Alexandrovna, "CIA said to step up operations against Iran as hawks seek to tie Iraq bombs to Tehran", *Rawstory*, August 24, 2007, http://rawstory.com/news/2007/Eyeing_strike_Bush_Administration_shifts_Iran_0824.html, accessed on September 10, 2016.

(24) "Safeguards Statement for 2007", IAEA, https://www.iaea.org/sites/default/files/es2007.pdf, accessed on September 10, 2016, p.10. 実際、米国の国家情報会議（NIC）も同様の結論を出した。"（National Intelligence Estimate）Iran: Nuclear Intentions and Capabilities", National Intelligence Council, November 7, 2007, http://www.isisnucleariran.org/assets/pdf/2007_Iran_NIE.pdf, accessed on September 10, 2016.

(25) 拙著『動揺する米国覇権』現代図書、2005年、第18章。

はたして、2016年秋の時点で、ブッシュ政権そしてオバマ政権の中東政策を振り返ると、米国は中東で第二、第三の戦線を開くことはなかったものの、完全にイラクから陸上部隊を撤退させ、シリア、反テロ作戦でも消極的な武力介入政策に終始した。[26] また、2016年1月、核開発問題でもイランと和解して、中東におけるイランの影響力は米国のそれを犠牲にして[27] 一層強くなった。以上を踏まえると、本章で示した視点、分析、政策指針は概ね妥当であったことは明らかである。

---

(26) 溝渕正季「冷戦後の国際政治と中東地域の構造変容——米国の対中東政策を中心に」、松尾昌樹・岡野内正・吉川卓郎『中東の新たな秩序』ミネルヴァ書房、2016年。

(27) 「イランと6ヵ国、核合意の履行を宣言　米欧が制裁解除を表明」『日本経済新聞』2016年1月17日、http://www.nikkei.com/article/DGXLASFK17H05_X10C16A1000000/、2016年9月10日アクセス。

第8章 先入観
先進文明による介入
―米連続テレビSFドラマ番組『スター・トレック』における「最優先指令」から考える

　本章では、なぜ米国が人類社会の歴史的なダイナミズムを無視して、帝国崩壊後の国民意識が確立していない発展途上世界に対して、人為的に民主制を短期間で実現できるとの前提で、中東に武力介入したか、その先入観（bias）を分析する。

　政治学の一分野である比較政治学（comparative politics）においては、軍事、政治、経済、イデオロギー等の現象に分析・考察の焦点が置かれがちであり、文化面が重視されることはあまりない。とはいえ、個別社会の政治文化（political culture）と秩序観（sense of order）は表裏一体であることから、その秩序の安定性や変動を考察する上では極めて重要であり、比較政治分析においてもっと関心が払われてしかるべきであろう[1]。

　政治文化はもちろん具体的な社会現象を実証的な手法で分析することによっても明らかにできるが、政治文化が表出されたフィクションや寓話を考察することによっても可能であろう。本章では、こうした観点から、米国の連続テレビSFドラマ番組『スター・トレック（Star Trek）』を取り上げ、考察の焦点を劇中に繰り返し出てくるキーワードである「最優先指令（Prime Directive）」に置くこととする。

---

(1)　G.A. Armond and G. B. Powell, Jr., *Comparative Politics: System, Process, and Policy*, Little, Brown、1978.

1 『スター・トレック』と比較政治分析

　『スター・トレック』は、庶民が一日の仕事の後、娯楽に観るものであり、日本なら差し詰め「水戸黄門」などの時代劇に当たる。もっとも、米国の場合、以前は米国版時代劇ともいえる西部劇に人気があったのだが、ここのところ未来劇に軍配が上がる状況なのが特徴的である（『スター・トレック』のタイトル自体が示唆するある種の冒険旅行の目的が西部開拓ならぬ、宇宙開拓がテーマであることを考えると、西部劇の発想の延長線上にあると言えなくもないだろう）。とはいえ、毎回放送のストリー展開は本質的に勧善懲悪のワンパターンであり、時代劇と『スター・トレック』に大きな差はない。

　この番組は第一シリーズから第五シリーズまであり、概ね22世紀から24世紀に時代を設定している。古い順に「スター・トレック──宇宙大作戦」（初回放送、1966年〜1969年）、「新スター・トレック（Star Trek: The Next Generation）」（1987年〜1994年）、「スター・トレック──ディープ・スペース・ナイン（Star Trek: Deep Space Nine）」（1993年〜1999年）、「スター・トレック──ヴォイジャー（Star Trek: Voyager）」（1995年〜2001年）、「スター・トレック──エンタープライズ（Star Trek: Enterprise）」（2001年〜2005年）である。この番組は2005年に初回放送が終わった第五番目のシリーズまでの長寿番組で、その後も繰り返し再放送されている。また、すでに米CBS放送は2017年から新シリーズを放映すると発表している。[3]

　この未来劇が比較政治分析や比較文化分析の題材となりうるのは、異星人との接触・交流・介入がこの地球上の異文明の異邦人とのそれと本質的

---

(2)　詳しくは、http://www.cbs.com/shows/star-trek-series/, accessed on November 8, 2015,参照せよ。

(3)　November 2, 2015, http://www.cbs.com/shows/star-trek-series/, accessed on November 8, 2015.

に極めて多くの共通点を有しているからである。時代劇が現在の日本の社会問題を過去に投影するのに対して、ＳＦ未来劇は現在の米国が直面する国際問題を未来に投影している。米国の西部開拓を捩った未知なる宇宙の開拓に始まり、地球を含む惑星連邦とその他先進文明を持った対抗勢力との接触・摩擦、そして後進・未開の異星人文明との遭遇など、その設定は米国が覇権国であるだけに、時間的、空間的にスケールが大きい。惑星連邦と他の先進文明勢力との関係は米国が国際関係において抱える列強とのそれに相等する一方、後進・未開の異星人文明との関係は発展途上国とのそれに当たると言えるだろう。

したがって、『スター・トレック』が米国民の間に広く受容されているという事実から、この番組に米国民の発展途上国の対する発想や考え方が表出されていると考えても問題はなかろう。また、米国が民主制を採っていることから、長期的には、そうした発想や考え方が米国政府の対発展途上国政策の大枠を大きく規定するといっても過言ではなかろう。翻って、そうした発想や考え方に関する考察は我が国を含め主要先進国の対発展途上国政策の比較評価基準（reference point）になりうるのではないかとの観点から考察を進める。

２ 「プライム・ディレクティブ」とは何か

ストリー展開のモチーフの一つとして繰り返し出てくるのが、後進・未開文明に対する惑星連邦の行動指針、「最優先指令」である。惑星連邦憲章（Charter of the United Federation of Planets）第1章第2条第7項によれば、

　　惑星連邦憲章のいかなる規定も本質上いずれかの惑星の社会システムの対内的管轄権内にある事項に関する権限を惑星連邦に与える

ものではなく、またその事項をこの憲章に基づく解決に付託することを加盟惑星に要求するものではない。ただし、この原則は、第7章に基づく強制措置の適用を妨げるものではない[4]。

この憲章規程に基づく「最優先司令」は次の様に定義されている。

　　一切衆生が正常な文化的進化に従って生きる権利は神聖だと見做されるのであるから、惑星連邦艦隊の要員は異星人の生活と文化の正常で健全な発展に介入してはならない。そうした介入は優越する知識、力、技術を賢明に役立てる能力を有していない異星人社会にそれらをもたらすこととなる。惑星連邦艦隊の要員は、たとえ異星人たちの生命や宇宙船を救うためであっても、既になされた「最優先指令」違反や偶発的に異星人社会に及ぼした悪影響を正すため以外には、「最優先指令」に違反してはならない。この指令はいかなる他のすべての考慮に優先し、最高の道徳的な義務感を持って実行されねばならない[5]。

「最優先指令」によって、惑星連邦艦隊の要員は異星人文明の内的な発展過程に介入することを禁止されている。つまり、連邦側が異星人にとって未知であるか開発・製造できないような卓越した科学技術力、文化力を用

---

[4] "Charter of the United Federation of Planets", *Memory Alpha*, http://memory-alpha.wikia.com/wiki/Charter_of_the_United_Federation_of_Planets, accessed on November 11, 2015. 言うまでもなく、これは国連憲章第1章第2条第7項と瓜二つである。

[5] "Enterprise Continuity Problem", *Ex Astris Scientia*, http://cache.yahoofs.jp/search/cache?c=KI1Xqog5vZgJ&p=As+the+right+of+each+sentient+species+to+live+in+accordance+with+its+normal+cultural+evolution+is+considered+sacred%2C+no+Star+Fleet+personnel+may+inter&u=www.ex-astris-scientia.org%2Finconsistencies%2Fenterprise_continuity.htm, November 10, 2015.

いて自らの価値観や理念を押し付けてはならない。劇中では、「ワープ・ドライブ」（光速の亜空間航法）及びそれを可能とする「ワープ・エンジン」、「トランスポーター」（瞬間転送装置）、「防御シールド」、「プルトン・トーピード」（光子魚雷）、「フェーザー」（位相光線砲・銃）などの先進科学技術が常に登場する。また、「最優先指令」の系である「暫定最優先指令（Temporary Prime Directive）」は次のように求めている。

　　惑星連邦艦隊の要員は（後進・未開の異星人文明の）歴史的な事件に直接的に介入することを厳格に禁止されており、歴史年表の展開を維持し、歴史が変更されないように防がねばならない。また、矛盾を引き起こしたり歴史年表の展開を変えたりしないように、異星人に対してその未来について多くを告げないように控えなければならない[6]。

　『スター・トレック』では、しばしば船長その他幹部たちは自分たちの道徳観や価値観と「最優先指令」や「暫定最優先指令」との相克に苦悶する。というのは、目前の蛮行や不合理を放っておかねばならないからである。さもないと、自分たちが神や悪魔と扱われたり、異文明社会内に戦争を引き起こしたり、激化させたり、或いは本来勝つべきでない勢力を勝たせる結果となるなど、秩序や発展のパターンに予期せぬ影響・結果を与えてしまうからである。ドラマは、しばしば影響を中和するために苦労し、苦笑するしかない結果でラストシーンとなる。
　もちろん「最優先指令」や「暫定最優先指令」はフィクションの世界の戯言なのであるが、『スター・トレック』が多分に現代の米国の対発展途上

---

(6)　http://memory-alpha.wikia.com/wiki/Temporal_Prime_Directive, *Memory Alpha*, accessed on November 11, 2015.

国政策を巡る論争の投影であることを考えると、二つの指令の背後にある原則についてその現実世界での含意を考察してみなければならないだろう。また、近現代の日本が採った対発展途上世界政策への含意も考察してみなければならないだろう。

③ 先進性と後進性

　歴史的にも（時系列的にも、空間横断的にも）、これまで人類には文明や文化の点で多様な社会が存在してきた。これらに対して特定の価値観を基準にして優劣をつけることは論理的には十分可能であるが、その基準の是非自体が大きな論争を呼ぶだろう。

　そこで以下では、先進性と後進性の基準を分析を進める上で便宜上、飽く迄個別社会が有する総合的なパワー（power）——政治学では最も基本的な分析概念の一つとされる——と見做して考えてみる。パワーは一義的には物理的強制力である軍事力であり、より分析的に見れば、科学技術力、武器生産能力、武器運用能力である。とはいえ、その基盤には、経済力や組織力があり、これらが中長期的には重要な要因となる（さらには、先進社会はこれらの諸力によるモデル効果、デモンストレーション効果により、自発的に後進社会に変容を促すパワーも及ぼしうる）。ところがこうした諸力を習得し使いこなすには、物理的・客観的要請に沿って、その土地本来（native）で独自・固有の伝統的価値観、社会構造、社会秩序を全廃または一部修正せざるを得ない。往々にして、後進社会は自民族中心的（ethnocentric）で独善的な世界観・イデオロギーを有しており、そうした適用能力を全くも持たない或いは非常に限定的にしか持たない。つまり、後進社会は道具的な意味での合理精神を導入しなければ支配を受けるか滅びるしかなく、導入したらしたで、従来の独自文化・社会の在り方との間で深刻な矛盾や不調和を抱え込むことなり、最悪、内破することとなる。

第8章　先入観　先進文明による介入

一言で言えば、弱者が生き残るためには、強者を模して自己変革・改造を
せねばならず、それは非常に困難であり、しばしば大失敗・大惨事となる。

　この見方を現実の世界に引き寄せて言えば、西洋近代国家（modern
Western nation-state）の台頭・隆盛と多民族型帝国社会の没落の問題とな
る。実際、前者が出現し、その各々が対外的に帝国主義・植民地主義を採
るまでは、人類社会における大規模な政治社会秩序の主流は圧倒的に後者
であった。欧州と中東との関係で言えば、軍事的には、フランス西部、
トゥール・ポワティエ間の戦い（西暦732年、後ウマイヤ朝のイスラム政
権とフランク王国との戦い）、オスマン・トルコの海上覇権（1532年のプ
レヴェザの海戦で勝利し、地中海全域における確立した。1571年のレパン
トの海戦で敗北し、海上覇権は東地中海に限定されたが、一大勢力として
影響力を保持した。）、オスマン・トルコ帝国軍によるウィーン包囲（1529
年及び1683年）と、同帝国が大トルコ戦争（1683年〜1699年）で敗北す
るまで、欧州側の劣勢は明らかであった。また、日本とシナ大陸との関係
も、清朝が阿片戦争（1840年）に敗北して、その後西洋列強に蚕食され屈
服するまでは、華夷秩序は圧倒的な存在感を有した。

　その後、優劣が逆転するのは、西洋近代国家が経済的には高い科学技術
力と生産力を有する資本主義、政治的には民主制による安定した国民国家
を確立し、常備軍による圧倒的な軍事力とそれを運用する能力を持つに
至ったからである。また、西洋近代国家がこうした軍事力を背景に、多民
族型帝国を経済的に蚕食し、経済的支配を達成し、それを梃（てこ）に政治的な支
配を確立していったからであった。

　逆に、文明史・文化史の視点から俯瞰（ふかん）すれば、多民族型帝国社会の有り
様が西洋近代国家のそれと比べて劣っていたとは言えず、むしろ多くの点
で圧倒的に優れていたという見方もできる。一般によく知られており詳説
の必要はないだろうが、ルネサンスは学術・思想的には、イスラム勢力（オ
スマン・トルコ帝国）の攻撃による東ローマ帝国（ビザンチン帝国、395

年～1453年）の滅亡の結果、陥落した首都コンスタンチノープルから学者が大挙してイタリアに移ったことが契機となって開花した。また、それらの学者はアラビア語を介して古代ギリシャの古典やその注釈研究を含め、隆盛を誇ったイスラム文明やそこでの成果を伝達されていた。[7]また、中世の欧州においては半ば腐敗した肉が食されていたり、[8]18世紀末に至っても宮廷生活においてすら全くトイレ設備がないなど、[9]公衆衛生の面でも著しく劣っていたこともよく知られている。つまり、今日の一般的なイメージとは逆に、欧州こそ中東の辺境・後進地域だったのである。また、日本とシナ大陸との関係も、日本の文明的・文化的洗練性の点で議論は分かれるであろうが、[10]華夷秩序の中で日本が辺境・後進地域と位置付けられてきたことに議論の余地はなかろう。

　それでは、以上のように定義した圧倒的「先進性」を有する西洋近代国家が「後進性」を払拭できない発展途上世界・諸国に介入すると、何故そして如何なる問題を引き起こすのであろうか。

④ 介入が引き起こす問題

　注目すべきは、西洋近代国家が軍事的、経済的、文化的に発展途上世界に介入をする際、前者が善意からであれ悪意からであれ、はたまた、意図的であれ無意識であれ、西洋近代国家の近代化、民主化、その基盤となる

---

(7)　ハワード・R・ターナー（著）、久保儀明（訳）『図説科学で読むイスラム文化』青土社、2001年。
(8)　会田雄次・中村賢二郎、『世界の歴史12　ルネサンス』河出書房新社、1989年。
(9)　藤井康男『異説 糞尿譚——古今東西、ちょっとくさい話』光文社、1986年
(10)　岡田英弘は、日本文化は洗練された中華文明の亜種であると捉えるが、サミュエル・ハンティントンは世界七大文明の内の最小規模の一国家＝一文明であると捉えている。岡田英弘『倭国の時代』筑摩書房、2009年。Samuel P. Huntington, *The Clash of Civilizations and the Remaking of World Order*, New York: Simon & Schuster, 1996.

第8章 先入観 先進文明による介入

近代合理精神を持ち込んだため、後者の社会システム全体に予期せぬインパクトを与える結果となったことである。

多民族型帝国秩序の下では、個人の帰属意識は専ら「帝国臣民」である。民族、宗教、宗派、地域、階級などへの帰属意職は二義的であり、社会的、政治的な紛争の焦点としては重要ではない。モンゴル帝国史が示すように、帝国秩序はそれに逆らうものを無慈悲なまでに徹底的に根絶やしにする一方、その秩序に従う限り、多様な共同体の平和的な共存を受容した。逆に言えば、帝国秩序に従う限り、個別部分社会の社会秩序（当然、宗教、言語、習俗、その他の民族固有の法・価値観等を含む）がそのまま存続を許されたことを意味する。

特に注意を要する点は、ここでいう「そのまま」とは「本質的に古代の形を保持したまま」を意味する点である。西洋近代国家の誕生は西洋及び日本に特有の封建時代を経て形成されたものである。そもそも、これらの二地域は地勢的に有利なおかげで、モンゴル帝国に強靭に抵抗し蹂躙されずに済んだ。モンゴル騎馬軍団は大挙して渡海して日本列島に侵攻することはできなかったし、山勝ちな地勢と大河に阻まれて西欧にも侵入できなかった。他方、これらの地勢的な特徴によって、西欧と日本では小規模な政治共同体が多数並存し、それらが相互に激烈な戦争を繰り返すなか、好戦的な戦略文化と戦闘技能・技術の発展が加速した。したがって、西欧近代国家が絶対王政から市民革命への政治的な発展と産業革命による生産能力・科学技術力の発展を梃に多民族型帝国に対して圧倒的軍事力を保持・行使したのは単なる偶然ではなかったと言えるだろう。

つまり、かつての多民族型帝国の崩壊後に残った社会や帝国秩序に組み込まれていた周辺・辺境社会は依然として中世封建時代以前の段階、つまり誤解を恐れずに言えば、程度の差こそあれ古代社会の特徴を多分に保持したままの状態にあるといえる。典型的には、近現代の中東イスラム社会、シナ、そして朝鮮はそうした典型例であろう。中東イスラム社会は未

だ西洋型の宗教改革を達成しておらず、当然、民主制の前提である政教分離（separation of church and state）―個人の原子化と選挙を通じた利益集約―が全く或いは充分には実現されていない。また、聖典「コーラン」は習俗を含めた包括的で完成度の高い戒律を多く含んでおり、保守的・原理主義的なイスラム社会は本質的に7世紀のままの姿である。次に、シナは秦朝（西暦紀元前221年～同206年）から辛亥革命（西暦1911年）による清朝（1636年～1912年）の滅亡まで、多少の変容はあるものの基本的には古代社会の特徴を維持した[11]。そして、朝鮮は三韓時代（1世紀～5世紀）から長らく分裂したままで持続的に朝鮮半島全域を統治する国家を安定的に統一したのは漸く李氏朝鮮王朝になってからである[12]。実際、日韓併合（1910年）までは、衣服を染色する技術や経済的余裕もなく下水処理施設がないなど公衆衛生の面でも極めて劣悪な生活条件にあった[13]（この点、日本では元禄時代［1688年～1704年］には、大阪でコメの先物市場が成立するなど、近代合理精神と資本主義経済が発達し、産業革命こそ経ていなかったが、糸の精密加工に見られるように家内制工業が著しい発展したことと対比される[14]）。

---

(11) 岡田は中国史を3つの時代に区分している。第一期は紀元前221年の秦の始皇帝による中国統一から西暦589年の隋による中国統一まで、第二期が589年から1276年の元による中国統一まで、第三期が1276年から1895年の日清戦争敗北までとしている。岡田英弘『中国文明の歴史』講談社、2004年、23頁～24頁。

(12) 高麗（918年～1392年）も一応統一王朝と言えるが、金や元（遼陽等処行中書省）による支配は朝鮮半島北部には及ばなかった。また、1231年から1273年まで元の占領下にあった。特に、1259年から1273年までは、高麗全域が元に併合された。1356年から1392年は、元から独立したものの、国内では親元派と親明派の抗争が起こり安定しなかった。

(13) イザベラ・バード（著）、時岡敬子（訳）『朝鮮紀行～英国婦人の見た李朝末期』講談社、1998年。古田博司「「侵略」といえなかった朝鮮統治」『産経新聞』2015年4月15日。

(14) 川勝平太『文明の海洋史観』中央公論社、1997年。

第8章 先入観 先進文明による介入

　つまり、近現代の欧米や日本は西洋近代国家の近代化や民主化の論理に依拠して、古代の段階に留まっていたポスト多民族帝国型の発展途上国に介入したため、長年続いてきた社会システムを破壊ないしは大幅に変容してしまったと捉えることができるだろう。オスマン・トルコ帝国は政教分離と西洋化に邁進するトルコ共和国に縮小再編成されたし、清朝は漢文古典の習得を重視した科挙を廃して自己破滅的な近代化を余儀なくされた。

　こうした介入は低開発を深刻化し、社会の不安定化・武力紛争を惹起する一方、過去に帝国の栄光を経験した帝国臣民の末裔たちに対してその自我意識、自尊心を大きく傷付ける結果となり、強烈な抵抗を招くことになる。実際、中東では、米国がイランのパフラビー朝に急激な欧米化を推進させたが、国民的抵抗にあって同朝が倒され、反米的なイスラム共和国（1979年〜現在）が樹立された。また、今日、米国はアルカイダや「イラク・レバントのイスラム国」等の国際テロ運動・ネットワークの武力闘争による抵抗・攻撃にさらされている。日本は中華人民共和国と韓国から「南京大虐殺」「慰安婦問題」等、実証歴史学的には根拠のない歴史論争を執拗に仕掛けられ、苦悩している。

　これまでの分析に基づいて言えば、現在、米国が中東に対して、そして日本が中国や韓国に対して抱える諸問題は近現代において「最優先指令」や「暫定最優先指令」に背いた結果だといえるだろう。もちろん、個別具体的には経済的搾取・収奪の動機や地政学的な利害の面も多分にあったことは否定できないであろうが、米国は中東に民主化、日本は北東アジアに近代化をもたらそうとの動機付けがあったことも否めないだろう。キリスト教国である米国は欧州が中東イスラム圏との間に築いてきた長年の交流を思想的・政治的に引き継いでいたし、旧約聖書を共通の啓典として共有する中東イスラム教圏に対してある種の親近感を持ってきたことは否めないだろう。また、日本は漢民族に対しては同文同種や一衣帯水、朝鮮民族に対しては内鮮一体や一視同仁等の語句に如実に示されるように、親近感

187

を持っていたことは否定しがたい。結果的に、日米は各々北東アジアや中東の発展途上世界に部分的にはこうしたある種のナイーブな善意から、近代化、民主化、そしてその基盤となる近代合理精神を持ち込んだため、えも言えぬ厄介な社会を生み出してしまったのが現実である。身から出た錆だと言えなくもない。

それでは、他にやり方はなかったのだろうか。

5 分割統治

「分割統治（divide and rule）」は「分断支配（divide and conquer）」とも呼ばれ、ある者が統治を行うにあたり、被支配者を分割することで統治を容易にする手法である。また、被支配者同士を争わせ、統治者に矛先が向かうのを避けるとも言い換えることもできよう。一般的に、大英帝国はその対植民地政策としてしばしば狡猾にも分割統治の手法を用いたと理解されている。この手法は、裏を返して言えば、現地社会の在り方には介入せず、内在する対立を上手く使って支配する方法であるともいえる。

その典型とも言えるのが、大英帝国によるインド帝国（1858年〜1947年）の統治である。イギリスの君主がインド皇帝を兼ねる同君連合の形式が取られたが、事実上イギリスの植民地であった。つまり、インド社会内部の対立を最大限利用することにより、ごく少数の植民地官僚と職業軍人で巨大なインドの統治が可能となった。従来の藩王国を存続させる統治の手法をとるとともに、カースト制度など社会の在り方には介入しなかった。[15]

さらに一般的に、大英帝国の植民地政策はかつての被支配国から大日本帝国の朝鮮半島に対する殖民地政策やシナ大陸における植民地経営のような批判を受けていない。むしろ、著者の個人的な経験に則して言っても、

---

(15) 本田毅彦『インド植民地官僚──大英帝国の超エリートたち』講談社、2001年。

第8章　先入観　先進文明による介入

一般的にはある種の畏怖と尊敬の対象となっている場合すら散見される。しかし、大英帝国のインドに対する経済的搾取・収奪は過酷なものであったし、アムリットサル事件（1919年，Amritsar Massacre）では抗議集会をしている非武装の市民に対して、完全武装の部隊が発砲し1,500人以上の死傷者を出したなど[16]、非常に強圧的な面もあったことは注目せねばならない。

　他方、このような無辜の市民の大規模な虐殺を伴う事件は日本の朝鮮統治では起こらなかった。また、日本は朝鮮を搾取するどころか、その30年間に及ぶ統治を通じて（1910年～1945年）、本国から財政資金を投入しており、むしろ日本の方が朝鮮の開発のために自発的に経済的な負担を引き受けたといえよう。今日、朝鮮・韓国側は、日本が朝鮮に対して七奪を行った（主権、国王、人命、国語、姓氏、土地、資源を奪った）と非難するが、客観的には、七恩（日本の国費で朝鮮に学校を建設、庶民にハングルを普及〔国語〕、日本の統治により朝鮮の食糧生産が増加、衛生環境の改善、餓死者や病死者の激減、朝鮮の人口が2倍に増加〔人命〕）を施したと考える方が妥当であろう[17]。この点は、35年間の大日本帝国の朝鮮統治と800年に及ぶ大英帝国によるアイルランド統治を比較すれば一見極めて明白になる。大英帝国はアイルランドに対して小麦の飢餓輸出を強いるなど、その搾取は激烈でアイルランド人を困窮させた。そのため、主食のジャガイモが疫病により枯死したことで起こった飢饉が勃発し（1845年～1849年）、人口の少なくとも20％が餓死および病死（80万人～150万人）、10％から20％が国外へ脱出した。また、今日、アイルランド人の殆どは英語を話し、固有のケルト語は辺境のアラン島などに少数の話者が残ってい

---

(16) Amritsar Massacre, nine msn encarta, http://www.webcitation.org/5kwriIrvt?url
　　=http://au.encarta.msn.com/encyclopedia_761579959/amritsar_massacre.html,
　　accessed on August 12. 2017.
(17) 黄文雄『韓国は日本人がつくった』ワック、2005年。

るに過ぎない。ここでは、詳述しないが、日本の満洲国経営も優れた殖民地経営であったと言えるだろう。[19]

　したがって、問題の根本原因は、明らかに日米が近代化や民主化のために被支配国の社会秩序や伝統習慣を変革しようとしたことにあると言えよう。

6 結　語

　ここまで、本章では米連続テレビSFドラマ番組『スター・トレック』における「最優先指令」と「暫定最優先指令」を取り上げ、先進文明による介入を考察してきた。その結果、このテレビ未来劇は単に娯楽作品であるだけでなく、現在の先進国による対発展途上世界政策に関して最重要な論争の一つを取り扱っていると解釈されることが明らかになった。また、比較文化的な視点が、比較政治研究や地域研究にとっても極めて重要なことも分かった。

　具体的には、先進国側の根拠のない親近感や手前勝手な使命感に基づく介入は結局、異星人ならぬ発展途上世界における異邦人に対する無関心と無責任、冷徹な計算と冷酷な支配よりも劣っていたとの仮説に辿り着いた。もちろん、この仮説は大きな論争を生むであろう。というのは、現在、我々の時代は人権思想などの道徳観に根差した時代精神（Zeitgeist）とそれに基づく言説が「政治的に正しい（politically correct）」ものとして大きく政治判断や政策判断を動かしているからである。その答えは現在の時代精神の持続性や今後の時代精神の変動にも大きく左右されるであろうから、そうすぐに簡単には出ないだろう。さて歴史の審判はどう出るか、顛

---

(18) 林景一『アイルランドを知れば日本がわかる』角川グループパブリッシング、2009年。
(19) 黄文雄『満州国は日本の植民地ではなかった』ワック、2005年。

第8章　先入観　先進文明による介入

末を注視すべきであろう。

　何れにしても、なぜ米国の中東政策が迷走し、なぜ米国の覇権凋落を加速、深刻化させたかは本章で考察した米国に特有の政治文化的な「理解」（あるいは、思い込み）に根本的には帰着すると言えよう。

（参考文献）

・アレン・アイルランド『The New Korea 朝鮮が劇的に豊かになった時代』桜の花出版編集部、2013年。

・梅棹忠雄『文明の生態史観』中公文庫、改訂版、1998年

・岡田英弘『この厄介な国』ワック、2008年。

・黄文雄『中国・韓国の歴史歪曲』光文社、1997年。

・黄文雄『歪められた朝鮮総督府——だれが近代化を教えたのか』光文社、1998年。

・黄文雄『韓国人の「反日」、台湾人の「親日」』光文社、1999年。

・黄文雄『近代中国は日本がつくった』ワック、2005年。

・高木桂蔵『北京を支配する始皇帝の血』はまの出版、1989年。

・ジョージ・アキタ、ブラントン・パーマー（著）、塩谷紘（訳）『日本の朝鮮支配を検証する　1930〜1945』草思社、2013年。

・戸部良一『日本陸軍と中国——『シナ通』にみる夢と蹉跌』講談社、1999年。

・ヒルディ・カン（著）、桑畑優香（訳）『黒い傘の下で日本植民地で生きた韓国人の声』ブルース・インターアクションズ、2006年。

・Robert Chaires, Bradley Chilton, ed., *Star Trek Visions of Law and Justice* (Law, Crime, and Corrections Series), version 1, University of North Texas Press, 2002.

第9章 対処法
リベラル民主制と文化相対主義の弱点
——不倶戴天の敵としてのイスラム・テロリズム

　米国の覇権システムは全体として一体性を有したものであるから、中核を占める米国の政治的、経済的、社会的安定性と周辺部分のそれらは連動している。また、覇権を維持・強化するために採られた周辺部分、特に中東に対する軍事政策の失敗は、米国やその主要同盟国である西欧諸国や日本などの非軍事的な不安定要因として跳ね返ってくるのも不思議ではない。こうした観点から、本章では、イスラム過激派がテロ攻撃によって米国の政治文化覇権サブシステムの核心たるリベラル民主制に挑戦している意味を考察する。

　2015年11月13日、フランスのパリ市街と郊外のサン＝ドニ地区の商業施設において、イスラム国（ISIL：Islamic State in Iraq and the Levant）の戦闘員と見られる複数のテロリスト・グループによる銃撃および爆発が同時に多発し、死者130名、負傷者300名以上を生んだテロ事件が勃発した。その惨劇のショックから、遅まきながら現在、西欧諸国を含めた主要国はイスラム・テロリストに対して武力鎮圧やその他強権的な措置を積極的に講ずる政策に転換しつつある。その背後には、イスラム・テロリストがリベラル民主制諸国にとって不倶戴天の敵であるとの確信があることに疑いの余地はない[1]。

　この政策転換は、米国での同時多発テロ（2001年9月11日）、マドリー

---

(1)　イスラム・テロリストによるテロの国際政治的な意味に関しては、拙著『動揺する米国覇権』現代図書、2005年、第13章、を参照。初出は、拙稿「テロの重層的背景と新たな国際秩序」『治安フォーラム』2001年12月号。

ド列車爆破テロ（2004年3月11日）、ロンドン同時爆破多発テロ（2005年7月7日）等、一連のテロを考えると遅きに失した感が強い。とはいえ、これまでこの種の強硬策は先進国の民主制の根幹をなす基本的人権とその下で許容されてきた文化相対主義に抵触するとして忌避されてきた一方[2]、穏健なイスラム教徒の「信教の自由」を侵犯しないようにかなりの程度配慮がなされてきた。しかし、結果的に見れば、結局こうした配慮と躊躇が仇<ruby>仇<rt>あだ</rt></ruby>となってしまったことは明らかである。

　本章はロンドン同時爆破テロの1週間後、2005年7月14日に脱稿し、それこそ著者自身の「配慮と躊躇」のため、その後そのまま未発表となっていたものである。10年余を経て再読してみても、その内容は今日でも決して陳腐化しておらず、むしろ妥当性を増していると思われる。そこで、必要な修正・加筆をして、ここに発表することとした。

　なお、本章では、イスラム国やアルカイダ系組織など、先進リベラル民主制国家に対してテロを行う主体をイスラム・テロリスト（Islamic terrorist）と記すこととする。これは、もちろんイスラム教がテロリズムを生んでいるという意味ではなく、先進リベラル民主制国家におけるイスラム系移民コミュニティーの出身者やそうしたコミュニティーと何らかの

---

(2)　文化相対主義とは、「人間の諸文化をそれぞれ独自の価値体系を持つ対等な存在としてとらえる態度、研究方法のこと。自らの文化を、唯一・最高のものとして考えるエセノセントリズム（自民族中心主義）に対する批判として形成された概念で、アメリカの人類学者F・ボアズが提唱し、R・ベネディクトによって確立されたといわれる。たとえば、一夫多妻制や嬰児殺しなど、他の社会では悪とみなされる制度や慣習も、文化相対主義に立って当事者の立場から価値評価することで、その意味や目的、役割は理解されうる。このような中立的な姿勢は、文化の多様性を容認して異文化間の相互理解を促し、また、人類学の基本倫理ともなってきた。しかしこれを推し進めれば、全ての価値は相対的であり、人類に共通の価値基盤が存在せず、相互理解、比較研究は不可能であるという矛盾に陥る。また完全に客観的な立場というものの可能性を疑い、研究者は中立的に沈黙するのではなく、対象社会の利益のために積極的に行動すべきであるという批判もある。」『ブリタニカ国際大百科事典』2008年。

第9章　対処法　リベラル民主制と文化相対主義の弱点

接触を有し文化的ないし宗教的に先進リベラル民主制国家の市民社会との境界に位置する個人を含め、広くイスラム教の背景（バックグランド）を有するテロリストを指している（こうした中には、中途半端なイスラム理解しかもたず、過激なイスラム・テロリストの思想に洗脳された大都市郊外在住の白人中産階級の若者も含まれる[3]）。また混乱を避けるため、ジハディスト（Jihadist）、サラーフィー主義者（Salafist）、ワッハーブ主義者（Wahhabist）などの概念は用いない。ジハディストは本来、イスラム共同体（ウンマ）の防衛戦争（聖戦、Jihad）を提唱する者であって、テロリストではない。むしろ、ジハディストは、無差別な殺戮を禁止するイスラムの教義に反して「無実の人間を不信仰者と宣言」して殺戮しているイスラム・テロリストから峻別される[4]。また、詳説は避けるが、イスラム教において教義上保守的な宗派にあたるサラーフィー主義者やワッハーブ主義者もテロリストとは峻別される[5]（もちろん論理的には、両派の中からもイス

---

(3)　森千香子、「過激派の根茎を滋養するイスラームバッシング—『パリ新聞社襲撃事件』を考える」『中東研究』2014年、第522号、56頁〜59頁。

(4)　中村覚「『テロ対策』から読み解く中東政治」『世界』2014年12月号、208頁〜209頁。

(5)　同上、209頁〜210頁。
　　スーフィズム（サラフィズム）とは、「イスラムの神秘主義。この派の初期の行者（スーフィー）がスーフ（羊毛）の粗衣をまとっていたのでこの名があるとされる。8世紀末にイラクで初めてこの名が使われ、11世紀にすべてのイスラム神秘主義者に対して用いられた。イスラムは実際的宗教として発展したが、初期には禁欲主義的で現世よりも来世に幸福を求める面が強かった。この傾向を受け継いだのがスーフィズムで修行や思索の助けをかりつつ神を愛することによって神と一体になる無我の恍惚感を目的とするにいたった。この神概念の変化は、指導者層がウラマー（学識者）から9世紀以後に民衆の宗教者に移ったことに対応する。13世紀以降は、修行者が一種の僧院生活を行うようになった。」『ブリタニカ国際大百科事典』前掲。さらに詳しくは、『イスラム教の本』学研、1995年、96頁〜119頁、を参照。
　　ワッハーブ派運動とは「ムハンマド・イブン・アブドゥル・ワッハーブ（1703〜92）を始祖とする復古運動。ワッハーブ派はイスラム教の一分派で、現在サウジアラビア王国の国教。この名称は成立当時、反対者から与えられたもので、みずからはムワッヒドゥーン Muwahhidun と呼ぶ。彼は聖典『コーラン』と預言者マホメットの言行

195

ラム・テロリストは出るだろうし、その割合が他のイスラム教の宗派よりも高いかどうかの実証的な設問と分析はできるだろう）。したがって、本章で扱うのはイスラム教・イスラム文明圏の文脈で生み出され、先進リベラル民主制国家に対してテロ攻撃を加える者という意味で、イスラム・テロリストの概念を用いている。

　また、本章は西洋近代国家の研究を焦点に発展してきた標準的な政治学の視点から分析するため、必然的に西洋社会における（キリスト教の）宗教改革、民主制や資本主義の誕生と歴史的背景、とりわけ政教分離や世俗化を比較基準（reference point）としている。[6]こうした分析視覚はイスラム・テロリストを分析するに際して、多分に潜入観やバイアス（bias）を伴うものであるが、本章はその制約と限界を認識しつつも、先進リベラル民主制国家がその政治的仕組みの中でいかにイスラム・テロリストを位置付け、対処すべきかを考察するとの限定的な目的ならば許容できるとの立場から書かれている。

（スンナ）だけを行動の規範とする純潔主義を説き、マホメット時代以後の法学者のイジュマー（見解の一致）をヒドア（スンナと対立する見解）として否定した。また、聖人の崇拝、聖人廟への巡礼を禁じ、『コーラン』の定めた禁酒などの規定を遵守することを説いた。1745年中央アラビアの豪族、イブン・サウード家の政治運動と一体化して、勢力を次第に広げ、19世紀初頭にはアラビア半島の大部分を支配するにいたったが、オスマン帝国の指示を受けたエジプトのムハンマド・アリーの軍に制圧され、1818年に滅んだ。これを第一次ワッハーブ王国という。その後は、イブン・サウード家の消長と表裏一体をなし、イブン・ラジード家との闘争、メッカのシャリーフとの対決、イギリスとの折衝を経て、1927年サウジアラビア王国が独立するとその国教として、ザイド派に属するイエメンを除く住民と南・西部海岸地帯の住民を除く、アラビア半島の全域の住民を組織する宗派となった。」『ブリタニカ国際大百科事典』前掲。さらに詳しくは、中村覚（編）『サウジアラビアを知るための63章（第二版）』明石書店、2015年、26頁〜37頁、を参照。

(6)　世俗化の概念に関しては、チャールズ・テイラー（Charles Tayler）の説を簡潔に説明したものとして、次のものを参照せよ。中野毅「近代化・世俗化・宗教——危機の時代からの再考察」『宗教研究』2012年、第85巻、第4号、152頁。

第９章　対処法　リベラル民主制と文化相対主義の弱点

1 2005年時点での問題の所在

　2005年7月7日のロンドンでの同時爆破テロを受け、その後イスラム・テロリストへの対処策が盛んに議論されていた。しかし、議論は9・11（米国同時多発テロ）事件の際のものの焼き直しであり、ほとんど深まっていなかった。先進リベラル民主制諸国の政府は爆破テロを「自由と民主主義に対する挑戦」とみなし、「テロには屈服しない」との姿勢を堅持していた。ロンドンでの爆破テロの結果、米英連合軍はより固い決意をもってイラク駐留を継続すると予測されたし、有志連合の一翼を担う自衛隊のサマワ駐留も容易に打ち切ることはできないと思われた[8]。他方、イスラム世界の民衆の間では、ロンドンの爆破テロは低開発と貧困をもたらした米英の帝国主義に対する「自由の戦士（freedom fighter）」の闘いであるとの見方に一定の支持があった。しかも、この見方は、米国が冷戦時代、ソ連との対立構造の下で発展途上世界における民族解放闘争を「自由の戦士」と呼んだため[9]、イスラム系移民の二世・三世や非イスラム系低所得者層を中心に、先進諸国におけるテロリスト志望者や同調者の形成を考える上でも無視できなかった。イスラム・テロリストは先進諸国の国内世論の分断を狙っていると考えねばならなかった。

　したがって、先進リベラル民主制国家は有効なテロ対策を講じなければならなっただけでなく、そうした対策を支持する国内世論を維持・強化せねばならなかった。つまり、テロリストに対して武力を用いて鎮圧し、テ

---

(7)　米国のイラク占領は2011年12月14日に終了し、完全に撤退した。英国軍は同年5月11日に完全撤退した。

(8)　自衛隊のサマワ派遣は2003年に始まり、2009年2月に終了した。

(9)　Matsumura Masahiro, "Legal Approaches to Terrorism as a Form of International Politics: the Reagan and Bush Administration," 『桃山学院大学総合研究所紀要（*St. Andrew's University Bulletin of Research Institute*)』Vol.19, No.1, August 1993, p.3. 森、前掲。

197

ロ計画犯に対しても法執行機関を用いて厳格に取り締まらねばならなかった。とはいえ、それまでこの種の強硬策は先進諸国のリベラル民主制の根幹をなす基本的人権とその下で許容されてきた文化相対主義に抵触するとして忌避されてきた一方、穏健な一般のイスラム教徒の「信教の自由」を侵犯しないようにかなりの程度配慮がなされてきた。確かに、文化相対主義そのものは決してテロを許容するものではないが、その思潮のもとでは、断固としたテロ対策を講ずることは容易ではない。どうすれば、こうした文化相対主義の陥穽に陥らずにすむであろうか。

なお、最近の研究によれば、イスラム・テロリストの中には、中途半端なイスラム理解しかもたず、その過激なテロ思想に洗脳された大都市郊外在住の白人中産階級の若者も含まれ、それゆえ、社会的規範の失われたアノミー社会で「自己承認の要求」や「自殺願望」による動機付けに注目する必要性が指摘されている[10]。しかし、本章の立場からすると、こうした社会病理学的なアプローチに基づく施策は強化された対イスラム・テロリスト強硬策に対して飽く迄追加的に採られるべきものである。したがって、前者と後者が衝突する場合でも、前者を理由に後者を控えねばならないとする考えは否定される。というのは、前者が思想的には何ら直接には文化相対主義とは関係ないにしても、結果的に文化相対主義を利するからである。こうした立場は、イスラム・テロリストのなかで白人中産階級出身の者が過半を占める、或いは彼等の存在自体がむしろイスラム系移民二世・三世のイスラム・テロリストの形成に繋がっているとの実態が明らかにされるまでは有効であろう。

---

(10) 森、前掲。

第9章　対処法　リベラル民主制と文化相対主義の弱点

② リベラル民主制国家と政教分離

　ロンドンでの爆破テロの直前の2005年7月5日、実質的に我が国外務省のシンクタンクである日本国際問題研究所はマレーシア戦略国際問題研究所（Institute of Strategic and International Studies – Malaysia）所長のモハメド・ジャウハール・ハッサン（Tan Sri Dato' Seri Mohamed Jawhar Hassan）氏による「イスラム世界——マレーシア人の視点」と題する研究会を催した。本書著者自身が出席したこのフォーラムは、その内容がイスラム教徒の視点から捉えた国際政治におけるイスラム世界の位置付けを扱ったものであり、期せずして時宜に適ったものとなった[(11)]。

　ハッサンによれば、現在の国際世論の形成は米英を中心とした欧米のマスメディアにより支配されている。欧米のマスメディアは低開発、貧困、専制、テロを強調し、「イスラム世界＝悪」のイメージを植えつけている。つまり、イスラム世界の実態を意図的にないしは文化的な先入観によって歪曲している。現実には、圧倒的多数のイスラム教徒はテロとは無縁である一方、イスラム世界にも正常な選挙が実施され、議会も民主的に運営されている例が少なからず存在する。逆に、パレスチナ人に対するイスラエルの政策や、アフガニスタンやイラクにおける米英の武力行使こそが国家テロである[(12)]。

　もっとも、このフォーラムで発言した我が国を代表するような長老級の研究者や実務経験者がこの見方を大枠で是認したことには驚かせられた。確かに、西側メディアに情報操作や偏見（バイアス）があることは否定できないが、ここで思考が止まってしまえば、「どっちもどっちだ」との相対主義に陥り、イスラム・テロリストが何故リベラル民主制国家にとって不

---

(11)　http://www2.jiia.or.jp/report/kouenkai/050705_hassan.html、2015年12月31日アクセス。
(12)　同上。

199

倶戴天の敵なのか分からなくなってしまう。

　問題を解く鍵は、中東・北アフリカのイスラム世界には選挙や議会制度はあっても、安定したリベラル民主制国家（a liberal democracy）が存在しないことにある。確かに、イスラム圏のいくつかの国家においても、自由秘密選挙制度が機能している例が散見される。さらに、選ばれた国民の代表者が統治機構、とりわけ立法府や行政府を支配している例も散見される。この基準を用いれば、既存体制が立候補を厳しく制限し、または秘密・自由選挙を実施しない多くのイスラム諸国は論外としても、例えば、イランには機能する選挙や議会が存在すると見做さねばなるまい。確かに、イランはイスラム革命後に制定された憲法（1979年12月制定、1989年改正）でイスラム法学者を最高指導者（vali-e faghih-e：ヴェラーヤテ・ファギーフ）とするある種の神権政治体制を敷いている。また、大統領や国会議員への立候補には法学者からなる監督者評議会（最高指導者により指名され、立法府［Majles：マジュレス］により任命されるイスラム法学者6名および一般法学者6名のあわせて12名から構成され、上院の機能を有する）の審査に合格せねばならない。[13]とはいえ、2005年の大統領選挙で改革派のハタミ大統領（当時）が保守派のアフマディネジャド氏に敗れたのは、紛れもなく民意の反映であった。イランの選挙制度は概ね有効に民意を集約していると言えるだろう。

　他方、リベラル民主制国家は単に自由秘密選挙制度が機能しているだけでなく、「政教分離（separation of church and state）の原則」の遵守を要求する。リベラル民主制国家の定義は様々ありえるだろうが、それが機能

---

(13) イラン—政治体制・政治制度については、人間文化研究機構・地域研究推進事業「イスラーム地域研究」の拠点1（東京大学）「イスラームの思想と政治：比較と連関」に所属する「中東・イスラーム諸国の民主化」研究班、略称「民主化研究班」のホームページを参照。http://www.l.u-tokyo.ac.jp/~dbmedm06/me_d13n/database/iran/institution.html、2015年12月31日アクセス。

第9章　対処法　リベラル民主制と文化相対主義の弱点

するにはこの原則の遵守が満たすべき必要条件として外せない。もっとも、教会（もしくは宗教組織）と国家の統治機構の分離の在り方は、①厳格に両者を分離する場合（例えば、フランス、米国）から、②国教を認めつつ他の宗教組織を許容する場合（例えば、英国、デンマーク、ノルウェー）、さらには、③両者が固有の領域において独立し独自に対処するが、競合事項に関しては政教協約を締結して処理する場合（例えば、イタリアとヴァチカン市国のラテラノ条約［1929年］、ドイツとヴァチカン市国のライヒスコンコルダート［1933年］）など、様々な具体例がある。[14]その多様性を認めた上で言えば、統治機構に関して制度面での政教分離が確保されていないと、宗教組織が政治に介入して、国家の統治機構の独立性・自律性を阻害する。もし宗教的強者（往々にして多数派）が統治機構を牛耳ることとなれば、警察や軍隊などの国家機構を介して宗教的弱者（往々にして、少数派）は弾圧・抑圧され、その基本的人権、とりわけ「信教の自由」が蹂躙される可能性を排除できない。イランのイスラム革命体制はこの種の問題ないしは潜在的リスクを抱えていると考えられる。さらに言えば、ある種の政教一致のケースであるサウジアラビアのように制度上「政教分離」を採り、「政治と宗教の役割分化と協業」が存在しても、[15]同様の潜在的リスクがある。したがって、問題の焦点は制度面で両者が分離されているだけではなく、それ以上に両者に実態的な分離が慣習として存在しているかどうかが重要となる。

---

(14)　新田浩司「政教分離と市民宗教についての法学的考察」『（高崎経済大学）地域政策研究』、2012年、第14巻、第2・3合併号、26頁～27頁。
(15)　中村「『テロ対策』から読み解く中東政治」前掲、210頁。

3 政教分離と政治文化

　仮に統治機構・制度の次元で政教分離を確保できたとしても、政治文化の次元で政教分離を担保することは容易ではない[16]。確かに、仮に何らかの強力な宗教組織・勢力が統治機構に直接介入しない場合であっても、若しくは介入が限定的であり、概ね形式的には統治機構の制度的独立性・自律性が確保されている場合であっても、宗教的多数派が所属する宗教組織の構成員としてその教義や指示に従って投票行動をとれば、多数決制による統治・支配によって市民的権利・義務を無視する可能性を排除できない。そうなれば、市民社会とリベラル民主制国家は成立しない。この危険性はイスラム革命体制をとるイランだけではなく、イスラム宗教指導者が世論形成において大きな影響力を有するインドネシアのような通常、民主制が機能していると見做されている国家においてさえ無視できない。確かに、リベラル民主制国家でも宗教的な価値に基づく政党や政治運動が存在する。西欧諸国ではキリスト教の価値観を謳う保守政党は少なからず存在する。政教分離が機能するために重要な条件は、これらの政党やその支持者が所属する宗教組織の教義や指示（或いは、宗教指導者の指示）ではなく、内面化された宗教的な価値観に基づきながらも、独立した市民・個人として政治的な選択や行為を行うことである。

　例えば、フランス共和制では「政教分離の原則」をさらに徹底して、政治と宗教とを完全に分離するため、公共の場において公然と特定の宗教を表明する礼拝や服装を禁止している[17]。他方、米国の場合は、大統領就任式の宣誓にもみられるように、所謂「市民宗教（civil　religion）」によって

---

(16) 最近の典型的な例としては、「群衆、サウジ大使館襲撃──イランシーア派指導者処刑で」『日本経済新聞』2016年1月4日。

(17) 井上修一「フランスにおける政教分離の法の展開」『仏教学部教育学部論集』第21号、2010年3月。

国民の宗教感情レベルでの政治と宗教との結びつきを積極的に認めた上で、「信教の自由」を保証するために国教を持たないという意味で「政教分離の原則」を堅持している。[18] したがって、米国のリベラル民主制でさえ、万一キリスト教原理主義派が大勢を占め「政教分離の原則」を 蔑 にすれば、危機に直面するだろう。[19] また、万一特定の宗教政党や宗教勢力が政治を蚕食すれば、日本のリベラル民主制も崩壊するだろう。[20]

　政治文化の中にこそ国家存立の基本を定めた根本法（憲法）の本質が存在する。憲法は法的確信を伴い歴史的に反復・継続される国民的規模での実践によって生成される。この意味において、全ての憲法の本質は慣習法にある。ここに今日、多くの憲法が現実的ないしは実務的な必要性から憲法典の形式を採っている一方、民主制の母国、英国においては依然として成典憲法が存在しない所以である。逆に、どのように立派な憲法典があったところで、それを実践しない政治文化においては、憲法典はただの紙切れにすぎない。[21] この点は、中華人民共和国憲法や朝鮮民主主義人民共和国憲法の人権関連条項がなんと空しい響きしか持っていないかを考えれば合点がいくだろう。

　イスラム世界において、「政教分離の原則」を保障する政治文化は存在するであろうか。また、もし存在しているなら、それは十分堅固であろうか。

４　イスラム教の政治文化

　イスラム社会が先進リベラル民主制国家に見られるような政教分離の政治文化を欠いている或いは有していても非常に脆弱であることは、イスラ

---

(18)　新田浩司、前掲、27頁〜30頁。
(19)　坪内隆彦『キリスト教原理主義のアメリカ』亜紀書房、1997年。
(20)　山崎正友『創価学会と「水滸会記録」―池田大作の権力奪取構想』第三書院、2004年。
(21)　小室直樹『痛快！憲法学』集英社インターナショナル、2001年、第１章及び第２章。

ム教の本質と切り離せない。このことは、イスラム教を同じ起源を持つ啓典宗教であるユダヤ教とキリスト教と比較してみるとはっきりする。

　誤解を懼れずに単純化して捉えれば、最も古いユダヤ教は人間性悪説を採っている。内面的な信仰は第三者には見えないから、律法を遵守しているかどうかの外面的な行動から信仰の有無を判断する。この点、小室直樹は次のように簡明に指摘している。

　　‥‥旧約聖書が伝えようとしているメッセージは明明白白です。要するに「契約を守れ」、この一言に尽きます。たしかにアブラハムに対して、神様は「お前の子孫にカナンの地と永遠の繁栄を与えよう」と約束した。しかし、その約束は無条件に与えられたものではありません。あくまでも神との契約を遵守するかぎりにおいて、という条件付きです。つまり、契約なのです。ところが、古代のイスラエル人たちは、その契約をまもらなかった。その結果、神から皆殺しにはされなかったものの、約束の地を失い、バビロニアの奴隷となった。そこで旧約聖書は「この教訓を絶対に忘れてはならない」と伝えているのです。‥‥そこで彼らは過去の歴史を旧約聖書という形に集約し、今後は神と結んだ契約、いわゆる「律法」をきちんと守ろうと考えた。[22]

　次に、キリスト教は人間性善説を採っている。キリスト教は律法の形式的な遵守ではなく内面的な信仰を重視する。新約聖書は旧約聖書のような細かな律法はほとんど持たず、その物語性の高い内容は融通無碍に解釈できる。この点、小室直樹は次のように簡潔に指摘している。

---

(22) 同上、136頁。

204

第9章　対処法　リベラル民主制と文化相対主義の弱点

　　‥‥イエスは、神との契約を改定するのですが、その際、契約対
象をユダヤ人以外にも広げるという革命的なことを行った。しか
も、モーゼが結んだ律法では「割礼をせよ」とか「豚を食べるな」
とか、いろんな戒律が事細かにあったのですが、それをすべて廃棄
して、ひじょうにシンプルな条件に変えた。すなわち、「神を信じ」、
「神を愛し、隣人を愛せ」、この条件さえ守れば、神様はその人を救
済してくれるというのがイエスの教えです。さらに、旧約聖書で
は、神との契約を守れば、イスラエル民族全体が救われるのですが、
キリスト教においては、「神を信じ」、「神を愛し、隣人を愛せ」ば、
その人個人が救われる。つまり、神と契約を結ぶ主体も集団から、
個人にかわった。[23]

　この点、ルターやカルヴァンが聖書を読み込んで再解釈することで見出
した予定説は、ローマ・カトリックに対してキリスト教の原点回帰の運動
ともいえるプロテスタントによる宗教改革をもたらしたことはよく知られ
ている。また、予定説による「神の下の平等」が、政治社会生活における
平等概念へ世俗化され、現実政治における民主制へと変容した。また、社
会学の泰斗、マックス・ウェーバーの著書『プロテスタンティズムの倫理
と資本主義の精神』によれば、元来金儲けは忌避されていたところ、予定
説によって労働が本質的に信仰を表現する活動であると見做されるように
なると、信者のエートスが経済・利潤創出活動を積極的に肯定するように
世俗化し、西欧社会における近代資本主義体制への移行の鍵となった。[24]
　そして、キリスト教成立から六世紀弱を経て最後に成立したイスラム教
は啓典宗教としては最も完成度が高い。基底には人間性悪説と人間性善説

---

(23) 同上、137頁。
(24) 同上、第4章及び第5章。

205

を止揚した人間性弱説ともいえる考えがある。この点、小室直樹は次のように平易に説明している。

　　　‥‥イスラム教の神様は旧約の神様ほど、契約違反に対して厳しくないし、短気でもない。イスラムの神様はひじょうに寛容なのです。つまり、人間が罪作りなことをしても、その人物が普段は宗教的に正しい生活をしていたら、情状酌量をして許して下さる。それがイスラムの神様です。モーゼの神様は、たとえ日常生活は正しく過ごしていても、偶像を刻んだりして大罪を犯したら、どんなことがあっても許しませんでしたが、それとは大違いです[25]。

　それゆえ、「コーラン」は宗教的な側面だけではなく、食生活、家族・社会生活、経済、政治、軍事など人間生活の諸側面を包括的に規定している。一般的に、原理主義は聖典の字句通りの意味解釈を主張するが、キリスト教とイスラム教の場合、その意味合いは全く異なる。キリスト教徒による聖書の解釈が融通無碍であることと比較して、イスラム教徒による「コーラン」の解釈は「コーラン」のシステムとしての完結度の高さゆえに相対的に柔軟性が極めて低い[26]。したがって、イスラム世界においては、形式的にはともかく、実質的に正常に機能するリベラル民主制国家も近代資本主義も実現するのは極めて困難なのである[27]。
　確かに今日では、過去数百年に亘る西洋の覇権、とりわけ政治文化的覇権の結果、元来、西欧近代に特殊である人権保障、権力分立、民主制を是とする価値は他の文明・文化圏を啓蒙（西洋化）することによって、一定の普遍性を帯びるようになっている。しかし、こうした価値は本来キリス

（25）同上、140頁。
（26）小室直樹『日本人のためのイスラム原論』集英社インターナショナル、2002年、第2章
（27）同上、第1章。

第9章　対処法　リベラル民主制と文化相対主義の弱点

ト教に根差した価値が世俗化したものであるから、リベラル民主制国家とイスラム的価値・生活様式との間には潜在的にかなり高い緊張関係が存在すると考えねばなるまい。さらに言えば、リベラル民主制国家におけるイスラム系住民はその政治的・社会的秩序を是認している限り、世俗化したその他の圧倒的多数の市民と調和的に共存できるであろうが、一旦経済情勢が悪化して経済社会的に不利な状況等に置かれ、イスラム的価値・生活様式を声高に主張し或いは公然と実践するようになると、そうした緊張関係は顕在化する。また、その場合、イスラム系のコミュニティーは海外から潜入したイスラム・テロリストに身を隠し支援を受けるには都合の良い生活空間を与えることになるであろうし、テロリスト志望者や同調者を供給する温床ともなりえる。言うまでもなく、先進リベラル民主制国家のなかのイスラム教徒を含め、世界のイスラム教徒の圧倒的多数とイスラム・テロリストとは直接何ら関係がない。とはいえ、両者の間にはこうした接点が存在し、負のスパイラルが作用する可能性が十分あることに留意せねばならない。

5 イスラム・テロリストの危険性

　政治と宗教の関係に着目すると、イスラム・テロリストとリベラル民主制国家における従来のテロリストと同列に扱う誤った認識は看過できない。この認識ではイスラム・テロリストとアイルランド共和国軍（IRA）

---

(28) それでは、日本のケースはどのように理解すればよいのかという問いが出てくるのは当然であろう。管見によれば、それは西欧と日本のみが中世を経験する等、両者の歴史的発展経路と経験が多分に似通っていたためである。これに関しては、本書第7章を参照せよ。

　　とはいえ、キリスト教圏に属さない日本は制度面で完璧なリベラル民主国家であるとはいえ、実態として真正のリベラル民主制国家として機能しているかどうかは、実証的に分析されるべき問題であろう。

やバスク解放戦線（ETA）のテロリストとは何ら変わるところはなく、何れも抑圧された側が解放を求めた「自由の闘争」であるとの位置付けになってしまう。つまり、殊更にイスラム・テロリストの邪悪さを強調するのは、イスラム教やイスラム社会に対する偏見や差別に原因があり、正当化しえないということになろう。

　果たして、そうであろうか。両者には決定的な違いがある。アイルランド共和国軍やバスク解放戦線は権力を握る多数派に対してテロ闘争をおこなっても、「政教分離の原則」を否定しているわけでない。万一テロリスト側が権力を奪取したとしても、基本的にはリベラル民主制国家の枠組みの制約を受け容れることに疑いの余地はない（実際、アイルランド共和国軍はアイルランド独立を掲げて対英テロ活動を展開してきたが、1998年、ベルファスト合意で英・アイルランド間に和平合意が成立すると、アイルランドは北部アイルランド六州の領有権を放棄する憲法改正を行い、主流派は武装放棄した[29]。ただし強硬派は分派し、依然武装闘争路線を完全には放棄していない）。他方、イスラム・テロリストは「政教分離の原則」を拒絶し、リベラル民主制国家そのものを拒絶している。

　確かに、歴史的に欧米はイスラム圏で暴力的な介入・侵略を犯してきており、今日その帝国主義的な行動は本質的に変化していないと議論することは可能である。また、イスラム社会や先進国の批判的知識層において、9・11以降の武力行使に依存した米英の所業がこうしたイメージを磐石なものとしてしまった感が強い。さらに、欧米マスメディアによる報道が欧米側のイスラム社会に対するイメージや偏見に大きく影響されているのは否定しがたい一方、その情報操作が懸念される報道が散見される。

　とはいえ、「政教分離の原則」とそれを支える世俗化した政治文化を拒絶

---

(29) 在日アイルランド大使館サイトの関連情報、http://www.embassy-avenue.jp/ireland/ireland/nor_ireland_02.html、2015年12月31日アクセス。

第9章　対処法　リベラル民主制と文化相対主義の弱点

するイスラム教原理主義はリベラル民主制国家とは正面から矛盾する。さらに、神権政治体制を暴力と恐怖によって実現しようとするイスラム勢力、とりわけイスラム・テロリストは先進リベラル民主制国家にとって不倶戴天の敵である。リベラル民主制国家では、その枠組みの中でのみイスラム系少数派の存在を許容できる。とはいえ、そもそも価値が宗教に基づき、政治が価値と密接に結びついている以上、本質的には宗教と政治は分離できない。西洋近代社会は単に両者を統治機構・制度や慣習法の次元で機能的に分離（「政教分離」）しただけである。したがって、政教分離とそれを重んじる世俗化された政治文化を文化相対主義の名の下に蔑にすれば、リベラル民主制国家そのものを否定することになる。ロンドンでの同時爆破テロを契機に、イスラム・テロリストの位置付けに関する知的混乱を収拾する必要があろう（この点は、2015年のパリ同時テロ事件を経た現在、ますます重要となっている）。

（参考文献）

・明石欽司『ウェストファリア条約──その実情と神話』慶應義塾大学出版会、2009年。

・岡倉徹志『サウジアラビア現代史』文藝新書、2000年。

・桜井啓子『現代イラン　神の国の変貌』岩波新書、2001年。

・マックス・ウェーバー（著）、大塚久雄（訳）『プロテスタンティズムも倫理と資本主義の精神』岩波書店、1989年。

・マックス・ウェーバー（著）、内田芳明（訳）『古代ユダヤ教（上）（下）』岩波書店、1996年。

・小室直樹『日本人のための宗教原論』徳間書店、2000年。

・中見利男『ユダヤ世界のすべて』日本文芸社、2003年。

・アントワーヌ・バスブース（著）、山本知子（訳）『サウジアラビア　中東の鍵を握る王国』集英社新書、2004年。

- 宮田律『イスラム政治運動』日本経済新聞社、1996年。
- 山本賢蔵『右傾化に魅せられた人々』河出書房新社、2003年。
- バーナード・ルイス（著）、臼井陽（監訳）、今松泰・福田義昭（訳）『イスラム世界はなぜ没落したのか？　西洋近代と中東』日本評論社、2003年。

- Ayann Hirsi Ali, "A Problem From Heaven: Why the United States Should Back Islam's Reformation", *Foreign Affairs*, July/August 2015.
- Kenan Malik, "The Failure of Multiculturalism," *Foreign Affairs*, March/April 2015,
- William McCants, "Islamic Scripture Is Not the Problem and Funding Muslim Reformers Is Not the Solution", *Foreign Affairs*, July/August 2015.

結　語

　本書は近年、次第に顕著になってきた米国覇権システムの衰退を分析した。冷戦後、核戦争へエスカレートするような大国間の大規模な戦争、それが生み出す戦争特需そして復興特需の可能性はなくなり、その結果、デフレ圧力の下での激烈な国際価格競争と世界経済のグローバル化が急速に進展した。冷戦中期から後期にかけて、米国は製造業主導から金融主導に産業構造を転換させ、冷戦後は金融資産バブルによって経済覇権を維持した。ところが、2008年秋の国際金融危機以降、米国経済は深刻な構造的脆弱性を抱えたまま、ただ単に延命しているものの再生していない。その結果、現状では米国は他を圧倒する軍事力を有しているものの、その軍事覇権は財政力の点から持続できない可能性が高まっている。他方、経済のグルーバル化の結果、世界規模でも各国家社会でも深刻な経済社会的二極化が進行し、その状況に乗じたイスラム・テロリストがリベラル民主制に執拗なテロ攻撃を加えるという形で米国の政治文化覇権に挑戦するようになった。

　本書では、こうした点に着目して、経済覇権、軍事覇権そして政治文化覇権の三つのサブシステムにおける動揺を相互の連動に注意を払いながら分析し考察した。

　まず、第一部では、米国の経済覇権サブシステムが金融、貿易そして開発の側面において極めて大きな矛盾を抱えて、動揺が顕著になっていることを明らかにした。

　確かに、米国は連邦準備銀行の金融機関救済権限を用いて国際金融危機

に対処できた。しかし、この権限が金融機関を利する形で恣意的かつ一方的に行使されたため、既得権益を守ろうとするエリートに対する国民大衆の疑念・憤りが相当に高まっており、金融主導の既存国内政治社会体制の正当性が急速に低下している。

　また、米国はTPPを梃に国際経済・貿易秩序を変容させ、自国の国益とパワーを増進させようとしてきた。確かに、米国は地域覇権の構築を目論む中国との戦略的競争を梃にして、近隣窮乏化政策であるTPPの交渉を妥結に導いたが、結局、肝心の米国内に大衆的な反対が台頭して批准が危ぶまれた挙句、トランプ大統領は就任直後、TPPから離脱した。

　さらに、国際開発分野では、米国はアジア・インフラ投資銀行（AIIB）の設立による中国の挑戦を許してしまった。また、この挑戦は長年、米国覇権を支えてきた英国の裏切りによってもたらされた。つまり、AIIB問題は単に英米暗闘の付帯現象（epiphenomenon）に過ぎず、米国覇権の凋落にともなう英米が暗闘している状況を明らかにした。

　第二部では、米国は厳しい財政的制約に直面して、軍事力の限定的な量的削減と質的強化を組み合わせた縮小再編成によってなんとか軍事覇権サブシステムの動揺を抑えようとしている様を明らかにした。

　まず、核不拡散体制が大きく揺らぐ中、米国は軍事覇権を維持するために核兵器の近代化を進める必要に迫られているが、巨額の経費のために実現が極めて困難になっている。その結果、米国は将来、同盟国に有効な拡大核抑止を提供することが困難となる可能性が出ることを明らかにした。その上で、日本が最小限必要な限定的核武装を行う条件を考察した。

　また、南シナ海情勢に焦点を合わせ、米軍が急速に軍拡する中国軍との小規模な局地戦あるいは限定的な地域紛争に勝利する通常戦力を有しているかを分析した。その際、プラットフォームや兵器保有の量的側面を重視するのではなく、作戦ドクトリンを含めた総合的な戦闘能力（warfighting capability）に着眼し、中国の急速な軍備拡大が必ずしも総合的な戦闘能力

結 語

の向上に繋がっていないことを明らかにした。

　さらに、豪州の潜水艦調達問題を契機にした日豪準同盟（quasi-alliance）に関する論争を採り上げ、米国にとって同盟国のパワーを利用しその軍事覇権サブシステムの動揺を抑えるのは容易ではないことを明らかにした。

　第三部では、リベラル民主制に対するイスラム過激派のテロ攻撃を取り上げ、米国の経済覇権と軍事覇権の二つのサブシステムの動揺がその政治文化覇権サブシステムの動揺を惹起させていることを明らかにした。

　まず、圧倒的な軍事力を用いた米国の中東に対する武力介入が民族・宗教紛争によって変動する中東の政治秩序について十分な理解を欠いたために挫折したことを明らかにした。

　また、米国で人気の連続テレビSFドラマ番組『スター・トレック』に出てくる「最優先指令」を分析し、この挫折をもたらした誤った政策の背景にある先入観（bias）を明らかにした。さらに、改めて「分割支配」の知恵を確認し、近代化推進者たらんとする道徳的傾倒や民主化推進者たらんとする宣教師的熱情の危険性を指摘した。

　さらに、リベラル民主制に埋め込まれた人権重視や文化相対主義への尊重がその不倶戴天の敵であるイスラム・テロに有効に対決することを阻害しており、米国（そして主要同盟国）の政治文化覇権サブシステムの動揺を抑えることが容易ではないことを明らかにした。

　2016年秋現在、米国の覇権システムは一応何とか機能しているように思えるが、その衰退は経済面での動揺を根本的な原因としながらも、軍事面と政治文化面における動揺と連動しながら、ますます深刻化している。具体的には、本書で分析したように、覇権システムにおける様々な制度や仕組みは深刻な機能の低下、部分的停止そして部分的破綻に陥っている。

　もちろん、米国自身は当然覇権システムをできるだけ維持しようと様々な対策を打つであろうし、その結果、少なくとも覇権システムの破綻が先延ばしになることは十分あり得る話である。また、覇権システムの「衰退」

213

イメージ・定義次第で、現象的に顕在化しないと認識される可能性もある。例えば、経済力や軍事力などの物質的なリソースに基づいたパワー（power）が多少弱体化しても、国連その他国際機関や公式・非公式の国際的な政治・経済・文化制度に基づいたパワーや影響力（influence）が維持・強化されれば、米国覇権システムは大きな慣性を保ちえるから、相も変わらず機能し続けているとの観を呈することはあるだろう。そうできれば、凋落は相対的な現象であるから、他の列強が台頭したのであると強調すれば、取り敢えず米国覇権の凋落は否定できる。

とはいえ、米国覇権システムはますますその内的諸矛盾が拡大し、動揺から衰退そして破綻へと向かっているように思える。本書の分析では、米国覇権システムの延命は多少可能であっても、衰退の原因を取り除き、再生へと反転させる展望を見出せなかった。もちろん、本書は必ず米国覇権システムが決定的に衰退ないし破綻すると断言するものでも、その時期や過程を具体的に予言するものではない。今後とも、米国覇権システムを焦点に国際秩序の変容に注目する必要を強調して、米国覇権の凋落に関する暫定的な分析としたい。

補論1　トランプ政権の誕生と日本の安全保障

補論1
トランプ政権の誕生と日本の安全保障
——覇権の縮小再編成かそれ以上か

　2016年11月の米大統領選は予測に反した結果となり、トランプ政権が
発足した。その後も同政権に関する報道、分析、判断は既成の概念・価値
観や希望的観測に左右され、大きく外れ続けている。とりわけ、我が国の
状況は酷い。そこで、本書著者が選挙直前から3ヵ月半に亘ってワシント
ンDCで研究生活を送った際の知見も参考にしながら、2017年2月中旬ま
での情報に基づいて新政権の重要な特徴を考察してみたい。

1 トランプ政権誕生の意味

　米国は先の大戦後、紆余曲折はあったものの世界覇権を牛耳り続けてき
た。しかし、2008年秋のリーマン・ショックの結果、米国覇権は金融経済
面を焦点に深刻な危機に陥っており、米国は過度に拡張した覇権システム
の縮小再編成に迫られている。選挙中からのトランプ氏の発言を踏まえる
と、一気に覇権放棄に近い状態を目指して諸政策が推し進められる可能性
を排除できない。虚心坦懐に観れば、そうした方向性はオバマ大統領によ
る「米国は世界の警察官ではない」との発言や一旦示唆したシリアへの軍
事介入の断念などとの連続性が高い。異なるのは消極的か積極的かだけと
も言え、客観的には国力の低下による制約を物語っている。かつて膨らみ
過ぎたソ連は現在のロシアへ縮小再編成し地域覇権を放棄したし、中国も
同じ圧力に喘いでいる。米国も例外ではあり得ない。

　米国の軍事覇権を下支えするのは経済覇権であるが、工業・製造力によ

215

る経済覇権は1971年のニクソン・ショック（金・ドル交換停止）を転換点に終焉し、その後米国は「世界の投資銀行」として金融力による経済覇権に移行した。これは高い資金の運用能力と運用益があって可能となるが、結果的には冷戦後、全地球的な軍事対立と（準）戦争特需がなくなると、世界経済は深刻なデフレに陥り、有望な投資機会を十分確保できなくなった。このため、結局リスクの高い投機に走らざるを得ず、リスクが顕在化して金融バブルが崩壊したのが2008年秋以降の金融危機である。その後、流動性供給によって恐慌は回避されたものの、巨額の不良債権による債務超過で深刻な構造的脆弱性を抱えたままである。現在は巧妙な金融政策によって単に破綻を先延ばしにしている状態に過ぎない。

　1980年代以降、米国経済の産業空洞化と雇用喪失は徐々に深刻になり、米国民は困窮するようになった。オバマ政権は医療保険制度改革を含め、分配政策によってこの状態を是正しようとしたものの、国民の期待に十分応えることができなかった。黒人やヒスパニックなどの低所得者層の状況はある程度改善されたものの、その財源を税金で負担した白人を中心としたミドルクラスの状況は却って著しく悪化した。現在、独立自営を是とするミドルクラス（その中核として農家、中小企業経営者、自営業者を含む）は所得の低迷や物価高騰だけではなく、高金利の住宅ローンやカード・ローン、高騰する大学教育費や医療保険代に青息吐息である。

　したがって、トランプ政権の誕生は生活に困窮して追い詰められた庶民が起こした「成功した百姓一揆」のようなものであり、これに「ポピュリズム（大衆迎合主義）」「反知性主義」「衆愚政治」などのレッテルを貼って色眼鏡で見ると判断を大きく誤ることになる（トランプ政権誕生がもたらした「無血革命」級の転換と比べると、トランプ自身の女性蔑視や人種差別等の点での一連の不適切な言動は全く重要ではない）。この点は、1月20日の大統領就任式での「革命宣言」ともいえるトランプ演説で明白となった。曰く、「我々は権力をワシントンDCからあなた方、アメリカ国民

補論1　トランプ政権の誕生と日本の安全保障

へと返すのだ。あまりにも長い間、我々の国家の首都にいる少数集団が政府の恩恵を受ける一方で、国民はその費用を負担してきた。ワシントンは繁栄した。しかし国民はその富の分配にあずかることはなかった。」「（彼らは）自らは守ったが、国民は守らなかった」。さらに、「何十年もの間、我々はアメリカの産業を犠牲にして外国の産業を豊かにしてきた。我々の軍に非常に悲しい消耗を許す一方で、他国の軍に支援金を払ってきた。自らの国境を守ることを拒否する一方で、他国家の国境を守ってきた。アメリカのインフラが荒廃し朽ちていく中、海外に何兆ドルも費やしてきた」と明言した。この反覇権・反グローバリズム政策の立場は選挙中から断片的になされたトランプ氏の発言と非常に高い一貫性を有しており、各論レベルでの矛盾や齟齬を論って（あげつら）その稚拙さを強調すると大きな誤りを犯すことになる。

② 国内問題優先と対外政策への含意

　トランプ大統領は就任演説で保護貿易、公共インフラ投資、軍備増強、減税によって国内経済を再建し、製造業での雇用創出を最優先政策目標とすることを明言した。しかし、財政支出を増やして税収を減らすのであるから、財政赤字とインフレは必至であり、中長期的には堅持できない政策路線である。また、輸入関税率を上げ価格も上昇すれば、インフレは更に昂進するだろう。不動産業出身の新大統領にすれば、実質価格よりも名目価格を重視するのであろうが、インフレ率を低く制御できない虞（おそれ）もあり、短期的には相当の有効需要が創出できても、早晩破綻する虞が強い。

　他方、この間、米国経済の安定を保たねばならないが、そのためには瀕死の状態にある米国覇権システムの中核である米債権金融システムの破綻を回避せねばならない。とはいえ、ウォール街が要求するように行き過ぎた投機を規制するドッド・フランク法を廃止ないし改悪して、再びさらに

217

巨大なバブルを生起させて破滅を招来するわけにはいかない。かといっ
て、規制強化のために金融機関に課した事務作業は過大であり、中小企業
や庶民に身近な中小金融機関が軒並み経営悪化・廃業に追い込まれている
結果、2008年の金融危機の戦犯である大手金融機関が焼け太る結果を放
置できない。新政権の試金石は、こうした弊害を除去し、戦犯を厳重に取
り締まる立法措置が取れるかにある。逆に、戦犯を利する措置を取ること
となれば、それは新大統領が既成体制勢力（establishment）に取り込まれ、
「トランプ革命」が終焉したことを意味する。

　このように新政権は国内問題優先であり、外交安全保障政策は二の次と
なる。さらに、新大統領の選挙中からの発言や閣僚・側近の人事（国防長
官、大統領正副補佐官［国家安全保障担当］、ホワイトハウス顧問など）を
見ても、専らその関心は中東政策や反テロ（特に、反ISIS）作戦に注がれ
ており、東アジア・西太平洋地域への関心は相対的には低い。当然、日本
側としては新政権の日米同盟政策や対中安保政策に強い関心があるだろう
が、新大統領自身にとっては、米国債の最大保有国である日本との関係は
中長期的には極めて重要だが、短期的には周辺的な課題といっても過言で
はないだろう。他の主要な国内政策や外交安全保障政策（特に、中東・反
テロ政策）の次に、それら制約を受けて二義的に出てくることとなろう。

　とはいえ、これまで覇権を握ってきた米国にとって国内政策と対外政策
は他国とは比べものにならないほど表裏一体化している。例えば、環境規
制を大幅に緩和する政策は国内の石炭やシェールガスの生産を増加させエ
ネルギー自給率を高めることになるとともに、武力介入重視の対中東覇権

---

(1)　Emel Akan, "The Uncertain Future of Dodd-Frank", *Epoch Weekend*, December 15-
　　21, 2016, http://printarchive.epochtimes.com/a1/en/us/dal/2016/12-Dec/16/a2_Final.
　　pdf, accessed on January 25, 2017. Peter J. Wallison, "What Dismantling Dodd-Frank
　　Can Do", *Wall Street Journal*, November 17, 2016, https://www.wsj.com/articles/
　　what-dismantling-dodd-frank-can-do-1479342487, accessed on January 25, 2017.

補論 1　トランプ政権の誕生と日本の安全保障

政策の必要性を大幅に減じる。そうなれば、列強とりわけロシアと外交的に手打ちをして、中東において勢力均衡による秩序を是とする戦略に転換することになるだろう。しかし、そうなれば同盟国であるイスラエルの安全をいかに保障するのかという難問に直面する。新大統領は娘婿のクシュナー（Jared C. Kushner）大統領上級顧問に代表されるように正統派のユダヤ系勢力に支援を受けているだけに、いかに総合的に整合性を持たせるのかを迫られることになる。

　また、国内経済再建路線は対米輸出ダンピングや通貨操作の点で中国との厳しい経済的対立となる。既にアナウンス効果だけで、実質的にバブル崩壊を統制で抑え込んでいる中国からの外資と共産党幹部の隠し金の逃避（キャピタル・フライト）に拍車がかかっており、中国を経済的に追い詰めつつある。このため、一時400兆円を超した中国の外貨準備高は公式統計でも300兆円を割り込んでいる。[2]これには海外借入分の外貨が含まれていることから、実質的にはその半分もない可能性もある。さらに、中国の主たる輸出市場である欧州経済の低迷が深刻化し、その上、対米輸出も大幅に減少すれば、貿易黒字と外貨準備高は急速に縮小する。となれば、為替が元安に大きく振れ、エネルギー・原材料のコスト高に直面し、中国の輸出主導の経済モデルは行き詰まることとなろう。中国元のマネー・サプライはドル保有額に基づいているから、この化けの皮が剥がれた場合に[3]

---

(2)　Lingling Wei, "China's Foreign-Exchange Reserves Drop Below \$3 Trillion, Near Six-Year Low", *Wall Street Journal*, February 7, 2017, https://www.wsj.com/articles/chinas-foreign-exchange-reserves-drop-past-3-trillion-near-six-year-low-1486468958, accessed on February 8, 2017.

(3)　「計算が合わない中国の対外資産——架空帳簿でドルを創造」『世界のニュース　トトメス 5 世』2015 年 8 月 17 日、http://www.thutmosev.com/archives/40185965.html、2017 年 1 月 25 日アクセス。田村秀男「下落続く人民元——中国不動産バブル崩壊とともに暴落が起こる」『産経ニュース』2016 年 7 月 9 日、http://www.sankei.com/premium/news/160709/prm1607090014-n1.html、2017 年 1 月 25 日アクセス。「なぜ中国の経済危機が起こったのか」『Baatarism の溜息通信』2016 年 1 月 10 日、

は中国は塗炭の苦しみを味わうことなる。

　中国の一帯一路構想や外貨準備高を見せ金にしたアジア・インフラ投資銀行も足元から崩れかかっており、対中牽制策としてのTPP（環太平洋戦略的経済連携協定）ももはや必要ない状態となっている。中国は盛んに経済的攻勢を演出しているが、その実、内需主導に転換できないために外需依存へと追い詰められている。トランプ新政権の対中保護貿易政策は有効な安全保障政策として機能していると言える。問題は、追い詰められた中国が国内矛盾を対外的に転嫁しようとして、南シナ海や東シナ海での軍事的冒険に出る可能性が高まっていることにある。

　要するに、こうした内政と外政の表裏一体性に鑑みれば、トランプ政権の国内問題優先路線を単純に孤立主義だとレッテルを貼って思考停止に陥ってはならない。認識すべきは、新政権が大方針として国内政策を突破口に大胆な反覇権政策に着手した行動力であり、今後もその強力な推進が予想されることである（もっとも、国内再建ができれば、覇権システムの縮小再編成までで踏み留まるのか、それとも覇権の積極的放棄が大目的であるのか、現時点では予断できない）。したがって注目すべきは、大方針の下、重要な個別政策間の整合性が担保できるのか、また革命的な政策転換への移行期を上手く乗り越えられるかにある。

---

http://cache.yahoofs.jp/search/cache?c=hU5dQI-cFuIJ&p=%E2%80%9D%E7%94%B0%E6%9D%91%E7%A7%80%E7%94%B7%E2%80%9D+%E4%B8%AD%E5%9B%BD+%E3%83%9E%E3%83%8D%E3%83%BC%E3%82%B5%E3%83%97%E3%83%A9%E3%82%A4+%E5%A4%96%E8%B2%A8%E6%BA%96%E5%82%99%E9%AB%98&u=d.hatena.ne.jp%2FBaatarism%2F20160110%2F1452440042、2017年1月25日アクセス。

補論 1　トランプ政権の誕生と日本の安全保障

③ 人事と個別政策間の整合性

　新大統領はホワイトハウス側近や閣僚を頂点に、少なくとも 4,400 人余
の行政府幹部・スタッフを任命せねばならない。これは米国が試験選抜に
よるキャリア官僚制ではなく、スポイルズ・システム（猟官制）を採って
いるためである。従来は、政権交代で大幅な入れ替えがあるものの、外交
安全保障分野では概ね三つの派閥・ネットワーク（キッシンジャーに代表
される保守派、ネオコン派、リベラル派）の一つが中心になりながらも、
他の一つと混在して、残りの一つを弾く形で行政官上層を占めてきた（多
くの場合は、保守派＋ネオコン派、或いは、リベラル派＋ネオコン派で
あった）。また、「回転ドア」と呼ばれる産官学の間の専門家人材の流動性
が高い中、ワシントンDCにある主要な政策シンクタンク群が下野した前
政権の人材幹部や新たに発掘される専門家のための人材プールの役割を果
たしてきた。これらの人材は党派性を持ち政策上の相違点はかなりあるも
のの、総じて米国の覇権政策を支えてきた既成体制勢力の番頭・手代格の
専門家である。

　新政権移行チームの人事は反覇権政策・反既成体制勢力を大方針として
進められた当然の帰結として、概ね従来の人材を排して行われてきた。こ
れは、ホワイトハウス側近や閣僚（各省長官等）の人事に如実に表れてい
る。もっとも、このレベルの人事は大統領の大方針を体して巨大な官僚機
構を率いる能力を持つ人材が求められる一方、各界や国民一般に対してよ
り具体的な政治的・政策的メッセージの発信と政権への支持強化が重要な
目的である。特に、今次の大統領選は与党＝共和党内でも泥仕合を戦った
ため、多分に党内融和を図ってなされた。

---

(4)　拙著『米国覇権と日本の選択——戦略論に見る米国パワー・エリートの路線対立』勁
　　草書房、2000年、14頁〜21頁。拙著『動揺する米国覇権』現代図書、2005年、第3章。

221

この高級人事の分析として2017年2月中旬の時点で最も優れたものとしてよく言及されたのがブルッキングス研究所のトマス・ライト研究員が『フォーリン・ポリシー』誌に発表した「不信感によって分裂したトランプ氏の政敵団隊（Trump's team of rivals, riven by distrust）」（2016年12月14日）である。この分析ではトランプ政権の閣僚級の国家安全保障政策責任者達が「国内問題優先主義者」（トランプ大統領を含む）、イスラム過激派の殲滅を最優先する「宗教的戦士」、共和党主流の外交安全保障専門家である「伝統主義者」の三つの派閥に分裂していると観る。論考発表時では人事は始まったばかりで、誰がどの派閥に属しているのかという具体的記述は少ないものの、外政に経験がなく不得意な国内問題優先の新大統領が中東・反テロを重視する「宗教的戦士」と専門知識と経験が豊かな「伝統主義者」の一部の協力を得てなんとか政権を担当しようとしているが、相互の不信と対立のためにチームワークを保つのは非常に困難であろうと論じている。

　しかし、ワシントンDCの玄人筋はライトの分析をせせら笑う。というのも、誰も大統領にその意に反した決断をさせることなどできないだけでなく、①外交安全保障のチームが共通した世界観を持っていない、②フリン大統領補佐官（国家安全保障担当、既に2017年2月中旬に辞任）では性格的にも能力面でも政策調整が無理だ、③フリン補佐官がマティス国防長官と対立する、④政策に関するキャッチ・ワードがあるだけで、具体的な執行方法に関する政策提言がない、これらの批判がこれまでの政権にも同様に当て嵌まる、いや、より酷い事例が散見されるからである。実際、アイゼンハワーとブッシュ（父）、この二人以外の第二次世界大戦後の米大統領は全て特段の知見も経験も政策も纏ったスタッフもなく政権に就いて、

---

(5)　Thomas Wright, "Trump's team of rivals, riven by distrust", *Foreign Policy*, December 14, 2016, http://foreignpolicy.com/2016/12/14/trumps-team-of-rivals-riven-by-distrust/, accessed on January 10, 2017.

補論1　トランプ政権の誕生と日本の安全保障

二期務めた場合でも、その後試行錯誤しながらようやく二期目になって様になったのが実態である。中には、カーターのように大失敗を犯し、一期で終わった大統領もいた。トランプ政権は原則として従来のようにシンクタンク専門家を主要ポストに任命して使う気はなく、ライト論文は公職に溢（あぶ）れる者の恨み節の変調版だということになろう。

　したがって、問題は新政権が4,400もの任命ポストをどう埋めるかにあろう。政策の具体化は副長官、次官、次官補などの実務レベルの責任者が決まらねば始まらない。思想・イデオロギー的に親和性の高いリバタリアン（libertarian）の知識人や運動家を総動員しても、2割も充当できないだろう。しかも、リバタリアンは万年野党で権力から距離を置いてきた連中である。困った新政権が退役高級軍人や財界の人材に頼っているのは閣僚級人事から窺える。既成体制勢力を排した「革命路線」が堅持できるのか、結局ある程度妥協するのか、今後暫く（大部分の人事には議会の承認が必要であり、1年程かかる可能性が十分ある）水面下での駆け引きが続くことになろう。

④ 中東・テロ、ロシア、中国へのアプローチ

　新政権は人事と政策が固まるまでの移行期をいかに乗り切ろうとしているのか。新大統領や主要閣僚等の言動からそのアプローチの特徴と課題は存外明らかである。

　中東に関しては反テロ攻撃、特にISISなどのイスラム・テロリストの根絶を焦点にした限定的な軍事力行使を積極的にやっていくと思われる。こうしたアプローチは従前の中東全域に亘る米国覇権の維持・強化の追求やオバマ政権における覇権の残像の中途半端な追求から決別することを意味するだろう。つまり、米国は覇権国としてではなく一大強国として列強との勢力均衡策を志向することとなり、ロシアとは競合と協調を繰り返すこ

223

ととなろう。したがって、シリア情勢への対処のために対ロ協調となって
もおかしくはない。もちろん、いかに台頭するイランを抑え、イスラエル
の安全を保障し、サウジアラビアを敵に回さないようにするか、困難な具
体策の策定・実施はこれからの課題である。

　ロシアとは核戦略面で厳しく対立するだろう。米国の通常戦力が圧倒的
な質的優勢を有するため、ロシアは中距離核ミサイルによる核抑止力増強
によって対米均衡を構築しようとしている。[6]この状況は、冷戦後期の欧州
正面において、ソ連の陸上通常兵力の圧倒的な量的優勢に対抗するため
に、米国が西ドイツにパーシングⅡミサイルを配備したことに似ている。
米国は核兵器近代化のために、今後30年で1兆ドル（約110兆円）の経費
を必要とし、財政的な難問に直面している。とはいえ、ロシアは現状維持
のための均衡を志向しており、南シナ海や東シナ海などで、軍事力を背景
に一方的に国際関係の現状変更をしようとする中国とは異なる。つまり、
米ロは協調できる部分が多分に存在する。

　既に分析したように、中国は少子高齢化のため10〜15年かけて先進国
になることなく凋落する見通しであったところ、[7]習近平体制が鄧小平の
遺訓である韜光養晦を反故にし、トランプ政権が誕生したため、かなり急
激に経済的に追い詰められている。この結果、中国は国内の社会的・政治
的不満をガス抜きするために南シナ海か東シナ海で軍事行動に出る可能性
が高くなっている。その可能性はトランプ政権の幹部人事が出揃い、具体
的な政策路線が定まり、政策決定ができるようになるまでの期間（一年弱
程）に最も高くなる。このような情勢判断の下、米軍部は実質的に自らの

---

(6)　小泉悠「米国が懸念するロシアのINF（中距離核戦力）全廃条約違反疑惑とは何か」
　　『Yahooニュース』2014年7月30日、https://news.yahoo.co.jp/byline/koizumiyu/
　　20140730-00037845/、2017年1月25日アクセス。小泉悠「トランプ政権に踏み絵を迫
　　るロシア─INF条約違反とされる新型ミサイルを実戦配備へ」『JP Press』2017年2月
　　23日、http://jbpress.ismedia.jp/articles/-/49258、2017年2月25日アクセス。
(7)　拙著『米国覇権の凋落と日本の国防』芦書房、2015年、第1章

責任で中国の軍事的暴発に対処しなくてはならない。意外にも、米空軍は航空戦力において中国空軍に対する量的優勢があまりないにもかかわらず、盛んにグアム島アンダーセン基地や沖縄県嘉手納基地に最新鋭のステルス戦闘機や戦略爆撃機を展開させて、強気で中国に圧力を加えている（もちろん、これは航空戦力の移動が非常に簡単で速やかにできるからでもある）。他方、米海軍は主要艦艇で見る限り、中国海軍に対して質量双方でかなりの優位に立っているにもかかわらず、中国海軍の潜水艦戦力の増強や航空母艦攻撃用の弾道ミサイルの保有を前に、かなり怖気づいている。米海軍が恐れている事態は海上自衛隊が中国海軍の挑発に乗り本格的に応戦し、日中戦争に巻き込まれることにある。未確認情報によれば、この機に及んで、米海軍は中国海軍と合同で東シナ海における中国漁船の取締り策ぐらいしか方策を考えられない。対中政策で米軍部は割れている。

5 日本の安保政策への含意

明らかに、日本はトランプ大統領や政権幹部の片言隻句や政治的ジャスチャーに一喜一憂すべきではない。新大統領が安倍晋三首相に主要国の首脳で一番先に会ったとか、マティス国防長官がわざわざ訪日したとか、そうした事象を過大評価してはならない。前者は儀礼上のことであるし、後者は体制的危機の中、中国の圧力に晒され、THAAD（戦域高高度防衛）ミサイル配備を逡巡する韓国を訪問した序でに過ぎない。新政権は日本に対してNATO基準の防衛費（対GDP比2％までの増加）、辺野古問題の解決、厳しい貿易条件などを突き付けてくる可能性が十分ある。確かに、2017年2月10日の日米首脳会談では、同盟重視の原則が確認された。しか

---

(8) 同上、第3章。
(9) 日高義樹『トランプショックがせまる 貿易戦争・核戦争の危機』海竜社、2016年、第2章。

し、その代償は、国民の年金原資を高いリスクに晒しかねない年金積立管理運用独立行政法人（GPIF）による米高速鉄道網建設への巨額の投資（約50兆円）であった。しかも、それ以上の各論は今後の具体的検討課題とされた。新大統領が政策路線を転換したわけではない。新政権が大胆な覇権システムの縮小再編成（最悪は、覇権放棄に近いものとなる可能性も排除できない）を進めると、当然、日本は自助を強化せねばならなくなる。期せずして、日本は本格的な「戦後レジームの総決算」に取り組まざるをえなくなるだろう。

---

(10)「公的年金、米インフラに投資　首脳会談で提案へ　政府、雇用創出へ包括策」『日本経済新聞』2017年2月2日。"Texas bullet train clears some land issues ahead of U.S.-Japan talks", Reuters, February 7, 2017. "Shinzo Abe drums up business pledges to woo Trump", *Financial Times*, February 7, 2017.

補論 2
トランプ大統領と既存体制勢力との深まる対立

　2017年8月末現在、トランプ政権が発足して7ヵ月余りが経過した。すでに「補論1」は本書における米国覇権システムの衰退に関する分析を踏まえて、同政権誕生の背景と意義について分析した。そこで本論では、この間の展開を踏まえて、政権内外の権力闘争を焦点として同政権の評価を試みる。

　一般的に、これまでのトランプ政権に対する評価は極めて低く、その外交安全保障政策は稚拙で矛盾に満ち、方針や政策が絶えず変わって定まらないとの評価が大勢を占めている。確かに、こうした評価は一定の留保を付けねばならない。というのは、トランプ大統領は第二次世界大戦後、従来、既存体制勢力（establishment）が採ってきた覇権政策——民主党と共和党は具体的政策目標の優先順位や政策手段の選択等の細部について、時として激しく対立した——の継続を否定し、その結果、主要紙や主要テレビ局を含め、米国のマスコミ主流は大統領選挙中から今日に至るまで、こぞって「トランプに反対（選挙中は、こぞってクリントンを支持）」の立場を採ってきた。また、総じて、日本を含め、安全保障や経済の諸分野で米国覇権に依存してきた同盟国や友好国でも同様の慣性や情報操作が作用してきた。

　とはいえ、トランプ政権は、大統領指名人事の同意権を有する上院において民主党勢力だけでなく一部の共和党勢力とも対立がある。実際、発足後約半年を経過した7月17日時点でも高官人事に深刻な遅れが目立ち、具

体的な政策の立案・実施が儘ならない状態にある。[1]特に、この問題は外交安全保障の分野において深刻である。[2]その結果、外交安全保障分野を含め重要政策の路線の方向性や概要は大統領府を中心に決められていても、未だ体系的な戦略や詳細な個別政策は策定されていないと推定される。つまり、トランプ政権は様々に生起する危機に追われる形で、良く言えば臨機応変に、悪く言えばその場凌ぎの対処をしていると言えるだろう。こうした状況の下、同政権は議会や既存体制勢力と政治的に対立し、政権内でも政策路線での対立を抱えたままである一方、上院の同意が必要ない大統領府高官でも解任・交代が相次ぎ、不安定さ印象付ける結果となっている。[3]

　こうした状況に鑑みれば、トランプ政権に対しては大きく分けて二通りの評価があるのは不可避となる。第一の主流を占める見方は徹底的に否定的な評価となる。つまり、トランプ大統領には公職の経験がなく、政治にも外交安全保障政策にも知識がない。また、主要な行政ポストに従来の専門家集団から適任者を任命していない。その結果、政権運営も政策全般も稚拙で矛盾に満ちたものとなり、当然、方針や政策が絶えず変わって定ま

---

(1)　もっとも、従来、シンクタンクなどの専門家集団は、政権交代時に、「回転ドア」により新政権でポストを得る一方、下野した元政治任用者は空いたシンクタンクのポストに就いたのであるから、こうした人事の遅れは既存体制勢力の専門家集団を兵糧攻めにする効果も有する。

(2)　「閣僚や政府高官人事の210ポストのうち、指名・任命されたのが33に留まり、同時期のオバマ政権の4分の1にとどまる。」特に、国務省は長官と副長官を除く幹部26ポストのうち、24が空席である一方、国防省は長官と副長官を除く幹部18ポストのうち、13が空席である。「米政権、高官人事に遅れ──10省庁で副長官未定」『日本経済新聞』2017年7月19日。

(3)　フリン（Michael T. Flynn）大統領補佐官（国家安全保障担当）は就任後僅かその理由は3週間余りの2月13日で辞任した。プリーバス（Reinhold R. Priebus）大統領首席補佐官は7月28日に更迭された。スパイサー（Sean M. Spicer）大統領報道官兼広報部長代理は7月21日に辞任した。さらに、スカラムーチ（Anthony Scaramucci）広報部長は7月21日に任命され、その10日後、正式に職務に従事する前の7月31日に解任された。例えば、「ホワイトハウス機能不全」『日本経済新聞』2017年8月2日。

補論2　トランプ大統領と既存体制勢力との深まる対立

らない。その根本的な原因は、トランプ大統領や主要幹部が米国の国家として重視すべき明確な理念とアイデンティティを持たないために、追求すべき国益も定義できず、それらを基礎に置いた戦略も策定できないと見る(4)。

　第二の見方は、そうした一見迷走しているように見えるトランプ政権の行動が最終的に成功するか破綻するかは予断を許さないとしても、ある種の合理的計算に基づいてなされたものであると理解とする。米国大統領は一方で大統領選において掲げた政権としての優先課題と、他方で制御できない外因として生起する国内外の危機的な事態への対応とに同時に取り組まねばならない。後者があまりなければ、政権は前者に専念できるであろうし、後者が深刻で差し迫った難問であれば、忙殺されて前者にはほとんど取り組めなくなる。現実には、両者のバランスや順列組み合わせを考慮して政権運営と政策の立案・実施に取り組むことになる。さらに言えば、そうしたプロセスに激しい党派的闘争が多重的に絡めば、政策を巡る言説や行動はかなり混乱し一貫性を欠いた様相を呈することにならざるをえない。トランプ政権は既存体制勢力を全て敵に回しているのであるから、その様相は冷戦時代のように既成体制勢力の間に大まかな合意・了解（bipartisan consensus）が存在し、党派的闘争がかなり抑制された状態とは全く対照的なものとなるのは当然である。

　本論では、以上二つの見方の内、何れが妥当なのかについて、先験的に予断するわけではないが、第二の非主流の見方を採っても、十分説得的な分析が展開できることを示してみる。また、本論は本書の主題である米国覇権システムの衰退に関する分析枠組みを用いたケース・スタディーと位置付けられる。

---

(4)　例えば、このような見方は、平和安全保障研究所が主催した公開シンポジウム「激動する東アジアとトランプ政権」（2017年5月13日）の第二部「トランプ政権のゆくえ」において3人の発表者によって示された。http://www.rips.or.jp/events/public_seminar/pg1620.html、2017年8月15日アクセス。

① 覇権システムの縮小再編成ないしは放棄
——政権の最優先課題

　トランプ大統領がその最優先政治課題をある程度明確かつ体系的に示した演説や文書は案外少なく、「就任演説（Inaugural Address）」（2017年1月20日）と初めて施政方針を示した「議会演説（Joint Address to Congress）」（2017年2月28日）のぐらいしかない。確かに、「議会演説」は「アメリカン・スピリット（米国の精神）の再生」を強調し、「経済機会の拡大」と「米国民の保護」を二本柱とした。具体的には、「米国第一主義」を掲げる一方、「歴史的な税制改革」と「不法移民規制の強化」によって雇用拡大や企業活動の活発化を促す経済政策と、国防費増加による米軍再建や国境警備の強化による不法移民やテロ対策を採る決意も表明した。しかし、この内容は「就任演説」で示した政治や経済、外交・安全保障などの基本方針や重要政策を実現する措置の立法化で議会の具体的な協力を呼びかけたものであり、目新しいものではない。したがって、依然として「就任演説」こそが、トランプ政権の最優先課題を明確に示すものとして分析されねばならないことに変わりはない。最優先課題は、「補論1」で分析したように、反覇権政策の立場から突破口として国内問題最優先路線を採ることで、少なくとも米国覇権システムの縮小再編（場合によっては、さらに踏み込んで覇権放棄）を推進することである。

　その背景には、米国の国民経済が軍事面でも経済社会面でも最早高くなり過ぎた覇権維持のコストを負担しきれない段階に達している点にある。

---

(5)　軍事覇権の縮小再編成に関しては、2008年秋のリーマン・ショックに端を発する金融危機とその後の米財政危機に並行して、大幅な国防費の削減とその影響に関して詳細な議論が米国の安全保障政策コミュニティーのなかで展開された。拙著『米国覇権の凋落と日本の国防』芦書房、2015年、90頁～92頁。

(6)　例えば、マクロ経済学の立場から、櫻川昌哉は「長期的にみれば、GDPの世界シェアが50％を超える（アジア地域）を、20％程度の（米国）が軍事的に支えるという構図

補論2 トランプ大統領と既存体制勢力との深まる対立

実際、債務が天文学的数字に膨らむ一方、産業空洞化と雇用喪失が深刻化し、民主制の中核である中産階級が弱体化し、一部は既に没落してしまった点にある。本書筆者は既に自身による先行研究において、幾つかの枢要な根拠となる文献等を示しながら、「米国は巨大な債務を抱え、実質的に国家財政は破綻しており」、その負債総額は「GDPの数倍から10倍」に達し、順当な通常の方法では最早返済不可能であるとの判断を提示した[7]。さらに、リアルタイムで各種債務額を示す「米国債務時計（US Debt Clock）」だけでなく[8]、断片的な邦字紙報道を見る限りでは、米国の債務問題はますます深刻の度を増していると言わざるをえない[9]。

　したがって、端的な譬えを使えば、トランプ大統領は実質破綻した会社に乗り込んで来た最高経営責任者（CEO）のようなものであり、なすべき仕事は先ずは形振り構わぬ不採算部門のリストラや債務処理であり、それが終われば、或いは同時並行的に採算部門の維持・強化や新規成長部門の立ち上げである。つまり、「補論1」で分析したように、トランプ政権の最優先課題は米国の国民経済を維持・再生させるために、覇権システムを縮小再編成することであり、それができないようなら、当然、覇権（システム）を放棄するのが合理的な選択肢となる。こうした視点に立てば、実質的に債務破綻した（つまり、金がない）米国には従来の理念、アイデンティティ、世界戦略に執着する余裕はないことになる。とすれば、米国はオープンでリベラルな秩序を維持・強化する覇権国であると自己規定し、覇権

は維持可能ではない」と捉える。櫻川昌哉「（経済教室）日米中の政治序列　変化も」『日本経済新聞』2017年7月26日。

(7) 拙著『米国覇権の凋落と日本の国防』芦書房、2015年、53頁。同様の概算としては、副島隆彦『アメリカに食い潰される日本経済』徳間書店、2017年、40頁。

(8) http://www.usdebtclock.org/ を参照せよ。

(9) 「米債務30年で倍増——GDP比見通し　社会保障費が増大」『日本経済新聞』2017年3月31日（夕刊）。「米、10年で300兆円歳出減」『日本経済新聞』2017年5月23日（夕刊）。「米経済占う三つの"謎"——景気後退、長期金利は警告する」『読売新聞』2017年6月23日。

システムを維持・強化する世界戦略を取り続けることを当然の前提とできなくなる。むしろ、これらの前提を少なくとも部分的、選択的に否定して覇権システムの縮小再編成に取り組むことになる。このように観れば、トランプ政権の軌跡は「稚拙で矛盾に満ち、方針や政策が絶えず変わって定まらない」のではなく、政権内外で圧倒的に優勢な既存体制勢力が重層的に足を引っ張る中、政治目的を達成しようと手練手管を用いて格闘しているという構図になろう（もっとも、覇権システムの縮小再編成ないし覇権放棄がドル基軸制を含む覇権システムの維持がもたらす利益を上回るかどうかは容易には判断がつかない。米国の国益は既に覇権システムに埋め込まれ、一国主義的な狭い国益には還元できないほどシステム全体に拡散していると議論することは十分可能である。むしろ、当否は別として、2016年11月の米大統領選の結果は、米国民が決定的な是非の判断を「非」の形で示したと理解すべきであろう）。

　実際、注意深く分析すれば、トランプ政権のリストラ・破綻処理志向は閣僚や主要幹部の人事ラインアップに如実に具現化されている。英フィナンシャル・タイムズ紙のテッテによれば、発足当初、トランプ政権の高級人事は資本家・企業経営者層の人材を用い、しばしば「ビジネス寄り」だと評されたが、その実態は「ハゲタカ投資家」を多用している（主たる例外は、就任直前まで石油メジャー世界最大手の米エクソン・モービル社の会長兼最高経営責任者［CEO］を務めたティラーソン［Rex W. Tillerson］国務長官一人しかいない）。マヌーチン（Steven T. Mnuchin）財務長官は従来多くの財務経済系高官を輩出してきた米金融大手ゴールドマンサックスの出身であるが、社内の主流である「企業顧客向けに合併や資金調達について助言する仕事で実績を上げて経営者に上りつめた」のではなく、「金融危機で経営難に陥った米銀インディマックを買収し、これを強引な手法で再建させた」経歴が最も光る。また、コーン（Gary D. Cohn）国家経済会議（NEC）委員長もゴールドマンで社長を務めた経験を有するが、「サ

ヤ取り商売が幅をきかす商品取引の分野で攻撃的な商売をすることでのし
上がった人物」である。さらに、ロス（Wilbur L. Ross, Jr.）商務長官は
「未来公開株や過剰な負債で経営不振に陥った企業を割安で買収する投資
会社を設立、経営してきた」人物である[10]。

　要するに、これらのトランプ政権の幹部達は問題資産をハイリスク・ハ
イリターンの取引で扱って財産と名声を気付いてきた金融関係者である。
直截に言えば、「ウォール街を舞台に借金で首が回らなくなった企業を買
いたたき、利益を上げるハゲタカ・ビジネス」を手掛けて来た連中である。
つまり、彼らは「官僚的な手続きを軽蔑し、結果を出すことにこだわる」、
「交渉がうまくいかなくなると、方針転換して損切りする」、そして「交渉
のスタートでは脅して強気に出るが、いざ交渉が始まると一歩下がって妥
結する」手法を採る[11]。はたして、こうした背景、志向、能力を有した幹部
達からなるトランプ政権は既存体制勢力を圧倒し、覇権システムの縮小再
編成を実行できるであろうか。

② 権力闘争の構図

　既に見てきたように、トランプ大統領と幹部達は困窮し追い詰められた
中流階級と既に没落した旧中流階級を中核に幅広い国民的支持を得て、既
存体制勢力とは疎遠なビジネス界傍流から政権に就いた。その結果、当
然、トランプ政権は従来大枠で覇権政策を推進し、その中で様々な利権を

---

(10) ジリアン・テッテ「ハゲタカ投資家の米政権」『日本経済新聞』2017年5月4日。Gillian
　　 Tett, "Distressed-debt players rule the roost in Trump's White House", *Financial*
　　 Times, April 27, 2017, https://www.ft.com/content/4250a5d6-2b32-11e7-9ec8-
　　 168383da43b7?mhq5j=e1, accessed on August 16, 2017.
(11) 同上。テッテは「ハゲタカ投資家は日和見主義者で、社会的にどうあるべきかといっ
　　 た信念がない」とまで断言しているが、ここではこの判断をそのままトランプ大統領
　　 や幹部たちに先験的に当てはめるのは保留しておく。

有してきた既存体制勢力の全てと全面対決の構図に陥ることになった。当然、既存体制側はトランプの反覇権政策を妨害・頓挫させ、あわよくば、トランプ大統領を辞めさせようと策動すると考えられる。実際、後に分析するように、就任後これまで、ロシアの諜報機関が大統領選に介入した疑いを巡るスキャンダル（所謂「ロシアゲート」事件）とその一環である大統領府補佐官人事や連邦捜査局長官（FBI）解任を巡る紛糾等、既にそうした現象はあからさまに進行している。

　もちろん、民主・共和両党に跨る既存体制勢力は決して一枚岩ではなく、従来、覇権政策の目的の定義、具体的な諸目的の優先順位、政策手段の選択や実施方法等を巡って対立と協力の錯綜した関係を展開してきた[12]。したがって、トランプ政権側は圧倒的に優勢な既存体制側の内部対立に楔を打ち込み、団結させないように特定の局面で個別の勢力と組み、他の既存体制勢力を敵に回せばよいこととなる。これも後に分析するように、実際、既にそうした現象は明らかに観ることができる。注意すべきは、こうした権力闘争の有様は一見言動が終始一貫せず、日和見主義的な行動であると見え、理念も戦略もないでたらめな行動であるとの印象を与える点であろう。

　そこで重要となるのが、首都ワシントンDCを中心に展開するトランプ政権側と既存体制側との権力闘争が、経済社会的次元や思想次元を超えて[13]、政治行動における勢力として具体的なイメージを持てるように特定することである。少なくとも以下の五つの勢力は押さえておく必要があるだろう。第一に、それはトランプ政権誕生を防げず、上下両院で少数派となった民主党であることは言を俟たない。第二には、大統領選で泥仕合をした共和党主流派、とりわけ覇権政策を維持強化しようとする勢力である。第三に、大統領選であからさまにヒラリー・クリントンを支持し、ト

───────────────────────────

（12）拙著『米国覇権と日本の選択——戦略論に見る米国パワーエリートの路線対立』勁草書房、2000年、14頁~20頁。
（13）経済社会的次元や思想・イデオロギー次元のグループ分けについては、同上を参照せよ。

ランプがフェイク・ニュース（fake news、でっち上げ報道）機関と非難するマスコミ主流（CNN、ABC、『ニューヨーク・タイムズ』などの主要テレビ局、主要紙）である。第四に、「ロシアゲート」の基礎となる事実を公式に確認した中央情報局（CIA）に代表される諜報機関（全部で15機関）である。第五に、経済的利益を維持・拡大するために覇権政策の継続を求めるウォール街＝国際金融資本である。

　これら五つの勢力は決して一枚岩でないものの、利害を介して密接に繋がっている。冷戦を通じて、軍、諜報機関、軍事産業は産軍複合体を形成してきたことはよく知られている。また、軍事覇権は経済覇権を支えることから、一般的に、国際金融資本は産軍複合体と大まかな利害を共有した。（もちろん、個別具体的には激しい利害対立もある）。確かにソ連は崩壊してもはや存在しないが、後継国のロシアは依然として米国に伍する戦略核兵器を有するなど、容易に潜在的敵国に転化しうる軍事的強国であることには変わりがなく、軍や諜報機関の存在理由となる。トランプ氏は大統領選中、何度も公的な場でロシアのプーチン大統領を称賛するなど、一旦政権を担えば、米ロ間での協力関係の構築を目指す旨、強く示唆した。したがって、トランプ氏は野党＝民主党だけでなく、与党である共和党に属し

---

(14) For, example, see, "President Trump clarifies stance on fake news media", *TRUNEWS*, February 28, 2017, http://www.trunews.com/article/president-trump-clarifies-stance-on-fake-news-media, accessed on August 17, 2017.

(15) Damien Gayle, *et.al*, "CIA concludes Russia interfered to help Trump win election, say reports", *Guardian*, December 10, 2016, https://www.theguardian.com/us-news/2016/dec/10/cia-concludes-russia-interfered-to-help-trump-win-election-report, accessed on August 17, 2017; and, Sabrina Siddiqui, "Donald Trump says CIA charge Russia influenced election is 'ridiculous'", *Guardian*, December 12, 2016, https://www.theguardian.com/us-news/2016/dec/11/donald-trump-cia-russia-election-ridiculous, accessed on August 17, 2017.

(16) 「【米大統領選2016】トランプ氏、プーチン氏はオバマ氏より優れた指導者と」、BBC News Japan、2016年09月8日、http://www.bbc.com/japanese/37304026、2017年8月17日アクセス。

産軍複合体の利害を擁護する上下院議員達にとって許容できない[17]。こうした中、大統領選の終盤の2016年10月には、国土安全保障省と国家情報会議（DNI）議長官房は公式にロシアがDNIや民主党機関・個人に対するサイバー攻撃によって大統領選に介入した旨、共同発表を行い[18]、同年12月初旬には、中央情報局はこのロシアの干渉に関する秘密報告書を議会に提出した[19]（ただし、防諜機関である連邦調査局［FBI］はCIAと異なる見解を示し、CIAとFBIとの確執が露呈した）[20]。さらに、マスコミ主流は「ロシアゲート」を喧伝してトランプ候補／大統領を政治的に攻撃し、2017年夏

(17) 一般に、ヒラリー・クリントン候補は産軍複合体の利害を擁護していたと言える。Peter Korzun, "Hillary Clinton: Candidate of Military Industrial Complex", *Strategic Culture*, August 25, 2017, https://www.strategic-culture.org/news/2016/08/25/hillary-clinton-candidate-military-industrial-complex.html, accessed on August 17, 2017; and, Jeremy Lott, "Why the Military-Industrial Complex Loves Hillary", *American Spectator*, August 29, 2016, https://spectator.org/why-the-military-industrial-complex-loves-hillary/, accessed on August 17, 2017.

(18) "Joint Statement from the Department Of Homeland Security and Office of the Director of National Intelligence on Election Security," October 7, 2016, https://www.dhs.gov/news/2016/10/07/joint-statement-department-homeland-security-and-office-director-national, accessed on August 17, 2017.

(19) Brandon Turbeville, "Did The CIA Just Stage A Micro-Coup Against Trump Administration?" *Activist Post*, February 15, 2017, http://www.activistpost.com/2017/02/did-the-cia-just-stage-a-micro-coup-against-trump-administration.html, accessed on August 17, 2017; and, Adam Entous, Ellen Nakashima and Greg Miller, "Secret CIA assessment says Russia was trying to help Trump win White House," *Washington Post*, December 9 ,2016, https://www.washingtonpost.com/world/national-security/obama-orders-review-of-russian-hacking-during-presidential-campaign/2016/12/09/31d6b300-be2a-11e6-94ac-3d324840106c_story.html?utm_term=.6fe82b6ca8b7, accessed on August 17, 2017.

(20) Ellen Nakashima and Adam Entous, "FBI and CIA give differing accounts to lawmakers on Russia's motives in 2016 hacks", *Washington Post*, December 10, 2016" https://www.washingtonpost.com/world/national-security/fbi-and-cia-give-differing-accounts-to-lawmakers-on-russias-motives-in-2016-hacks/2016/12/10/c6dfadfa-bef0-11e6-94ac-3d324840106c_story.html?utm_term=.ae430cd0b67e, accessed on August 17, 2016.

補論2　トランプ大統領と既存体制勢力との深まる対立

現在、一層その激しさは増している。

　はたして、トランプ政権と既存体制勢力の権力闘争は実際どのように展開し、いかに人事を巡る「混乱」に現れてきたのであろうか。また、シリア情勢や北朝鮮情勢など、外因として生起する外交安全保障上の危機管理とどのように連動しているのであろうか。

③ 権力闘争の実相

（1）フリン大統領補佐官（国家安全保障担当）の罷免

　フリン（Michael T. Flynn）補佐官は就任後僅か3週間余りの2017年2月13日で辞任し、後任はマクマスター（Herbert R. McMaster）陸軍中将となった。辞任理由は、フリンが就任前にキスリャク（Sergei I. Kislyak）ロシア連邦駐米大使とロシア制裁問題を話し合った疑惑だとされる。米ローガン法（Logan Act）は許可を受けない民間人が外交交渉に介入することを禁じている。[21] ただし、同法は1799年に施行されて以来、1994年に一度改正されたものの、半ば有名無実した法律であり、これまで同法に則り一度告訴されたことはあるが、起訴された例はない。[22] 今日、米国では国際分野のコンサルティング業やロビーイング業が盛んであることに鑑みると、既に同法は有名無実化しており、この辞任劇を見ると同法が多分に政争の具となっていることが窺われる。[23]

---

(21) Maggie Harberman, Matthew Rosenberg, Matt Apuzzo and Glenn Thurshfeb, "Michael Flynn Resigns as National Security Adviser", *New York Times*, February 13, 2017, https://www.nytimes.com/2017/02/13/us/politics/donald-trump-national-security-adviser-michael-flynn.html, accessed on August 17, 2017.

(22) https://www.britannica.com/topic/Logan-Act、2017年8月18日アクセス。

(23) 民主党の大統領候補であったヒラリー・クリントンは中華人民共和国やサウジアラビアとローガン法の適用対象となりかねない深い関係を持っていたことはよく知られている。Peter Schweizer, *Clinton Cash*, Harper, 2015.

実際、フリンはキスリャク大使とは電話で他愛ない話しかしていない。フリンはトランプ政権発足後、オバマ政権が科した対ロシア制裁を再検討すると社交辞令を述べただけで、制裁解除の確約どころか具体的条件についての交渉さえしていない。この点は、FBIがフリンとキスリャクの電話を盗聴していたため確認されている[24]。

　したがって、フリン解任はトランプ大統領による政権運営上の政治判断であったことになる。そもそも、フリン陸軍中将（当時）は2012年、オバマ大統領（当時）によって国防情報局（DIA）に任命されたが、イランとの核協定に声高に反対し続けた結果、2014年に更迭された。トランプ大統領は政権の最優先課題である米国覇権システムの縮小再編成を進めるために、ロシアとの和解、できれば米ロ間の協力関係を進め、それを梃にブッシュ（子）政権以来、米国が単独で負担してきた中東における秩序維持のためのコストをロシアにも分担させたかった。しかし、ロシアとの和解や中東での覇権弱体化は議会の共和党主流派を含め既存体制勢力の大半を敵に回すことになるし、ロシアとの連携・協調による中東秩序安定化政策はオバマ政権と議会の民主党によるイランとの核協定の破棄を意味する。フリン補佐官（退役陸軍中将）は余りにも露骨にこの路線を強力に進めようとしたため、既存体制勢力を分断するどころか、却って団結させてしまい、政権運営の障害になってしまったのである。政権発足後のトランプ大統領は少なくとも与党＝共和党上院議員を味方につけ、上院に閣僚や副長官・次官・次官級補の幹部ポストの指名を同意させねばらなかった。また、2017年4月末に失効する連邦政府の暫定予算の代替措置やその他推進しよ

---

(24) Ellen Nakashima and Greg Miller, "FBI reviewed Flynn's calls with Russian ambassador but found nothing illicit", *Washington Post*, January 23, 2017, https://www.washingtonpost.com/world/national-security/fbi-reviewed-flynns-calls-with-russian-ambassador-but-found-nothing-illicit/2017/01/23/aa83879a-e1ae-11e6-a547-5fb9411d332c_story.html, accessed on August 18, 2017.

うとする政策に必要な措置の立法化を考えれば、議会の共和党主流派との協調の演出は不可欠であった。

　こうした配慮は、トランプ大統領による主要閣僚の任命に如実に反映されていた。国防長官にマティス（James N. Mattis）退役海兵隊大将を、国土安全保障省長官にケリー（John F. Kelly）退役海兵隊大将を指名し（2017年7月28日付で同職を辞任、大統領首席補佐官に就任）、産軍複合体や対ロシア強硬派の利害関心を念頭に議会対策に十分配慮したことが窺われる。一方、国務長官には親ロシア派と見做されたティラーソン（Rex W. Tillerson）を指名した。同氏はエクソンモービル会長時代、ロシアと積極的にオイル・ビジネスを展開し、プーチン・ロシア大統領や指導者との太いパイプを有していた。同氏は上院外交委員会承認聴聞会においてこの点について問い質され、ロシアの脅威を認めるなど親ロ派のイメージを打ち消さねばならなかった。

（2）シリア・北朝鮮危機

　米国覇権システムの縮小再編成を巡る権力闘争は外交安全保障分野における個別の危機管理に反映される。また、地政学的リスクの高い危機では、2017年4月28日に連邦政府の暫定予算期限が迫り新たな立法措置が必要となる中、縮小再編成と政権維持の是非や可否が表裏一体となるため、権力闘争は先鋭化した。実際、焦点となったのは、2017年3月から急速に深刻化した北朝鮮の核兵器・ミサイル開発を巡る危機と同年4月4日にシリアのアサド政権が反政府勢力に化学兵器を使用したとの疑惑であった。

---

(25) ティラーソン国務長官は、2013年にはロシア政府から「友好勲章（Order of Friendship）」を与えられている

(26) https://www.foreign.senate.gov/imo/media/doc/ 011117 _Tillerson_Opening_Statement.pdf; and, https://www.c-span.org/video/? 421335 - 1 /secretary-state-nominee-rex-tillerson-testifies-confirmation-hearing, accessed on August 18, 2017.

というのは、米国がその覇権システムを縮小再編成するには、中国とロシアに国際秩序維持のための役割を一層担わさねばならないからであり、北朝鮮を対米緩衝国としては支えてきた中国とシリアに軍事基地を維持してきたロシアとの間で利害関係と政策を調整せざるをえないからである。

この難問に直面して、トランプ政権はこれら二つの危機を連動させて対処した。トランプ大統領は2017年4月6日、米中首脳会談のため訪米中の習近平国家主席をフロリダの別荘に招いて正餐の際、化学兵器使用に関与すると見做したシリア空軍のシャイラット（Shayrat）基地をトマホーク巡航ミサイルで攻撃した旨、唐突に口頭で伝えた。習主席はその場でこの攻撃を非難することなく了承した。また、4月5日、北朝鮮が中距離弾道ミサイルの発射実験を行ったことを踏まえると、この攻撃は明らかに北朝鮮に対して核兵器・ミサイル開発を止めよとの警告、中国に対しては北朝鮮に核兵器・ミサイル開発を止めるように有効な圧力を加えよとの威圧を狙っていたと言えるだろう。

ところが実際には、米軍は攻撃前にロシア側に通告し、シャイラット基地のロシア軍要員に被害者が出ないようにした。発射された59発の巡航ミサイルの内、同基地に着弾したのは23発のみで、旧式の戦闘機数機が破壊された程度で、軽微な被害しかなかった。特に注目すべき点は、ミサイ

---

(27) 「北朝鮮が弾道ミサイル発射　日本海に落下」『BBC News Japan』2017年4月5日、http://www.bbc.com/japanese/39499384、2017年8月20日アクセス。

(28) 「米、シリア攻撃——北朝鮮に強烈な警告　中国への威圧狙い」『毎日新聞』2017年4月7日、https://mainichi.jp/articles/20170408/k00/00m/030/128000c、2017年8月18日アクセス。

(29) Jonathan Karl and Alexander Mallin, "Tillerson: Russia 'complicit' or 'incompetent' with Syria", ABC News, April 7, 2017, http://abcnews.go.com/Politics/tillerson-russia-complicit-incompetent-syria/story?id=46640880, accessed on August 19, 2017.

(30) Molly Hennessy-Fiske and Nabih Bulos, "Syrians report 15 dead in U.S. airstrike", *Los Angeles Times*, April 7, 2017, http://www.latimes.com/world/middleeast/la-fg-syria-airstrike-20170406-story.html, accessed on August 19, 2017; and, "MoD to hold

ル攻撃はシャイラット基地の滑走路も大半のシリア空軍機も攻撃対象とは
しなかったことであり、その結果、僅か2日後には、同基地からイスラム
国（ISIS）への空爆を再開している。[31]

　つまり、公式発言のレベルでは、ティラーソン国務長官がロシアによる
シリアの化学兵器使用黙認を非難し、プーチン大統領が米国によるミサイ
ル攻撃の国際法違反を非難する一方、攻撃の効果は意図的に局限された。[32]
他方、攻撃の2日後の4月8日には、米CBSテレビに出演したティラーソ
ン国務長官は米国の最優先課題が依然としてアサド政権打倒ではなく、イ
スラム国打倒であることを再確認した。[33]これは、ロシアにとって中東で唯
一の半恒久的な軍事拠点であるタルトゥース港のロシア海軍基地の維持と
そのために不可欠であるシリア・バース党体制（必ずしもアサド政権であ
る必要はない）の維持、つまりロシアの国益と極めて親和性が高い。要す
るに、米ロの利害は一致し、米国が中東秩序維持のコストを軽減しながら、
覇権システムの縮小再編成を進める上で資する。実際、激しい非難の応酬
にも拘わらず、ティラーソン国務長官は翌週の4月12日にはモスクワを訪
問し、プーチン大統領やラブロフ外相との実務的な会談を成功させた。[34]こ
うした経緯を踏まえれば、シリアへのミサイル攻撃は米ロ共謀の「遣（や）らせ」

---

　　briefing after US strike in Syria", RT Russia, April 7, 2017, https://www.youtube.
　　com/watch?v=ZeI81gj37ks, accessed on August 19, 2017.

(31) Pam Key, "McCain: Trump Missile Strike Not Enough, Syrian Jets Flying Again 'Not
　　a Good Signal'", *Breitbert*, April 9, 2017, http://www.breitbart.com/video/2017/
　　04/09/mccain-trump-missile-strike-not-enough-syrian-jets-flying-not-good-signal/,
　　accessed on August 19, 2017.

(32) Jonathan Karl, *et.al, op.cit.*

(33) Full Transcript: Rex Tillerson on "Face the Nation," CBS News, April 9, 2017, https://
　　www.cbsnews.com/news/full-transcript-rex-tillerson-on-face-the-nation-april-9/,
　　accessed on August 19, 2017.

(34) Alec Luhn, "Putin meets with Rex Tillerson in Russia amid escalating tensions over
　　Syria", *Guardian*, April 12, 2017, https://www.theguardian.com/world/2017/apr/12/
　　rex-tillerson-russia-moscow-trip-syria-attack, accessed on August 19, 2017.

であった可能性が高い。[35]

　したがって、トランプ政権は外見上、対ロ強硬姿勢を示すことによって議会工作に少なくとも一時的成功していたと言える。例えば、産軍複合体に近く反ロシアの立場を採ってきた共和党のマケイン上院議員はこの攻撃に対する支持を表明した。[36]また、マスコミを含め既存体制勢力はこのミサイル攻撃を称賛した。[37]したがって、共和党主流派を中心にして既存体制勢力の反トランプでの団結は少なくとも一時的には緩んだと言えるだろう。問題は、4月28日の暫定予算の期限切れを睨んで、この効果にどの程度持続性を持たせ、必要な立法措置に繋げることができるかにあった。

　他方、米韓両軍は2017年3月1日から4月末までの2ヵ月間にわたって、北朝鮮の脅威に備えた定例の合同野外訓練「フォール・イーグル」を大規模な形で開始しており、[38]トランプ政権は北朝鮮に対する軍事的圧力を高めた。報道によれば、この演習に米軍はステルス戦闘機F35B、音速飛行で大量の絨毯爆撃ができるB1爆撃機、巡航ミサイルを搭載する「（攻撃型原潜）コロンバス」、「（原子力空母）カール・ビンソン」空母打撃群（空母を

---

(35)　本書著者は2017年4月15日（土）、この見解を朝日放送『おはよう朝日土曜日です』で解説した。https://www.asahi.co.jp/ohaasa/sat/backnum/20170415.html#updata_1、2017年8月19日アクセス。

(36)　Pam Key, *op.cit.*

(37)　Margaret Sullivan, "The media loved Trump's show of military might. Are we really doing this again?" *Washington Post*, April 8, 2017, https://www.washingtonpost.com/lifestyle/style/the-media-loved-trumps-show-of-military-might-are-we-really-doing-this-again/2017/04/07/01348256-1ba2-11e7-9887-1a5314b56a08_story.html, accessed on August 19, 2017; and, Glenn Greenwald, "The Spoils of War: Trump Lavished With Media and Bipartisan Praise For Bombing Syria", *Intercept*, April 7, 2017, https://theintercept.com/2017/04/07/the-spoils-of-war-trump-lavished-with-media-and-bipartisan-praise-for-bombing-syria/, accessed on August 19, 2017.

(38)　「米韓が合同演習『フォールイーグル』開始　空母カール・ビンソン投入で過去最大規模に　北朝鮮へ"警告"」『産経新聞』2017年3月1日、http://www.sankei.com/politics/news/170301/plt1703010014-n1.html、2017年8月20日アクセス。

補論2　トランプ大統領と既存体制勢力との深まる対立

護衛するイージス艦は多数のトマホークを搭載する）を派遣した。また、同年4月下旬では、「（原子力空母）ロナルド・レーガン」は横須賀で整備中であり、「（原子力空母）ニミッツ」が西太平洋に向かっており、通常1隻であるところ、合計で3隻の空母が朝鮮半島の作戦区域にいたことになる。⁽³⁹⁾

　こうした米国の軍事的圧力に晒される中、中国は米国による為替や貿易での制裁を懸念する一方⁽⁴⁰⁾、北朝鮮に核兵器・ミサイル開発の中止を説得することに失敗すると、緩衝国である北朝鮮に対してこれまで等閑^{なおざり}だった既存経済制裁の強化の実施と追加措置の検討をし始めた。⁽⁴¹⁾したがって、この軍事的圧力は、一時的とはいえ、トランプ政権の最優先課題である米国覇権システムの縮小再編成を進める上で、朝鮮半島を焦点に東アジアでの秩序維持のコスト負担を中国に分担させる効果を生んだと言えるだろう。ここでも問題は、4月28日の暫定予算の期限切れを睨^{にら}んで、この効果にどの程度持続性を持たせ、必要な立法措置に繋げることができるかにあった。

　注目すべきは、後日この軍事的圧力が多分に情報（操作）戦だったと判明したことである。4月8日、米太平洋軍は「カール・ビンソン」空母打撃群がシンガポールから朝鮮半島周辺に向かって北上すると発表した。さらに4月18日には、スパイサー米大統領報道官は4月8日にシンガポールを出

---

(39)「米戦略爆撃機Ｂ１Ｂが再び韓国に　爆撃訓練で北朝鮮けん制」『聯合ニュース』2017年3月22日、http://japanese.yonhapnews.co.kr/Politics2/2017/03/22/0900000000AJP20170322003600882.HTML、2017年8月20日。「米軍が朝鮮半島に原子力潜水艦展開　北朝鮮に圧力」『朝鮮日報』2017年3月21日、http://www.chosunonline.com/site/data/html_dir/2017/03/21/2017032102675.html、2017年8月20日。「米空母　25日ごろ朝鮮半島東の海上に＝対北抑止へ武力誇示」『聯合ニュース』2017年4月17日、http://japanese.yonhapnews.co.kr/Politics2/2017/04/17/0900000000AJP20170417000900882.HTML、2017年8月20日。

(40)「米為替政策　政治の道具」『読売新聞』2017年4月16日。

(41)「中国、来た説得に失敗　貿易統制強化か」『読売新聞』2017年3月7日。「中国、制裁履行を強調　対北朝鮮石油輸入が半減」『日本経済新聞』2017年4月14日。「中国に石油禁輸論——対北朝鮮、核実験阻止へ圧力」『日本経済新聞』2017年4月21日。

港した「カール・ビンソン」空母打撃群が朝鮮半島に向かっていると発言し（つまり、翌週にも朝鮮半島近海に到着するとの見通しとなり）、一気に危機感は高まった。ところが、実際、同空母は反対方向のインド洋に進んでおり、朝鮮半島海域に着いたのはようやく4月末になってからであった。[42]これが、単にホワイトハウスと軍の連絡不足であるのか、それとも北朝鮮にフェイント（陽動）をかけることによってその臨戦態勢の虚実と兵站・通信の弱点を見極めようとしたのかは定かではない。[43]とはいえ、2017年4月末からの連休で、安倍首相、麻生副総理、岸田外相を含めて11人の閣僚が外遊したことを踏まえると、[44]日本政府は米国による情報戦を事前に承知していたと考えて間違いないだろう（海上自衛隊は米海軍第7艦隊艦船の所在を承知しており、当然、「カール・ビンソン」空母打撃群の所在に関しても承知し、安倍首相に報告していたと思われる）。

結局、2017年4月の北朝鮮危機は武力攻撃も辞さないと強硬姿勢を取ったトランプ政権に対する国民一般や議会の支持を相対的に高める結果となり、4月28日には暫定予算に代わる立法措置が成立した。トランプ政権は上手くシリア・北朝鮮危機を利用して、既存体制勢力との権力闘争の難局を乗り越えたと言えるだろう。

（3）FBI長官の解任
2017年5月9日、突然、トランプ大統領はオバマ前政権からFBI長官を

---

(42) 「米空母カール・ビンソン、針路は朝鮮半島の反対」『BBC News JAPAN』2017年4月19日、http://www.bbc.com/japanese/39638895、2017年5月18日アクセス。「米カールビンソン、6月まで日本海に　北朝鮮警戒か」『朝日新聞』（電子版）、2017年5月17日、www.asahi.com/articles/ASK5K55GDK5KUHBI01H.html、2017年5月18日アクセス。

(43) 「米空母、来週到着か」『日本経済新聞』2017年4月21日。「米、ミサイル300発で圧力──北朝鮮包囲網、ほぼ完成か」『日本経済新聞』2017年5月18日。

(44) 「北朝鮮危機そっちのけ　大臣11人「GW外遊」に税金10億円」『日刊ゲンダイ』2017年4月27日、https://www.nikkan-gendai.com/articles/view/news/204388、2017年8月20日アクセス。

補論2　トランプ大統領と既存体制勢力との深まる対立

続けていたコミー（James B. Comey, Jr.）を解任した。マスコミや議会など、既存体制勢力はこの解任がFBIの継続してきた「ロシアゲート」に対する捜査妨害であると非難し、大統領を弾劾せよと主張した。すでに見た(45)ように、2017年2月には「ロシアゲート」でフリン補佐官が辞任に追い込まれた。辞任後もFBIのフリン捜査は続いていたが、トランプが解任前のコミーに捜査を打ち切るよう求めていたことを記したコミーによるメモの存在が明らかになった。(46)

　この解任はトランプ大統領から攻撃的に仕掛けたものである。そもそも、トランプは大統領選中から「ロシアゲート」を仕掛けられ、大統領就任後も捜査妨害と非難されないように、コミー長官を留任させざるを得なかった。解任すれば、マスコミや議会などの既存体制勢力から強い反撃を受けることは容易に想定できた。つまり、この解任は既成体制勢力との権力闘争に勝てる局面であるとの判断に基づき、敢えて攻勢をとったと推定できる。

　2017年6月8日、上院情報委員会は本件に関する公聴会を開いた。コミーの証言によれば、トランプ大統領が2017年1月の夕食の場で自分にFBI長官として忠誠を求めた際は、同氏は「当惑した」と説明した。また、トランプが同氏に長官職に留まりたいかと尋ねた点については「留任の見返りを求めているように感じた」と述べた。この証言は同氏の印象の域を出るものではなく、決め手を欠いた（もっとも、「ロシアゲート」自体は、司法(47)

---

(45)「FBI長官解任　トランプ氏『司法長官権限を侵害』」『毎日新聞』2017年5月10日、https://mainichi.jp/articles/20170511/k00/00m/030/167000c、2017年8月20日アクセス。

(46)「トランプ大統領、フリン氏巡る捜査中止をFBIに要請＝関係筋」『ロイター』2017年8月17日、http://jp.reuters.com/article/usa-trump-comey-idJPKCN18C2SE、2017年8月20日アクセス。

(47)「『ウソだ』」トランプ氏を非難　前FBI長官議会証言」『日本経済新聞』2017年6月9日、http://www.nikkei.com/article/DGXLASGM08HCI_Y7A600C1000000/、2017年8月20日アクセス；and, Full James Comey Testimony on President Donald Trump, Russia Investigation at Senate Hearing, June 8, 2017. https://www.youtube.com/watch?v=7j0f6c-3x6s, Accessed on August 20, 2017.

省の任命した特別検察官によって捜査が続けられ、大統領弾劾手続きに繋がる可能性がある）。

　しかも、弾劾は下院司法委員会が単純過半数の賛成に基づいて訴追し、上院本会議が出席議員の3分の2以上多数の賛成で失職を決定する。現在、共和党が上下両院で過半数を握っており、トランプに不利な事実関係が明白になり、次の（米議会）中間選挙で共和党が過半数を失う恐れが濃厚な場合、或いは、その選挙結果で民主党が少なくとも下院で単純過半数を獲得した場合以外は、容易には弾劾は成立しない。

　したがって、トランプ大統領は自らを積極的に支持するポピュリスト系（「茶会系」など）に加えて、少なくとも産軍複合体と国際金融資本（ウォール街）利害を代弁する議員から消極的な支持を得れば、弾劾を受けることはない。シリア・北朝鮮危機の対応で観たように、産軍複合体系議員は外交安全保障分野で武力行使志向の強硬アプローチを取ることで個別の局面で懐柔できる。となれば、問題は国際金融資本系議員であるが、こちらの方は本書第一章を踏まえ「補論1」で触れたように、瀕死の状態にある米債券金融システムの破綻を回避し、米国経済の安定性を維持する点で、トランプ政権と当面の利害が一致している。現在の米国経済の見かけ上の安定と好調は量的緩和に加えて、インフラ整備や減税を掲げたトランプ政権の誕生によって何とか保たれている状態である。コミー解任による弾劾騒ぎは米国の株価を急落させたため、国際金融資本系の議員はトランプ大統領を消極的ながら支持せざるをえなくなった。特別検察官の動きによって

---

(48)　「トランプ氏の『ロシア疑惑』捜査、特別検察官の任命でどうなる」『ロイター』2017年05月18日、http://jp.reuters.com/article/usa-trump-russia-factbox-idJPKCN18E0BT、2017年8月20日アクセス。

(49)　"An Overview of the Impeachment Process", CRS Report for Congress, http://congressionalresearch.com/98-806/document.php、2017年8月20日アクセス。

(50)　Paul R. La Monica, "Dow has worst day in 8 months as Trump drama rattles market", CNN, May 17, 2017, http://money.cnn.com/2017/05/17/investing/stocks-trump-comey/index.html, accessed on August 20, 2017.

補論2　トランプ大統領と既存体制勢力との深まる対立

は、弾劾騒ぎは再燃する可能性は排除できないが、当面、トランプ政権はこの難局を一応乗り切ったと言えるだろう。

（4）ホワイトハウスの内紛

　このようにトランプ政権と外部の既存体制勢力との攻防が一段落すると、次には政策路線や政権運営を巡る内部対立が激化した。一般に、大統領選が終わり、政権が誕生する際、ホワイトハウス側近、閣僚、省庁幹部の人事は選挙の論功行賞や様々な支持母体からの登用となる。トランプ政権の場合、五つの派閥がある。第一は、大統領の実娘であるイヴァンカ・トランプ（Ivanka M. Trump）大統領顧問とその夫であるクシュナー（Jared C. Kushner）大統領上級顧問である。第二は、ウォール街出身の企業家であるコーン国家経済会議委員長やロス商務長官等である。第三は、バノン（Stephen K. Bannon）首席戦略官兼上級顧問やミラー（Stephen Miller）大統領上級顧問（政策担当）等の大統領選時からの側近である。第四は、共和党の主流派に属するペンス（Michael R. Pence）副大統領、スパイサー（Sean M. Spicer）大統領報道官兼広報部長代理、プリーバス（Reinhold R. Priebus）大統領首席補佐官等である。第五が、スパイサーの後任であるケリー新首席補佐官、マティス国防長官、マクマスター国家安全保障担当補佐官等、将軍達である。

　これらの派閥間の権力闘争は単に個人的な性格による対人関係の摩擦から起こるのではなく、理念、イデオロギー、利害関係の違いから政策路線の対立となり、両要因が絡み合って生起するものだろう。「補論1」で分析したように、トランプ政権の最優先課題は反覇権・反グローバリズムの観点から、「アメリカ・ファースト（＝国内問題最優先主義）」路線を採ることである。具体的には、米国経済の破綻を回避しながら、対外的には軍事不介入や保護貿易の政策を進める一方、国内政策では社会保険制度の改善（特に、「オバマケア」の廃止）、公共インフラ投資、減税、移民の制限等を

247

推進することにある。確かに、政権発足後、外交安全保障や貿易など大統領権限で決定できる政策は速やかに実行できた。しかし、「オバマケア」の廃止法案や税制改革法案を含め、それ以外の国際・国内政策に関しては、議会が容易には必要な立法措置を取らず、さらに裁判所がしばしば大統領命令を違法と判断するため、ほとんど進めることができていない。

フリン辞任、シリア・北朝鮮危機、コミー解任を経て、こうした状況の中で、アフガニスタンへの占領政策と米軍の増派を巡って、トランプ大統領の意を体して反対するバノン系（第三）派閥とマクマスター補佐官を筆頭にする第五派閥（将軍達）を軸に路線対立が激化した（ペンス副大統領とマティス国防長官は増派に賛成し、後者を支持した）。同様に、北朝鮮への武力攻撃を選択肢と排除するかどうかも、両派閥間で対立が続いた。[52]また、保護貿易政策を推進しようとするバノン系（第三派閥）とそれに反対するウォール街系（第二）派閥と共和党主流系（第四）派閥とは激しく対立してきた。

とはいえ、トランプ大統領は後者（第二及び第四派閥）と妥協しなければ、窮地に陥ることになる。というのは、次年度予算の成立だけでなく、10月中旬までに連邦政府予算の財政赤字上限の引き上げのための立法措置が取られなければ、政府閉鎖や利払い不能（デフォルト）が起き、そうなれば、株価は急落し、米国経済は一挙に安定性を失ってしまうからである。[53]

---

(51) 結局、大統領は軍部の要求通りアフガン増派を認めた。Jason Ditz, "Trump Continues to Resist Pressure for Afghan Escalation– Pence, McMaster Lead Call for Escalation", *Antiwar.COM,* August 18, 2018, http://news.antiwar.com/2017/08/18/trump-continues-to-resist-pressure-for-afghan-escalation/、August 20, 2017. "Trump rules out Afghan troops withdrawal", BBC News, August 22, 2017,
http://www.bbc.com/news/world-us-canada-41008116, accessed on August 22, 2017.

(52) "Steve Bannon:" 'There no military solution' to North Korea threat", *CBS News,* August 17, 2017, https://www.cbsnews.com/news/steve-bannon-north-korea-threat-no-military-solution/, accessed on August 20, 2017.

(53) Alan Rappeport, "Deadline Is Set for Congress to Raise Debt Ceiling", *New York Times,* June 29, 2017, https://www.nytimes.com/2017/06/29/us/politics/debt-

補論2　トランプ大統領と既存体制勢力との深まる対立

　したがって、トランプ大統領は政権の機能を維持するために、当面、武力行使に積極的な軍事覇権政策でペンス副大統領や将軍達（第五派閥）を納得させる一方、保護貿易政策を採らないことと引き換えに共和党主流系（第四）派閥とウォール街系（第二）派閥を納得させ、次年度予算や財政赤字上限の引き上げを成立させる道を選ぶしか残された道はなかった。

　実際、2017年7月21日、トランプ大統領がスカラムーチ（Anthony Scaramucci）を大統領府広報部長に任命すると（その僅か10日後の7月31日には、同氏は正式に職務に従事する前に解任された）、第一声で「情報リークの取り締まりが最優先課題」であり、「リークを止めることができない場合は広報チームのスタッフを解任する」と警告した。その直後、スパイサー大統領報道官兼広報部長代理が辞任した。また、米『ニュー・ヨーカー』誌で、スカラムーチがプリーバス首席補佐官とバノン首席戦略官を汚い言葉で非難した一方、それをトランプが否定しないと、2017年7月21日、プリーバスは辞任してしまった。

---

　　ceiling-congress-deadline.html?mcubz=0, accessed on August 20, 2017. Irina Ivanova, "Goldman Sachs puts odds of government shutdown at 50/50", CBS News, August 18, 2017, https://www.cbsnews.com/news/goldman-sachs-says-odds-of-government-shutdown-are-5050/, accessed on August 20, 2017.「米財政に暗雲再び」『日本経済新聞』2017年8月25日。

(54)「ホワイトハウス機能不全」前掲。「最側近バノン氏解任」『産経新聞』2017年8月19日（夕刊）。

(55)「トランプ政権の新広報部長、情報リーク取り締まり強化を表明」『ニューズ・ウィーク』（日本語版）、2017年7月24日、http://www.newsweekjapan.jp/stories/world/2017/07/post-8037.php、2017年8月20日アクセス。「トランプ政権の新広報部長スカラムチ、身内を激しく批判　確執表面化」『ニューズ・ウィーク』（日本語版）、2017年7月28日、http://www.newsweekjapan.jp/stories/world/2017/07/post-8080.php、2017年8月20日アクセス。

(56) Ryan Lizza1, "Anthony Scaramucci Called Me to Unload About White House Leakers, Reince Priebus, and Steve Bannon", *New Yorker*, July 27, 2017, http://www.newyorker.com/news/ryan-lizza/anthony-scaramucci-called-me-to-unload-about-white-house-leakers-reince-priebus-and-steve-bannon, accessed on August 20, 2017.

さらに具体的に観れば、トランプ大統領が将軍達（第五派閥）に擦り寄っ
たことが明らかになる。先ず、スパイサー首席補佐官の後任となったの
は、国土安全保障省長官から横滑りしたケリー（John F. Kelly）退役海兵
隊大将である。さらに、7月27日には、マクマスター補佐官（国家安全保
障担当）が前任者のフリンが任命し対イラン強硬派として知られるコーへ
ン＝ヴァトニック（Ezra Cohen-Watnick）国家安全保障会議上級部長（諜
報プログラム担当）とフリンが任命したハーヴェイ（Derek Harvey、退役
陸軍大佐）国家安全保障会議スタッフ（中東担当）を更迭した。両名とも
オバマ前政権が締結したイランとの核協定を廃棄すべきとの立場であっ
た。また、同月、マクマスターはバノンと緊密な関係にあったヒギンズ
（William R. Higgins、海兵隊大佐）国家安全保障会議部長（戦略計画担当）
も更迭していた。[57]

　さらに、8月18日には、大統領選以来の最側近で「アメリカ・ファース
ト」戦略を策定してきたバノン首席戦略官兼上級顧問が辞任した。[58] これに
先立つ2ヵ月余り、バノンは次第にホワイトハウスで孤立していったと見
られるが、8月11日に南軍の記念碑や将軍像の撤去を巡って追い詰められ
た。バージニア州シャーロッツビルにおいて撤去賛成派と反対派の間に衝
突が起こったが、反対派が白人至上主義を奉じていたため、人種差別を巡

---

(57) Jordan Schachtel, "Trump loyalist Ezra Cohen-Watnick fired from NSC, sources say", *Conservative Review*, https://www.conservativereview.com/articles/trump-loyalist-ezra-cohen-watnick-fired-from-nsc-sources-say, accessed on August 20, 2017. Eliana Johnson, "Trump's top Middle East aide ousted", *Politico*, http://www.politico.com/story/2017/07/27/derek-harvey-trump-middle-east-adviser-dismissed-241037, accessed on August 20, 2017. James Downie, "This NSC ex-staffer's memo is crazy. Trump's reaction is more disturbing", *Washington Post*, August 11. 2017, https://www.washingtonpost.com/blogs/post-partisan/wp/2017/08/11/this-nsc-ex-staffers-memo-is-crazy-trumps-reaction-is-more-disturbing/?utm_term=.1514b14fc33b, accessed on August 20, 2017.

(58) 「ホワイトハウス機能不全」前掲。「最側近バノン氏解任」『産経新聞』2017年8月19日（夕刊）。

補論2　トランプ大統領と既存体制勢力との深まる対立

る対立となってしまった。この事件を機に、以前からバノンを批判してきたマスコミ主流は、これを是認するバノンへの辞任要求を強めた。当初、トランプはバノンと考え方が近く、白人至上主義勢力を非難せず、「（反対派の右翼）の中にも良い奴がいる」と発言したため、トランプの顧問団をしていた財界人や文化人が次々と辞めた。結果的に追い詰められたトランプは世論からの猛攻撃に晒されて、事実上、バノンを更迭した。⁽⁵⁹⁾

　これで、大統領の実娘であるイヴァンカ・トランプ顧問とその夫であるクシュナー上級顧問を除けば、政権時からホワイトハウスにおけるトランプの主要側近5名の内、フリン、スパイサー、プリーバス、バノンが去り、残るはペンス副大統領だけとなった。8月下旬現在、政権中枢は内紛で安定感に欠けた。

　問題の焦点は今後、トランプ政権がバノンの策定した反覇権・反グローバリズムの「アメリカ・ファースト」と決別して、従来の覇権維持を選定とした「現実」路線に軌道修正するかどうかにある。確かに、一連の人事異動により、ケリー首席補佐官によってホワイトハウスの統制は高まるであろう。しかし、トランプの大統領当選を可能にした有権者層、とりわけ白人中流階級等の保守運動は依然として強力にバノンの価値観や政策路線を支持している。トランプが既成体制勢力と正面対決を続けるには、有権者全体の4割程度のこの強固な支持者層を疎外する訳にはいかない⁽⁶⁰⁾（また、この強固な支持者層を前に、共和党は次の中間選挙で手痛い敗北を喫するまでは、容易には反トランプ路線は採ることはできない）。⁽⁶¹⁾バノンは

---

(59) 「『非は双方に』共和党反発」『日本経済新聞』2017年8月18日。「トランプ発言　分断助長」『日本経済新聞』2108年8月19日。

(60) President Trump Job Approval, *Real Clear Politics*, https://www.realclearpolitics.com/epolls/other/president_trump_job_approval-6179.html, accessed on August 23, 2017. 「米政権　窮余のバノン切り」『日本経済新聞』207年8月20日。

(61) Edward Luce, "Donald Trump's apologists have nowhere to hide", *Financial Times*, August 16, 2017, https://www.ft.com/content/18788b8e-825d-11e7-a4ce-15b2513cb3ff, accessed on August 23, 2017.

251

「ホワイトハウスを去り、トランプのため、議会、メディア、大企業の敵対勢力との戦争を始める」と語った。大統領は辞任後のバノンに関して、「貢献に感謝したい」「（辞任後、有力サイト『ブライトバート・ニュース』会長に復帰した）バノンの意見は頼もしく賢明なものになる」とツイッターで発しており、バノン更迭後も、バノンが策定した戦略・政策路線は維持すると示唆している。今後、当然、トランプ大統領はバノンと敵対したケリー首席補佐官やマクマスター補佐官などと板挟みになり、厳しい政権運営に直面するだろう。当面は、残留バノン派であるミラー上級顧問やセバスチャン・ゴルカ（Sebastian L. Gorka）大統領副補佐官（国家安全保障担当）の去就が注目される（2017年8月25日、ゴルカ副補佐官は更迭された）。

---

(62) Joshua Green, Justin Sink, and Margaret Talev, "Bannon Says He's 'Going to War for Trump' After White House Exit", *Bloomberg*, August 19, 2017, https://www.bloomberg.com/news/articles/2017-08-18/bannon-says-he-s-going-to-war-for-trump-after-white-house-exit, accessed on August 23, 2017.

(63) 「バノン氏の貢献に感謝　メディア復帰後の支援期待」『日本経済新聞』2017年8月21日。Gideon Rachman, "Steve Bannon's ideas will survive and thrive in the White House", *Financial Times*, August 21, 2017, https://www.ft.com/content/f6cf2e64-864b-11e7-bf50-e1c239b45787, accessed on 23, 2017.

(64) Gabby Morrongiello, "It's Miller time: Trump allies want Steve Bannon replaced by ideological ally", *Examiner,* August 18, 2017, http://www.washingtonexaminer.com/its-miller-time-trump-allies-want-steve-bannon-replaced-by-ideological-ally/article/2631989, accessed on August 23, 2017. Lachlan Markay and Asawin Suebsaeng, "Trump and Bannon 'Personally Intervened' to Save Seb Gorka", *Daily Beast*, May 17, 2017, http://www.thedailybeast.com/trump-and-bannon-personally-intervened-to-save-seb-gorka, accessed on August 23, 2017.

(65) Kevin Liptak, Kaitlan Collins and Eric Bradner, "Sebastian Gorka gone from White House", CNN, August 26, 2017, http://edition.cnn.com/2017/08/25/politics/gorka/index.html, accessed on August 26, 2017.

補論2　トランプ大統領と既存体制勢力との深まる対立

4 結　語

　ここまで本論では、トランプ大統領が政権内外の既存体制勢力と激しい権力闘争を展開している有様を分析した。三権分立制の下、大統領の権限は限定的であり、トランプは、あわよくば政権打倒しようとする既存体制勢力の非常に強力な抵抗・妨害に直面している。トランプは反覇権・反グローバリズムの政策路線を実現しようと既存体制勢力に対してその内部の利害不一致に乗じて分断することで対抗してきた。政権発足後の半年間は、軍産複合体勢力や国際金融資本勢力などと一時的で便宜的な合従連衡を繰り返しながら、なんとか凌いできたと言えるだろう。

　しかし、2017年7月末から8月にかけてのホワイトハウスの内紛では、トランプは支持勢力である白人中流階級、特に保守運動との結節点であったバノンまでも辞職させざるを得ず、かなりの痛手を負った。一連の人事異動を踏まえると、トランプ大統領は既成体制勢力にかなり歩み寄った観が強い。この変容が、決定的な転換点になりトランプが反覇権・反グローバリズム路線を放棄するのか、それとも当面、2018会計年度予算措置と2017年10月中旬に期限が迫る財政赤字上限引き上げのための立法措置が成立するまでの単なる一時的な妥協なのか、展開は予断を許さない。

　とはいえ、8月11日の南軍記念碑・将軍像事件が如実に示すように、トランプ政権を巡る権力闘争は究極的には、ますます深刻化する米国社会全体の二極化の行方に左右されると思われる。仮にトランプ支持勢力である白人中流階級、特に保守運動がより一層強くなり、次の中間選挙で親トランプ系の議員が多く当選し、共和党が引き続き上下両院で過半数を取れば、議会与党と連携できるトランプ政権は一挙に優勢となる。逆に、反トランプ系の議員が多く当選し、上下両院で民主党が過半数を取れば、もはやトランプ政権は既存体制側に路線転換せざるを得ず、死に体も同然となろう。したがって、トランプ政権の評価は、本論で示したように、衰退す

253

る米国覇権システムの管理を巡る米国の国内政治過程、とりわけ外生変数である地政学上及び地経学上のリスクや国内政治上の突発事件への対応を引き金に生起する政策路線と権力闘争を表裏一体のものとする総合的な分析に基づいて下さねばならないと言えるだろう。

（追記）

2017年9月6日、連邦政府の債務上限が年末までの3ヵ月間、短期的に引き上げられることとなった。トランプ大統領と共和・民主両党の議会指導部との間で、巨大ハリケーン被害による復興・経済対策の財政的障害を取り除くという名目で電撃的に合意が成立したからであった。[66] これで、トランプが最側近のバノン首席戦略官を辞任させざるを得なくなるまで追いつめられた状況の背後にあった政治的課題の一つを、当面取り除くことに成功したと言える。確かに、これでオバマ前政権時代から、しばしば議会共和・民主両党間と各政党内にある重層的な政治的対立のために暫定予算が組まれてきた状況が変わるわけではないが、復興・経済対策を弾みに、もう一つの政治課題であった暫定予算が成立する可能性も大いに出てきた。さらに、2017年3月に債務上限に達した後、9月末まで他の予算項目を流用して遣り繰りできたことを考えると、[67] 暫定予算で流用部分を元に戻せることができれば、半年程度、つまり2018年夏までは財政危機を回避でき、トランプ大統領は政策的自由度を確保し、政治的攻勢を保てる。

トランプ大統領は皮肉にも、税制改革、健康保険制度改革、違法移民規制強化、雇用創出など、自らが推進しようとする国内問題優先主義の経済

---

(66) 「米債務上限　上げ合意──12月まで、大統領と野党　財政危機　ひとまず回避」『日本経済新聞』2017年9月7日（夕刊）。「米債務上限上げ合意──大統領、野党案丸のみ、共和党指導部と溝深く」『日本経済新聞』2017年9月8日。

(67) Jeff Cox, "There is no debt ceiling crisis, at least for now", CNBC, March 27, 2017, https://www.cnbc.com/2017/03/27/there-is-no-debt-ceiling-crisis-at-least-for-now.html, accessed on September 15, 2017.

補論2　トランプ大統領と既存体制勢力との深まる対立

社会政策を支持してくれている共和党の茶会派と財政危機回避問題では深刻な対立に陥っており、容易にその状態を解消できそうにない。茶会派は対外介入を進めてきた「大きな政府」とそれを可能にしてきた財政規模を縮小することを要求しているからである。他方、トランプは政治的求心力を維持・強化し、具体的な政策を進める上で、財政危機を回避することを絶対的に必要としていることから、その点で利害を共有する国際金融資本系議員を中心に議会民主党と手を結んだ。実際、両者は債務に上限を課す法律を完全撤廃する方向で協力し始めている。[68] もちろん、完全撤廃は単に問題を先送りするだけではなく、巨大な債務を更に一層増やし、破綻が到来した時には、必ず破滅的な結果を招来することになる。トランプは禁じ手を用いたといえるだろう。

2017年9月中旬の時点で、トランプ大統領が最終的に政策目標を達成できるかどうかその成否は予断を許さないが、7・8月のホワイトハウスが内紛で弱体化した状況はかなりの程度回復すると思われる。実際、トランプは辞任したバノン前首席戦略官と辞任後も2〜3日おきに連絡をとり、時には電話で1時間話していることから、[69] 実質的にはトランプに対して戦略・政策方針を助言する顧問役を務めている。要するに、ホワイトハウスからバノン氏が去っても、依然としてバノン路線はしぶとく生き残っていることが分かる。

本論で分析したように、トランプ大統領が彼を当選に導いた草の根の政治勢力からの根強い支持を背景に既存体制勢力を分断しながら、一時的、便宜的に合従連衡を巧みに続けて攻勢を保とうとしている様には変化はない。

---

(68)「米債務上限、撤廃を検討──大統領、民主と協力を模索」『日本経済新聞』2017年9月8日。

(69) Julie Steinberg, Steven Russolillo and Natasha Khan, "Bannon: I Talk to Trump Every Two to Three Days; White House Says Not So Much", *Wall Street Journal*, September 12, 2017, https://www.wsj.com/articles/steve-bannon-says-he-talks-to-donald-trump-frequently-1505224645, accessed on September 15, 2017.

●著者略歴

松村　昌廣（まつむら・まさひろ）

1963年、神戸市生まれ。

関西学院大学法学部政治学科卒。米オハイオ大学にて政治学修士号（MA）、米メリーランド大学にて政治学博士号（Ph.D.）。

現在、桃山学院大学法学部教授、平和・安全保障研究所研究委員、防衛省行政事業レビュー外部有識者。

この間、ハーバード大学オーリン戦略研究所ポストドクトラル・フェロー、米国防大学国家戦略研究所客員フェロー、ブルッキングス研究所北東アジア政策研究センター客員フェロー、国際安全保障学会理事などを務めた。

専門は国際政治学、国家安全保障論。研究の焦点は日米同盟政策、防衛産業政策、軍事技術開発政策、軍事情報秘密保全政策など。2001年国際安全保障学会最優秀論文賞（神谷賞）、2005年同会防衛著書出版奨励賞（加藤賞）を受賞。

著書に『日米同盟と軍事技術』（勁草書房）、『米国覇権と日本の選択』（勁草書房）、『軍事情報戦略と日米同盟』（芦書房）、『動揺する米国覇権』（現代図書）、『軍事技術覇権と日本の防衛』（芦書房）、『東アジア秩序と日本の安全保障戦略』（芦書房）、『米国覇権の凋落と日本の国防』（芦書房）ほか論文多数。

衰退する米国覇権システム　U.S. Hegemonic System in Decline

- ■発　行──2018年1月10日
- ■著　者──松村昌廣
- ■発行者──中山元春
- ■発行所──株式会社 芦書房　〒101-0048 東京都千代田区神田司町2-5
  TEL 03-3293-0556／FAX 03-3293-0557
  http://www.ashi.co.jp
- ■印　刷──新日本印刷
- ■製　本──新日本印刷

©2018 Masahiro Matsumura

本書の一部あるいは全部の無断複写、複製（コピー）は法律で認められた場合をのぞき、著作者・出版社の権利の侵害になります。

ISBN789-4-7556-1287-9　C0031